KB053957

나는 어디로 가야 할까?

나는
어디로
가야
할까?

지난
사고방식들이
더 이상
나의 안전을
보장해주지
못한다면

김지광 지음

직접 운전하고 있는가,
운전대를 맡겼는가?

"당신 자신이 되어라. 다른 사람의 자리는 모두 찼다."

_오스카 와일드Oscar Wilde

       우리는 가끔 길을 잃고서도 길을 잃었다는 사실을 모를 때가 있다. 자동차 '백미러'에 비친 모습을 유일한 길잡이로 삼아 온 경우라면 더더욱 그렇다. 인생을 곧게 뻗은 길이라 믿는 이들은 좋은 직장에 들어가서 고급 자동차와 큰 평수의 아파트, 높은 지위에 도달하는 것이 지상 과제다. 그것을 성공이라 여기며, 성공을 달성하기 위해 고군분투한다. 마침내 어느 정도 원하던 목표를 이루더라도 더 큰 성공을 얻을 때까지 행복을 미루고 또 미룬다. 움켜쥐려는 성공이 한낱 모래 한 줌에 불과하다는 사실을 깨닫지 못하는 사이 정말 소중한 것들은 손가락 틈새로 모두 빠져나가고 만다. 그렇다. 내가 그러했다.

    겉으로 보면 어느 정도 목표를 이룬 것처럼 보였지만, 실상 내 삶은 경로를 이탈한 자동차 같았다. 어디로 가고 있는지, 무엇을 위해

가는지도 알지 못한 채 그저 액셀만 밟았다. 때로 어렴풋이 균열을 느끼긴 했지만, 그렇다고 무언가를 바꾸거나 빠져나가려 하지는 않았다. 외부의 시선들만 효율적으로 충족시키는 삶을 합리화하며 나 자신을 속이고 있었다. 자동차 백미러에 비친 모습이 실제와는 반대로 보인다는 사실조차 알지 못했다.

나는 내 삶을 운전한 적이 없다

직장생활 25년 동안 나는 앞만 보고 달려왔다. 짜인 틀에 맞추어 남들이 가는 길을 따라서 무언가에 이끌리듯 여기까지 왔다. 더 많이 갖고 더 높은 곳에 오르는 것이 전부였던 인생은 처음에는 꽤 괜찮아 보였고, 제법 많은 것을 이뤘다고 믿으며 살아왔다. 그러나 하루하루 바쁘게 살았음에도 되돌아보면 왜 그렇게 바빴는지 기억조차 나지 않았다. 시간이 갈수록 부족함은 더욱 커져만 갔고 짊어지는 짐은 더욱 늘어만 갔다.

내 삶을 내가 운전하지 않았다는 사실을 깨닫게 된 것도 그즈음이었다. 성공이라는 목적지를 향해 액셀을 밟으며 전속력으로 달렸지만, 그곳에 도달할 수는 없었다. 아니, 오히려 그곳은 영원히 갈 수 없는 곳이라는 사실을 알게 되었다. 그 목적지를 내가 정한 것도 아니고, 내가 원하는 곳이 맞는지 한 번도 고민해본 적 없으니 어쩌면 그건 당연한 일이었다. 더욱 놀라운 건 운전대를 직접 잡고 있지 않은 채, 다른 이들이 정한 목적지를 내가 정한 것으로 착각하며 전력을 다해 달려왔다는 사실이다.

중동 아부다비에서 근무할 때 외국인 현지 직원을 채용한 적이 있었다. 이력서를 받아보고는 특별히 눈길이 간 데가 있었다. 학력과 경력 등의 신상 정보는 단출했지만, 본인의 성격과 취미에 관한 내용은 풍부하고 분량도 더 많았다. 무엇을 좋아하는지, 어떤 취미를 가졌는지에 대한 개인적인 특성을 강조하는 정보들로 가득했다. 회사를 지원하는 것인지 동호회에 가입하기 위한 것인지 혼란스러울 지경이었다.

문득 그동안 내가 보았던 이력서들이 떠올랐다. 그 이력서들은 훌륭한 스펙들과 굳이 써야 했나 싶은 깨알 경력들로 가득했다. 게다가 그 내용들은 구별이 되지 않을 정도로 모두 비슷비슷했다. '자격과 역량'은 가득 채워져 있었지만 '사람'은 없었다.

우리가 타인의 시선에 민감해진 것은 어제오늘의 일이 아니다. 옷 입는 것도, 양말 색깔을 고르는 것도, 차를 선택하는 것도, 직장에 들어가는 것도, 대학을 정하는 것도, 결혼하는 것도, 어느 것 하나 남의 시선에서 자유로운 것이 없다. 설령 내가 판단하고 결정했더라도 내가 한 판단은 아무런 의미가 없다. 타인이 나의 가치를 결정하는 주인이기 때문이다.

나는 나 자신을 소외시킨다

양 떼는 앞만 보고 달리는 습성이 있다고 한다. 맨 앞에 있는 양들은 먹이를 보고 달리는데 반해 뒤에 있는 양들은 앞에 있는 양이 달리기 시작하면 아무것도 모른 채 무조건 달린다. 앞에 있는 양이 노리고 있는 목표물이 뭔지도 모르고 무작정 쫓아가는 것이다. 더 이상한 것은 뒤를 쫓는 양들의 대다수가 대행을 이탈하거나 전혀 게으름을 피우지 않는다는 점이다. 혹시나 홀로 뒤처질까 봐 두렵기 때문이다. 그래서 앞에 있는 양의 엉덩이만 쳐다보며 죽을힘을 다해 열심히 달리는 것이다. 흡사 우리의 모습을 보는 듯하다.

우리가 많은 일을 이루고도 공허와 결핍을 느끼는 이유는 '나'가 소외되어 있기 때문이다. 우리는 이러한 결핍을 채우기 위해서 쾌락과 욕망의 충동에 약해진다. 자크 라캉의 말처럼 현대인은 타인의 욕망을 자신의 욕망으로 착각하고 살면서 나를 잃어버리고 내가 원하는 것을 채우지 못하는 무력한 삶을 운명처럼 가속하고 있다.

〈뉴욕타임스〉는 21세기에 들어 미국 베스트셀러 목록의 3분의 1 이상이 긍정적인 사고관이나 성공을 위한 지침서 같은 자기계발 관련 책들이라고 밝혔다. 우리는 매스컴이나 인터넷을 통해 끊임없이 성공하거나 대박 난 사람들의 이야기를 접한다. 그리고 은연중에 그들의 성공 신화를 동경하면서, '나는 언제나 저렇게 될까?' 하는 꿈을 꾼다.

우리는 앞서 달려 성공한 사람들의 고난과 역경, 그것을 이긴 노력과 용기에 박수를 보내고 감탄하며 흉내를 낸다. 그들이 쓴 책을 읽고 그들의 방식을 따라 해보기도 하며, 그들의 고난에 경의를 표하기도 한다. 그러고는 자신과 그 사람의 차이는 아직 자신이 흘린 땀이 부족하기 때문이라며 끊임없이 자신을 채찍질한다. 따지고 보면 우리 주변에는 성공한 사람들보다 실패한 사람들이 더 많다. 하지만 우리는 그런 실패담에는 눈길조차 주지 않는다. 오로지 성공에 모든 관심을 쏟는다. 그럴듯한 성공 방정식과 구호에 사로잡혀 그들의 뒤를 따라간다. 마치 양 떼처럼.

모두가 행복을 원하지만, 여전히 타인의 성공을 기준으로 삼는다. 그러나 그러한 기준은 나의 행복을 가져다줄 수 없다. 행복을 좇느라 소중한 삶을 헛되이 낭비하며 살아가기도 하고, 성공의 사다리를 향해 올라가느라 자신의 인생을 남들의 기준에 저당 잡힌 채 살아가기도 한다. 다른 이를 동경하는 삶을 살다가 마지막 순간에 가서야 중요한 가치를 희생하며 살아왔음을 깨닫는다.

현실 앞에 놓인 사막을 어떻게 건널 것인가

필자는 전작 『달리는 낙타는 사막을 건너지 못한다』에서 "인생은 산을 오르는 것이 아니라 사막을 건너는 것과 같다."라고 말했고, 이번에는 "현실 앞에 놓인 사막을 어떻게 건너야 하는가?"에 관해 이야기하려고 한다. 사막에는 길이 없다. 뒤돌아보면 길은 모래바람에 사라지고 보이지 않는다. 인생의 사막도 마찬가지다. 길 하나 없는 그곳에서는 타인의 시선에서 벗어나 오직 자신만의 존재 가치와 소명을 발견해야 한다. 어디로 가고 있는지, 왜 가야 하는지를 잊지 말아야 한다. 그래야 방향을 잃지 않는다. 더 이상 타인의 갈증을 채우지 말고 자신만의 목적지를 향해 가야 한다.

오늘날 현대인들은 반드시 성공해야 한다고 세뇌당하듯 살고 있지만, 정작 무엇이 진짜 실패이고 성공인지 확신하지 못한다. 그렇다고 잠시 멈춰 서서 생각할 수도 없다. 생계와 삶을 위해 항상 무언가를 향해 열심히 뛰어가야 한다고 믿어 왔기 때문이다. 또한 멈추지 말고 성공을 향해 달려가라는 자기계발의 메시지를 따라하지만 오히려 좌절과 패배감만 가득해진다.

이 책의 1부에서는 자기계발의 원칙들을 열심히 따라해도 항상 제자리인 원인을 살펴보려고 한다. 그리고 6단계 자기 점검법을 통해 사막을 건너기 전에 갖추어야 할 기본적인 사항을 알아본다. 세뇌된 행복에서 벗어나기 위해서는 단순하고 획일적인 자기계발에서 벗어나, 자기 내면을 발견하고 삶이 가르쳐주는 의미를 찾아야 한다. 이를 위해 '자기성숙Self-maturing'이 인생 본연의 목적이 되어야 함을 함께 이야기해보려고 한다.

뒤이어 2부에서는 인생이라는 사막을 건너는 방법을 'D.R.I.V.E.'라는 다섯 가지 법칙으로 설명한다. 'D.R.I.V.E.'에는 두 가지 의미가 있다. 인생이라는 사막을 건널 때 필요한 본질적인 가치들을 'Drive'로 설명하며, 자기만의 목적지를 향해 삶을 'Drive' 하라는 뜻도 담았다.

어제와 다른 삶을 원하지만 뜻대로 되지 않아 잠시 주저앉아 있거나, 새로운 길을 찾고 있는 이들에게 이 책이 한 줄기 빛이 되길 바란다. 길이 끝나는 곳에서 새로운 길이 다시 시작된다는 사실을 알고, 자신만의 꿈과 소명을 향해 나아가길 소망한다.

겨울, 위례성 길에서
김지광

CONTENTS

2부 | 당신의 삶을 D.R.I.V.E.하라

1부

3T1S
어떻게
원하는 길로
갈 것인가?

자기계발과 모범답안에서 벗어나는 '3T1S 법칙'

회사에서 젊은 후배들에게 삶의 목표를 적어보라고 하면 돈을 많이 벌고, 더 높은 자리에 올라가고 싶다고 한다. 그런데 돈을 벌고 승진해서 무엇을 하고 싶으냐는 질문에는 선뜻 대답하지 못한다. 거기까지는 생각해보지 못했다고 한다. 열심히 일해서 돈을 벌고 승진하는 자체가 무엇이 나쁘겠는가? 문제는 바라던 것을 손에 넣었는데도 여전히 행복하지 않은 우리 삶이다.

많은 사람이 브레이크 없는 자동차를 탄 것처럼 거침없이 앞만 보고 달려간다. 그 목적지에 성공이라는 달콤한 열매가 있을 거라 기대하지만, 닿을 듯 닿을 듯 그곳에 닿지 못한다. 더 빨리 목적지에 도달하기 위해 가속페달을 밟아보아도 더 멀어질 뿐이다. 그러는 사이 인생에서 소중한 것들은 하나둘 떨어져 나가고, 그제야 자신이 어디로 가는지 알지 못했다는 사실을 깨닫는다.

미디어에는 잠시도 멈추지 말고 성공을 향해 달려가라는 메시지가 넘쳐난다. 오늘도 많은 사람이 수많은 자기계발서와 자기계발 프로그램 앞에서 각오를 새롭게 다짐한다. 그러나 매번 작심삼일로 끝나고, 좌절과 패배감만 가득해진다. 자기계발의 맹점이 바로 여기에 있다. 경제적 성공이 삶의 절대적 목표라는 인식은 개인을 끊임없이 '노력의 경주'로 내몬다. 경주에서 뒤처진다는 것은 곧 실패로 규정되기에 방향도 모른 채 달리고 또 달린다. 이런 삶은 어느 정도 성과를 이루더라도 '나는 여전히 부족하다'라는 생각에서 빠져나오지 못한다. 더구나 그 자기계발이 내세우는 해법이라는 것도 목표를 간절히 바라라든가, 습관과 환경을 바꾸라는 획일적이고 때로는 허황된 방법이 대부분이다.

원하는 길로 가기 위한 '3T1S 원칙'은 자신을 발견하는 데서 출발한다. 자기 삶을 살아가는 건 다른 사람의 친절한 모범답안이 아니라 내면의 질문을 통해 자신을 파악하는 것부터 시작되기 때문이다. 불변의 진리라고 믿었던 자기계발 원칙을 재조명하여 삶이 변하지 않는 이유를 살펴보고, 6단계 자기점검을 통해 자기성숙(Self-maturing)의 길로 가보자. 이 과정을 통해 삶의 궁극적인 의미와 가치를 깨닫고, 성공과 행복에 대한 기준을 근원적으로 모색할 수 있다.

・ 3T1S 법칙 ・

・ Targeting: 자신만의 목적지를 점검하라.
・ Throwing away: 획일적이고 천편일률적인 자기계발 원칙을 버려라.
・ Testing: 자기 점검을 통해 본질적인 가치를 확인하라.
・ Self-maturing: 내면을 발견하고 자기성숙의 길로 나아가라.

헛된 세상의 욕망에서 벗어나 자신만의 성공 기준을 충족해가는 것, 그래서 인생 본연의 아름다움과 경이로움을 잃지 않는 것, 그것이 삶이 우리에게 말하려 하는 것임을 1부에서 확인해보자.

1장

TARGETING

자기 길을
간다는 것의 의미

·

"내가 고른 붓,
내가 고른 색깔을 가지고
내 손으로 직접 그린 낙원 속으로
뛰어들자."

_니코스 카잔차키스 Nikos Kazantzakis

1. 무엇을
향해 가는가?
목적지는
어디인가?

새로운 눈으로 삶을 이해해야 한다

살아오면서 많은 것을 배웠다. 영어에서 부가의문문을 어떻게 만드는지도 배웠고, 원기둥의 면적을 구하는 법과 플레밍의 오른손 법칙도 배웠다. 그러나 내가 배운 가장 소중한 것은 여행을 통해서였다. 기대하지 않고 떠난 그 모든 곳이 새로웠다. 거대하고 광활한 풍광과 세월이 고스란히 녹아 있는 건축물 앞에서 여행의 기쁨을 누리기도 하지만, 진정한 발견의 기쁨은 스쳐 지나가는 길 위에서 생겨난다.

낯선 길 한쪽에 있는 벤치에 앉아 그곳을 지나간 사람들의 이야기를 궁금해하고, 좁은 골목에 걸려 있는 빨랫줄 아래를 지나갈 때면 정결한 면 냄새에 여행자로서의 행복감을 누렸다. 어느 외딴 도시의 길모퉁이, 작은 빵집 앞에서 갓 구운 빵을 손으로 찢을 때의 촉감은 그 길이 아니면 느낄 수 없는 기쁨이다. "진정한 여행은 새로운 풍경을 찾는 데 있는 게 아니라 새로운 눈을 갖는 것에 있다."라는 마르셀 프루스트의 말처럼 여행은 새로운 발견을 가져다준다.

여행은 길 위에서 시작되고 길 위에서 완성된다. 길에서 보고, 만나고, 느끼며, 스쳐가는 시간이 모여 여행이 된다. 단지 유명한 장소나 관광지를 방문하기 위한 여행은 참된 여행과는 거리가 멀 수밖에 없고, 스스로 계획하지 않은 여행은 온전히 자기 여행이 되기가 어렵다. 단체 패키지여행은 편안하게 여행할 수 있는 장점은 있지만, 다른 사람의 손에 이끌려 다니느라 여행 자체가 주는 설렘과 흥분을 느낄 수 없다.

아주 오래전, 패키지여행으로 프랑스 루브르 박물관을 방문한 적이 있다. 도착하기 전부터 레오나르도 다 빈치^{Leonardo da Vinci}의 〈모나리자〉를 직접 볼 수 있다는 기대감에 들떠 있었다. 전 세계에서 가장 유명한 박물관, 그중에서도 가장 유명한 작품이라는 명성만큼이나 대기 줄이 가장 길었다. 작품에 가까이 가지 못하도록 둥그렇게 울타리가 처져 있는 앞에서 한참을 기다리는 동안, 앞쪽에서는 여기저기서 "아!" 하는 탄성들이 쏟아졌다. 위대한 작품을 마주했을 때 절로 나오는 감탄사였다.

마침내 내 차례가 되어 맨눈으로 보게 된 〈모나리자〉는 생각보다 너무 작았다. 멀찌감치 서서 볼 수밖에 없던 한 천재의 위대한 작품은 그저 헌책방에서 볼 법한 미술 도감 복사본과 별다르지 않았다. 과연 이것을 보기 위해 기대감에 가득 차 먼 길을 달려왔단 말인가? 실망이 지나가자 후회도 밀려왔다. 이내 머릿속에는 많은 인파 속에 패키지 여행사의 깃발을 놓치면 큰일이라는 걱정이 떠올랐다. 똑같은 작품을 보고 누군가는 깊은 탄성을 뱉어내고, 누군가는 감흥은커녕 실망을 느끼는 건 작품 탓이 아니다. 작품은 그 자리에 그대로 있을 뿐이다. 그것을 바라보는 시선의 차이이다. 아무리 좋은 작품이라도 그것을 볼 줄 아는 눈이 없다면 별다른 감동을 느낄 수 없는 것처럼, 내가 보고자 했던 것을 단순히 눈으로 확인하는 여행은 진정한 기쁨을 보장해주지 못한다.

그 이후로 나는 패키지여행을 다니지 않았다. 대신 여행을 가기 전 여행 일정을 계획하고 꼼꼼히 일정표를 만들었다. 항공편과 숙박 시설 예약은 물론이고, 현지 교통수단과 가까운 식당들도 미리 검색했다. 심지어 현지 랜드마크들과 식당들을 이리저리 비교해가며 사전에 리스트를 만들기도 했다. 그런데 어느 순간부터 미리 일정을 짜놓는 것이 은근히 스트레스가 되었다. 여행 일정을 상세하게 세우면 세울수록 막상 현지에 도착하면 여행의 즐거움이 반감되었다. 사전에 계획한 대로 이동하고 정해놓은 식당에 찾아가는 일이 마치 숙제를 해치우는 것처럼 느껴졌다. 여행의 참된 기쁨은 예기치 못한 상황에서 발생하는 새로운 발견임에도 나는 스스로 그러한 과정을 원천적으로 차단하고 있었다.

게다가 그렇게 완벽하게 짜놓은 여행 일정이라 하더라도 현지에서 계획대로 이루어진 적이 거의 없었다. 반드시 예상치 못한 일이 생기곤 했다. 예컨대 현지 철도노조 파업으로 인해 도시로 들어가지 못하거나, 숙박 시설을 예약했는데 전날에야 초과 예약으로 환불 처리를 해주겠다는 내용을 통보받아 곤경에 처하기도 했다. 여행 중에 다른 나라로 가는 비행기를 놓친 적도 있었다. 이렇듯 계획에 없던 일이 발생하면 당황스러울 수밖에 없다. 그 이후 여행 일정도 애초에 완벽했던 내 계획과는 전혀 상관없이 흘러갔다.

우리는 늘 "언제쯤이나 당면한 문제에서 놓여나 몸과 마음을 편하게 쉴 수 있을까?", "언제쯤에야 의무감이나 부담감에서 벗어날 수 있을까?" 하고 고민한다. "언제쯤 나를 괴롭히는 사람들에게서 벗어날 수 있을까?", "언제쯤 경제적인 어려움에서 벗어날 수 있을까?" 하는 질문을 수도 없이 던진다. 하지만 늘 예상하지 못한 위기 상황이 발생한다. 시간이 갈수록 신경을 써야 하는 일들과 매 순간 해결해야 할 문제는 더욱 쌓여만 간다.

설령 문제에서 벗어난다고 하더라도 모든 것이 끝나지 않는다. 결코 자유롭게 살아가지 못한다. 회사를 빨리 그만두고 싶다고 입버릇처럼 말하던 사람은 회사를 떠난 뒤 그래도 회사에 다닐 때가 좋았다고 말한다. 평생을 조용히 살고 싶다던 사람들은 막상 주위에 모든 이들이 떠나고 조용해지면 그때부터는 외롭다고 아우성친다. 막상 문제와 부담이 사라지고 나면 그 자리를 무기력함이 차지하고 마는 것이다.

미지의 목적지를 향해 간다는 점에서 인생은 여행과 닮았다. 여행처럼 우리 인생도 계획대로 되지 않는 것이 너무나 많다. 아니 우리의 뜻대로 되지 않는 것이 인생이다. 자기 삶을 계획하면서 그 어떤 누구도 스스로 골짜기를 계획하지 않는다. 그 누구도 슬픔이나 좌절을 계획하지 않는다. 아무도 갈등과 외로움을 계획하고 살아가지 않는다. 우리가 세워놓은 계획에는 희망과 기쁨, 즐거움만 있다. 그러기에 예상하지 못했던 일들이 닥치면 당황하고 힘들어한다. 더 이상 살아갈 용기가 없다고 생각한다. 그리고 실패했다고 생각한다.

나도 예외가 아니었다. 삶이 내게 예상하지 못한 시련을 던졌을 때 나는 충격에 휩싸여 '나한테 어떻게 이런 일이 일어날 수가 있지? 도무지 믿기지 않아.'라며 현실을 부인하고 믿지 않으려 했다. 하지만 그럴수록 혼란과 괴로움은 더욱 깊어졌고, 시간이 한참 흐른 뒤에야 현실을 인식하고 이미 일어난 일로 받아들일 수 있었다.

우리가 반드시 기억해야 할 것은, 우리를 고통스럽게 하는 그 환경과 조건들이 우리를 더 아름답고 풍성하게 만든다는 사실이다. 그러한 시련을 만나기 전까지 그토록 원했던 것들이 실상 그다지 대단하지 않으며, 그토록 피하고자 했던 것들이 오히려 영혼에 도움이 된다는 사실이다. 그것을 깨닫게 될 때 우리는 새로운 꿈을 꿀 수 있는 원동력을 갖게 된다.

진정한 인생의 의미를 발견하기 위해서는 여태껏 살아온 방식과는 다르게 삶을 바라봐야 한다. 자신의 깊은 내면과 맞닿을 수 있는 새로운 눈으로 삶을 이해해야 한다. 내게 생기는 문제 대다수는 외부 탓이라는 생각을 버려야 한다. 행여 인간관계에서 문제를 겪는 이유가 내게 명품 가방이 없어서, 멋진 자동차가 없어서 무시당하는 것으로 생각해서는 안 된다. 문제의 답을 찾는 것이 아니라, 그 문제에 담긴 진정한 의미를 찾아내야 한다.

인생의 균형은 어디에서 오는가?

『월든』은 헨리 데이비드 소로 Henry David Thoreau가 숲 속에 들어가 손수 지은 오두막에 홀로 살면서 쓴 책이다. 그는 이 책에서 '많은 사람이 불행하다고 느끼는 이유는 스스로 노예로 살기 때문'이라고 말했다. 부와 풍요의 노예, 권력과 지위의 노예, 끝없는 욕망의 노예로 살다 보니, 자유롭지 못하고 여유도 없고 행복한 인생을 살아갈 수 없다는 것이다. 노예의 삶이 아닌 주인의 삶을 살아야만 가치 있는 삶을 살 수 있고, 더 나은 인간이 될 수 있다고 말한다.[1]

"내 인생의 주인으로 살라."는 소로의 말은 결국 자기 삶을 하나의 조각 작품으로 만들어가라는 의미와 다르지 않다. 세월이 흘러감에 따라 조금씩 문지르고 다듬으면서 열정을 다해 자기 삶을 조각해가는 것이다. 이 작업은 누구도 대신해주지 않으며, 설사 누구한테 맡긴다 해도 그 책임은 전적으로 내게 돌아온다. 그러기에 때로 바람에 흔들리고 돌부리에 넘어지더라도 다시 균형을 잡고 당당하게 자신만의 길을 걸어가야 한다. 그 자체로 삶은 충분히 의미를 이루고 가치를 만들어낸다.

1974년 8월 7일, 지금은 테러로 사라지고 없는 뉴욕 세계무역센터

(일명 쌍둥이 빌딩) 사이 지상 400m 높이의 줄 위에 서 있는 한 남자에게 이목이 쏠렸다. 그는 프랑스의 공중곡예사인 필립 쁘띠^{Philippe Petit}였다. 기자들은 세계 최고로 높은 빌딩 사이를 45분에 걸쳐 횡단한 그에게 앞다투어 물었다.

"균형을 잃지 않고 건널 수 있었던 비결이 무엇입니까?"

"저는 한순간도 가만히 서 있었던 적이 없었습니다. 여러분은 제가 그냥 가만히 있었던 것처럼 생각할 수 있겠지만, 사실 전 균형을 유지하기 위해서 몸의 중심을 수없이 움직였습니다."

진정한 균형은 평안하고 가만히 있는 상황에서 오는 것이 아니라, 끊임없는 전진과 변화 속에서 완성된다. 줄을 타고 건널 때 땅을 보지 않고 오직 건너편 목적지만을 바라보고 건너야 하듯이, 자신의 목적지를 향해 한발 한발 디딜 때 인생의 균형을 이룰 수 있다.

GPS^{Global Positioning System}는 인공위성에서 보내는 신호를 수신해 경로를 검색하는 위성항법시스템을 말한다. 이제 자동차에 GPS 없는 세상은 상상할 수 없는 시대이다. 두꺼운 지도책을 들춰가며 길을 찾던 수고에서 벗어난 지 오래다. 이제 운전자는 GPS가 알려주는 대로 차를 운전만 하면 된다. 그러나 아무리 편리한 GPS라 하더라도 반드시 목적지를 입력해야만 제 기능을 수행할 수 있다. 목적지를 입력하지 않으면 GPS는 작동할 수 없다. 결국 어떠한 여행이라도 목적지를 정하는 것은 여전히 운전자의 몫이다.

가장 소중한 여행은 자신을 알아가는 여정에 있다. 인생에서 달성해야 할 목표 중 하나는 자신을 온전히 알아가는 것이다. 아직도 많은 사람이 자신이 누구인지조차 알지 못한 채 삶을 마감하고 만다.

"사람들은 태어나기도 전에 죽는다."라는 에리히 프롬^{Erich Fromm}의 말처럼, 자신의 재능은 어디에 있는지, 열정은 무엇에 발현되는지, 내면에 있는 욕구와 동기는 무엇인지에 관심을 두지 않고 살아가는 사람은 노예의 삶을 살아갈 수밖에 없다. 그러한 삶은 목적지 없이 방황하는 여행이며 정처 없는 주행이 될 뿐이다. 따라서 인생의 균형은 자신만의 목적지를 알고 그 길 위에서 기꺼이 흔들릴 각오가 있을 때라야 온다. 즉 삶의 균형은 끊임없는 전진과 변화 속에서 생겨난다.

당신은 무엇을 향해 나아가는가? 당신의 목적지는 어디인가?

SELF DRIVE

- 여행처럼 우리 인생도 계획대로 되지 않는 것이 너무나 많다. 아니, 우리의 뜻대로 되지 않는 것이 인생이다.
- 진정한 균형은 평안하고 가만히 있는 상황에서 오는 것이 아니라, 끊임없는 전진과 변화 속에서 완성된다.
- 인생의 균형은 어디에서 올까? 자신의 목적지를 알고 그 길 위에서 기꺼이 흔들릴 각오가 있을 때라야 온다.

2. 타인의
모범답안에
끌리는 이유

누군가의 발자국만 쫓았을 뿐

초등학교에 입학할 무렵 내가 가장 즐겨 갖고 놀던 장난감은 자동차였다. 그중에서도 일명 '박치기왕'이라고 이름 붙인 자동차를 가장 좋아했는데, 차체보다 훨씬 큰 범퍼를 갖고 있었다. 다른 장난감 차를 겨냥하고 뒤로 당겼다가 놓으면 '박치기왕'은 거침없이 앞으로 달려가 세게 충돌했다. 부딪힌 차들은 그 충격으로 뒤집히거나 공중에 튀어 올라 난장판이 되었고, 난 그 순간이 너무나 즐겁고 짜릿했다. '박치기왕'은 충격에도 보란 듯이 너무나 멀쩡했고, 간혹 부품이 일부 떨어져 나갔지만 재조립이 쉬워서 전혀 문제되지 않았다.

인생이 그 장난감 자동차와 같기를 바란 적이 있었다. 그러나 학교에 들어가는 순간 세상의 규칙에 얽매여 혼돈으로 들어가고, 학교를 졸업하고 나면 사회의 톱니바퀴가 된다. 뒤이어 평생 돈을 벌고 조직에서 살아남기 위하여 애를 쓰다 보면 '무엇을 위해 살고 있는가.' 같은 본질적인 질문은 자연스레 뒤로 미루고 만다. 그러면서 점차 자신의 계획과는 다르게 무언가에 이끌려 살아가는 모습만 남게 된다.

"여태껏 최선을 다해 열심히 살았는데 이렇게 사는 게 잘사는 건지 잘 모르겠어. 이제는 먹고살 만해졌는데 왜 행복하지 않을까?"

상갓집에서 만난 고등학교 동창 녀석이 씁쓸하게 웃으며 말했다. 모두가 부러워할 만한 직장에서 제법 높은 자리에 있는 그 친구는, 영정사진이 있는 쪽을 물끄러미 쳐다보며 연거푸 한숨을 내쉬었다. 고등학교 은사님의 부음 소식에 오랜만에 모인 우리 앞에서 그 친구는 자기 삶이 무언가 잘못되어 가고 있다는 얘기를 처음 꺼냈다.

'사향노루 한 마리가 숲속에서 거부할 수 없는 향기를 맡고 그 냄새를 쫓아 온종일 숲속을 뒤지고 다닌다. 정작 그 냄새가 자신의 땀구멍에서 나오는 것임을 깨닫지 못한 사향노루는 그렇게 평생을 헤매고 다니는 운명이 되고 만다.'

인도의 사상가 카비르Kabir의 시에 나오는 내용이다.[2] 행복을 열심히 찾아다니지만 그럴수록 행복과는 점점 멀어지는 우리는 사향노루를 닮았다. 그 친구의 축 처진 어깨와 깊은 한숨이 그것을 말하고 있었다.

행복을 찾기 어려운 이유 중 하나는, 우리 대부분이 성공이라는 목표점을 정해놓고 그 목표를 향해 무조건 달리기만 하기 때문이다. "내가 이 길을 계속 가고 싶어 하는가?"라는 질문도 없이 그저 지금 가는 길만이 자신이 가야 할 유일한 길이라고 생각한다. 그 길의 끝에 섰을 때야 열심히 걸어왔는데 돌아보니 아무것도 손에 잡히지 않는다고 하소연한다. 그건 그 길을 스스로 걸어왔다고 생각하지만, 실상은 누군가의 발자국만을 밟으며 쫓아왔을 뿐이기 때문이다.

우리는 '어디로 가겠다.'라는 구체적인 결정도 하지 않은 채 다른 사람이 추구하는 목적지를 향해 달려간다. 자기답게 살아가는 방법은 내려놓은 채 빠른 승진, 좋은 자동차, 넓은 평수의 아파트를 장만하기 위해 인생이라는 길에 들어선다. 그러면서 자신의 원래 목표가 무엇이었는지 기억조차 못 한다. 아침이면 어김없이 학교나 직장으로 향하지만 왜 그곳에 가는지를 잊어버린다. 습관처럼, 관성대로 갈 뿐이다.

인생은 표지판 없는 낯선 길을 걷는 일과 같다. 오르막과 내리막이 거듭되고, 그럴 때마다 수없이 넘어지고 쓰러질 수밖에 없다. 하지만 가고자 하는 방향만 확실하다면 가는 길이 아무리 어렵고 흔들려도 문제가 되지 않는다. 단지 시간이 조금 걸릴 뿐이다. 그러나 사실 하루하루 생기는 스트레스를 감당하기에도 힘에 부친다. 그러니 자신이 가는 길을 살펴볼 여유도 없고, 어디로 가고 있는지를 생각할 겨를도 없다. 그저 일찍 도착하면 더욱 행복에 가까워지리라 생각한다. 하지만 운전대 없는 차량이라면 얘기가 달라진다. 가속페달을 힘껏 밟으면 밟을수록 목적지는커녕 엉뚱한 곳에 도착하거나 도착도

하기 전에 충돌하고 말 것이다.

대단히 부유한 사람 중에 우울증으로 고생하거나 심지어 극단적인 선택을 했다는 안타까운 뉴스를 종종 접하곤 한다. 구체적인 이유는 모르지만, 분명한 사실 하나는 경제적 성공과 부유함이 그들에게 행복을 주지 못했다는 점이다. 우리도 예외가 아니다. 보너스를 받으면 처음에는 흥분되지만, 그 흥분은 놀랍도록 빠르게 퇴색된다. 갖고 있는 스마트폰은 어떤가? 금세 질려서 새로운 모델을 원한다. 좋은 차와 더 큰 집이 생기면 행복해지리라 생각하지만, 점점 더 많은 것을 바라고 있는 자신을 발견한다.

컬럼비아 대학교 경제학 교수인 제프리 색스Jeffrey Sachs는 〈워싱턴 포스트〉와의 인터뷰에서 2005년 이후로 미국인의 소득은 점진적으로 증가했으나 행복은 오히려 감소했다고 말하면서, 이는 행복이 물질적인 요인보다 개인적, 사회적 요인들과 더 밀접한 관계가 있음을 반증하는 것이라 주장한다.

프린스턴 대학교 연구팀은 건강과 행복에 관한 갤럽 조사를 토대로 기본적 필요가 충족된 후에는 돈으로 행복을 살 수 없다는 연구 결과를 발표했다. 돈이 더 많으면 전체적인 삶의 만족도는 올라가지만, 그 효과는 연봉 약 7만 달러 근처에서 멈추고 만다고 한다. 다시 말해 돈이 삶의 질에 미치는 영향만 놓고 봤을 때는 미국의 중산층과 세계 최고 부호인 일론 머스크의 차이가 크게 없다는 뜻이다. 문제는 경제적 성공과 부유함이 행복을 가져온다고 믿고 그것의 뒤만 부지런히 좇는 것이다.

친절한 모범답안을 버려라

사회 초년생 시절, 중고차를 처음 사서 한동안 잘 타고 다녔다. 그것이 무엇이든 첫 번째에는 늘 많은 애정이 담기게 마련이다. 이틀이 멀다고 쓸고 닦고, 그것도 모자라 왁스질도 해주었다. 차를 몰았다기보다는 차를 받들어 모셨다는 표현이 더 어울린다. 그런데 어느 날 차가 도로 한가운데에서 느닷없이 멈추었다. 운전대가 움직이지 않았고, 시동조차 걸리지 않았다. 차가 멈추었는데 내가 할 수 있는 일이 아무것도 없었다. 그것도 서울의 4차선 도로 한복판이었다. 지금도 그때만 생각하면 아찔하다. 잠시 후 견인 차량과 함께 도착한 보험회사 직원이 그렇게 근사해 보일 수가 없었다.

누구나 차가 멈추는 것 같은 일을 겪는다. 일이 뜻대로 되지 않거나 때로는 사람들에게 오해와 비판을 받거나 심지어 사랑하는 사람을 잃기도 한다. 이러한 순간은 준비되지 않은 상태로 맞닥뜨리게 되므로 더욱 고통스럽다. 그러한 위기에 부딪히면 우리는 중심을 잃고 흔들리기 시작하며, 삶이 감당할 수 없는 무언가로 느껴진다.

그러나 고통은 한편으론 곧 변화할 수 있는 희망이 존재한다는 것을 의미한다. 고통과 시련은 우리의 가장 깊숙한 곳에 있는 진실한 감정들과 맞닿을 수 있게 해주는 관문이자 동시에 변화로 향하는 첫 계단이다. 우리는 고통스러운 일을 벗어나기 위해 위험을 무릅쓰고 새로운 무언가를 시도하거나 각오를 다짐하곤 한다. 그것을 바탕으로 구체적인 행동을 취함으로써 예기치 않은 변화를 만들어내기도 한다.

랍비 해럴드 쿠쉬너Harold Kushner는 『왜 착한 사람에게 나쁜 일이 일어날까』에서 자신의 어린 아들 엘런을 잃은 뒤의 경험을 예로 들며 우리의 바람과는 달리 누구도 고통을 겪지 않고는 삶을 헤쳐 나갈 수 없다고 설명한다.[3] 그러기에 차가 멈추었을 때 그 시간을 단지 당황스럽고 고통스러운 시간, 참고 견뎌야 하는 시간만이 아니라 오히려 자신을 돌아볼 귀중한 기회로 삼아야 한다. 무조건 앞만 보고 달려온 자신에게 무엇을 향해 그토록 바쁘게 살아왔는지를 질문해야 한다. 스스로 그런 질문을 던지지 않고 매번 누군가에게 길을 안내받고, 그 길을 무작정 따라왔다면 그 길은 잘못된 길이었을 확률이 높다.

세스 고딘Seth Godin의 책 『린치핀』에서는 '측량되지 않고 수량화되지 않은 길'이란 표현이 등장한다. 인생에서 가장 중요한 건 자기만의 길을 만들어내는 것이기에 아무도 가지 않은 길, 즉 측량되지 않고 수량화되지 않은 길을 찾아내야 한다는 것이다. 거기에 바로 대체 불가능한 성공이 존재한다는 것이다.[4] 삶이 무기력한 이유는 뻔한 목표, 세상에 찌든 목표, 틀에 박힌 목표만 있기 때문이다. 가슴을 설레게 하고 영혼에 감동과 전율을 심어주는 삶을 살아야 한다. 그렇게 하려면 세상이 정해놓은 틀에 박힌 목표에서 벗어나 자신만의 목표를 찾아야 한다. 자신이 가장 잘 할 수 있는 일, 하면 할수록 설레고 즐거운 일, 세상에 영향을 줄 수 있는 일을 찾아나서야 한다.

지구에서 달까지는 약 384,400km이고, 태양까지는 약 1억 5천만 km이다. 태양계에서 가장 먼 명왕성까지의 거리는 무려 60억km가 넘는다. 그러나 이보다 더 먼 거리는 우리들 '머리'에서 '가슴'까지의 거리이다. 다른 사람이 알려주는 친절한 모범답안보다 내면의 고민으로부터 나온 해답을 찾아야 한다. 가슴으로부터 나오는 질문에 답할 수 있어야 한다. 어디로 가고 싶다면 자신이 원하는 곳을 알아야 하듯이, 뭔가를 이루고 싶으면 내가 누구인지 아는 것에서 출발해야 한다. 그렇지 않으면 어느 날 갑자기 차는 멈추고 만다.

SELF DRIVE

- 아무것도 손에 잡히지 않는다고 하소연하는 것은 우리가 누군가의 발자국만을 밟으며 쫓아왔기 때문이다.
- 스스로 질문하지 않고 매번 누군가에게 길을 안내받고, 그 길을 무작정 따라왔다면 그 길은 잘못된 길이었을 확률이 높다.
- 다른 사람이 알려주는 친절한 모범답안보다 내면의 고민으로부터 나온 해답을 찾아야 한다.

2장

THROWING AWAY

당신이 당장 버려야 할
자기계발 5원칙

·

"이런 세상에,
눈을 감는 순간에 이르러서야
지금까지 내가 죽은 채로 지내온 걸
알게 되다니!"

헨리 데이비드 소로 Henry David Thoreau

1. 자기계발 원칙이 당신과 맞지 않는 이유

경제적 성공과 행복의 관계

성공이란 '부와 존경 또는 유명함을 성취하는 것'이다. 성공에 대한 개념과 원리는 시대와 배경에 따라 조금씩 다르지만, 그것이 물질적이든 그 외의 것이든 많은 사람이 열망하는 그 무언가를 이루어낸 상태이다. 지금도 많은 사람이 성공을 위해 열심히 달려가고 있다. 그런데 우리는 혼돈의 시대에 살고 있다. 아이러니하게도 열심히 최선을 다해 살고 있지만 어떻게 살아야 하고 무엇을 위해 살아야 하는지 모른다. 지금 내 삶이 제대로 된 방향으로 가고 있는지도 잘 모른다. 실패하면 안 된다고, 반드시 성공해야 한다고 세뇌하듯 살고 있지만 정작 무엇이 진짜 실패이고 성공인지 확신할 수 없다.

2021년 미국 여론조사 기관 퓨리서치센터가 전 세계 17개국에 걸쳐 성인 약 2만 명을 대상으로 설문조사를 진행했다.

"당신의 삶에서 가장 가치 있다고 생각하는 것은 무엇인가?"

예상대로 대부분 국가에서는 가족을 1순위[38%]로 꼽았고, 다음으로 직업[25%], 물질적 행복[19%] 순이었다. 그런데 한국인은 물질적 행복을 삶의 1순위[19%]로 꼽았다. 이어서 건강[17%], 가족[16%], 만족감[12%], 사회[5%], 자유[5%] 순이었다. 17개국 중 가족을 최우선 순위로 꼽지 않은 나라는 한국, 대만, 스페인 3개국뿐이었다. 그중에서도 물질적 행복을 1위로 꼽은 나라는 우리나라가 유일했다. 우리가 좇는 성공 사회의 단면이 드러나는 대목이 아닐 수 없다. 이렇듯 많은 사람이 물질을 가장 중요한 것으로 여기고 있다. 그렇다면 경제적 성공은 정말 행복을 가져다주긴 하는 것일까?

2011년 미국의 노스사우스이스턴 대학교는 소위 '성공한 사람들'이라고 불리는 월스트리트 주식거래 매니저들을 대상으로 조사한 결과를 발표했다. 그들의 연봉은 당시 최소 3억 원에서 많게는 20억 원이 훌쩍 넘었다. 놀라운 사실은 그들 3명 중 2명 정도가 우울증을 앓고 있었고, 그중 절반은 당장 입원 치료를 해야 할 정도로 심각한 우울 증세를 보였다. 더 심각한 것은 그들이 우울증으로 고생하면서도 휴가를 내거나 일을 그만두는 등 문제를 적극적으로 해결하려는 모습이 전혀 보이지 않았다는 점이다. 그러다 보니 상황은 점점 나빠졌고, 이들은 행복과 멀어질 수밖에 없었다. 경제적인 성공과 물질적 풍요를 성공의 기준으로 생각하지만, 오히려 이에 대한 과도한 추구로 인해 스트레스와 만성피로, 심지어 신경쇠약 같은 질병이 찾아오는 역설적인 현상이 되어버린 것이다.

최근 유엔 산하 자문기구인 '지속가능발전 해법네트워크SDSN'는 '2022년 세계 행복보고서'를 발표했다. SDSN은 매년 국가별 1인당 국내총생산GDP과 사회적 지원, 기대수명, 사회적 자유, 관용, 부정부패 정도 등 6개 항목을 측정해 행복 지수를 산출해 발표한다. SDSN에 따르면 전 세계적으로 지속적인 경제 성장이 이루어지고 있음에도 불구하고, 행복 지수는 상당히 후퇴하고 있다고 지적했다.

우리나라 행복 지수는 10점 만점에 5.93점을 받아 조사 대상 국가 146개국 중 59위에 올랐지만, OECD 국가만 놓고 보면 38개국 중 35번째로 최하위권이었다. 특기할 만한 사항은 우리나라는 기대수명과 GDP 등 경제적 요소에 대한 점수는 비교적 높은 수치를 기록했지만, 사회적 자유와 관용 등에서는 점수가 낮았다는 점이다. 이는 경제적 성과에 비해 우리의 행복 지수가 그리 높지 않음을 의미한다. 그뿐만 아니라 청소년 자살률 또한 OECD 국가 중 1위라는 사실은 우리나라가 처한 사회적 현실이 매우 척박함을 보여주고 경제적 부와 행복이 반드시 비례하지 않는다는 사실을 입증하고 있다.

그렇다면 대다수 사람이 생각하는 성공의 조건은 무엇일까? 2017년 온라인 취업포털 '사람인'에서 2,023명을 대상으로 '대한민국에서 성공하기 위해 가장 필요한 조건'을 조사한 결과, 단연 '경제적 능력'이 33.9%로 1위를 차지했다. 뒤이어 '집안 배경'과 '인맥'이 순위를 차지했다.

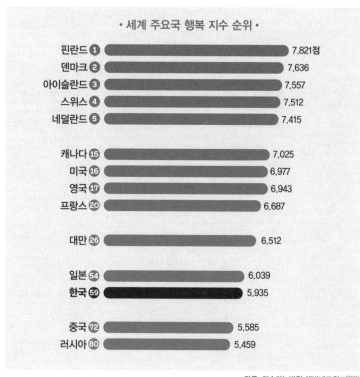

• 세계 주요국 행복 지수 순위 •

핀란드 ❶	7.821점
덴마크 ❷	7.636
아이슬란드 ❸	7.557
스위스 ❹	7.512
네덜란드 ❺	7.415
캐나다 ⓯	7.025
미국 ⓰	6.977
영국 ⓱	6.943
프랑스 ⑳	6.687
대만 ㉖	6.512
일본 ㊴	6.039
한국 ㊾	5.935
중국 ㊷	5.585
러시아 ㊿	5.459

자료: 지속가능발전 해법네트워크SDSN

비슷한 시기 또 다른 취업포털 '잡코리아'에서 대학생 1,620명에게 설문조사를 실시하였는데, 이번에는 '성공의 기회'에 대한 질문을 던졌다. 응답자의 49.1%가 "부모 세대와 비교해 성공의 기회가 더 적어졌다."라고 답했으며, 상당수의 대학생이 성공의 기준으로 '보유 재산의 정도'를 꼽았다. 이렇듯 행복을 위해 필요한 것이 무엇이냐는 질문에 주저하지 않고 대부분 '돈'이라고 답하며, 경제적 성공과 행복을 동일시하는 것이 자연스러운 현상이 되어버렸다.

그 사람의 '성공 방정식'이 내게 통할까?

어느 맞벌이 부부가 번듯한 성공을 위해 주말에도 쉬지 않고 열심히 돈을 벌었다. 드디어 아내는 그토록 원하던 예쁜 테라스를 가지게 되었고, 남편은 좋아하는 오디오를 샀다. 부부는 아이가 생겼지만, 앞으로 더 열심히 살자며 돈을 벌러 아침 일찍 나갔다. 그러던 어느 날 남편이 두고 나온 물건을 가지러 집에 들렀더니, 아이를 돌보는 아주머니가 테라스의 예쁜 의자에 앉아 음악을 들으며 차를 마시고 있었다. 자신들은 사놓기만 했지, 누려보지 못한 것을 아주머니가 대신 즐기고 있었던 것이다. 우리는 이렇게 경제적인 성공을 이루고도 그것을 제대로 누리지 못한다. 더 크고 번듯한 집을 마련하고 큰돈을 모을 때까지 많은 것들을 보류하거나 포기한다. 결국 부모가 떠난 후에, 또는 아이들이 훌쩍 자라 버리고 나서야 후회한다.

물질적인 부가 가져다주는 기쁨의 유효기간은 그리 오래가지 않는다. 부실한 기업을 사들여 비싼 가격에 매각하는 미국의 어느 기업투자가는 하루아침에 250억 원을 벌어들였다. 그는 경제 관련 잡지와의 인터뷰에서 이렇게 말했다.

"딱 2주 동안만 행복했습니다. 2주가 지나자 다시 또 다른 걱정, 근심에 쌓였습니다."

이처럼 경제적 성공을 이루었다고 해서 행복이 지속되는 것은 아니다. 그래도 여전히 오늘날 많은 사람은 경제적 성공을 이루면 행복해질 거라는 생각에 자신에게 다가올 커다란 행운을 기다리고 갈망한다.

어릴 적 누구나 한 번쯤 행운의 상징인 네 잎 클로버를 이리저리 찾아본다. 그러나 찾지 못한 적이 훨씬 더 많다. 그러는 사이에 아무런 죄 없는 다른 클로버들만 마구 밟히고 무시당한다. 그런데 평범한 세 잎 클로버들의 꽃말이 바로 '행복'이다. 우리는 '행운'을 찾아 헤매다가 무수히 많은 '행복'을 지나치고 심지어 짓밟고 만다. 이렇게 자신에게 주어진 '행복'은 외면한 채 여전히 자신에게 '행운'이 찾아오기만을 바란다. 하지만 행운은 그 모습을 쉽게 보이지 않는다. 그럴 때면 다른 사람들은 저만큼 앞서가 있는 듯한데 자신만 제자리에 있는 것 같아 마음이 더욱 조급해지고, 목표를 정하고 습관을 바꾸기 위해 자신을 채찍질하며 결연한 의지로 변화를 맹세한다.

우리는 끊임없이 무언가를 배우고 자신의 가치를 높이기 위해 수고해야 하는 시대를 살고 있다. 현대사회는 변화의 속도를 따라가지 못하면 뒤처진다는 불안감을 늘 조성한다. 다른 사람에게 뒤처진다는 것은 곧 실패를 의미하고 여러 불이익 앞에 놓임을 전제한다. 그러면서 어느덧 '자기계발'은 성공을 위해, 아니 뒤처지지 않기 위해 선택이 아닌 필수가 되었다.

'자기계발'이라는 용어는 스스로 돕는다는 의미로, 'Self-help'에서 비롯되었다. 새뮤얼 스마일즈Samuel Smiles가 쓴 책 『자조론』에서 첫 문장으로 인용한 '하늘은 스스로 돕는 자를 돕는다Heaven helps those who help themselves.'라는 격언에서 시작되었다는 얘기가 가장 설득력이 있다.[5] 이러한 자기계발Self-help은 어느덧 우리 일상을 지배하는 지침이 되었고 기본상식으로 자리 잡았다. 강연, 동영상, 카운슬링, 책 등의 자기계발 상품은 폭발적으로 증가했고 이제 자기계발이 통용되지 않는 분야가 없다. 경영학, 경제학, 심리학, 마음 수련 등 모든 분야가 자기계발 영역이다.

그중 자기계발서는 손쉽게 접할 수 있는 효율적이고 합리적인 '처방전'이다. 소위 '경제적 성공'을 이룬 사람들의 경험과 노하우를 담은 책들은 많은 사람의 이목을 집중시킨다. 힘든 역경에서도 환경이나 운명이 우리 삶을 마음대로 결정하지 못하도록 스스로 개척하라고 강조하며, 꿈을 현실로 만드는 비법을 알려주겠다는 자기계발서는 무언가를 간절히 원하는 사람들, 성공비결을 찾을 수 있다고 굳게 믿는 사람들에게 팔려나간다. 서점의 자기계발 코너 앞을 서성이다 눈에 띄는 책 몇 권을 사면 당장이라도 '성공의 방정식'을 풀어낼 것 같은 뿌듯함마저 느껴진다.

그동안 나는 적지 않은 자기계발서를 접했다. 목표 달성과 습관 변화 등의 현실적인 방법론을 제시해주는 책들도 있었고 비전과 꿈을 구체적으로 달성해가는 데 도움이 될 만한 것들도 있었다. 그러나 대부분 책을 덮을 때는 무언가 허전한 마음이 들곤 했다. 왜 그럴까? 이 세상에서 어떻게 하면 성공할 수 있는지, 어떻게 하면 주식으로 돈을 벌 수 있는지, 또 어떻게 하면 무시당하지 않고 살 수 있는지에 관한 세세한 지식만으로는 충족되지 않는 뭔가가 있었기 때문이다. 행복에 이르기 위해서는 어떻게 해야 하는지, 자신을 아끼며 살아가는 건 어떤 것인지, 삶의 진정한 가치를 찾기 위해서는 무엇부터 시작해야 하는지처럼 제일 중요한 것은 배울 수 없었기 때문이었다.

돌이켜보면 그건 방정식이나 퍼즐처럼 문제에 대한 해답을 풀어 나가는 것이 아니라, 인생이라는 시간을 실제로 살면서 경험으로 체득하지 않으면 안 되는 가치들이었다. 인간관계를 배우려면 직접 사람들과 부딪치며 관계 맺는 것이 필요한 것처럼. 게다가 자기계발서를 다 읽고 나면 막상 기억에 남는 것이 없을 때가 많다. 훌륭하고 좋은 얘기인 줄은 알겠는데, 그대로 따라 할 자신도 없다. 온갖 역경에 굴하지 않고 성공을 이룬 저자의 경험에 박수를 보내다가도, 저자와 비교해보면 자기 모습은 한없이 남루하고 초라하기 그지없다. 자기계발을 기대했는데 오히려 좌절감만 생긴다.

이는 다른 사람의 처방전을 자신에게 똑같이 적용하는 데 그 원인이 있다. 본질적으로 '처방전'은 모든 사람에게 동일하게 적용되지 않는다. 그런데도 다른 사람의 처방전을 만병통치약으로 여긴다. 그러다 보면 '나는 더 이상 구제 불능인 존재인가 보다.'라는 좌절과 패배 의식만 초래하는 부작용만 생긴다. 만약 자기계발서의 지침대로라면 지금쯤 이 땅의 많은 사람이 경제적 성공을 이루고 있어야 하며, 훨씬 멋지고 근사한 세상에 살고 있어야 한다.

- 엄청난 부를 이룬 남자가 말했다. "딱 2주 동안만 행복했습니다. 2주가 지나자 다시 또 다른 걱정, 근심에 쌓였습니다."
- 자기계발서를 읽으면 당장이라도 '성공의 방정식'을 풀어낼 것처럼 뿌듯하지만, 잠시일 뿐이다.
- 진정한 자기계발은 인생이라는 시간을 실제로 살면서 경험으로 체득하는 것이다.

2. 자기계발
처방전의
잘못된 원칙들

자기계발 원칙1

자기계발 원칙1
자기 자신이 없다

"솔개의 수명은 보통 70년인데 40년 정도에 이르면 선택의 갈림길에 선다. 솔개는 부리가 구부러지고 발톱도 무뎌져 더 이상 먹이를 잡을 수 없으면, 스스로 바위에 부리가 없어질 때까지 부딪치고 또 부딪친다. 부리가 없어지고 난 자리에 새로운 부리가 자라면, 그 부리로 무뎌진 발톱을 하나하나 뽑아낸다. 얼마 후 그 자리에 발톱이 다시 자라나면 솔개는 다시 용맹하게 하늘을 훨훨 날아다니며 새로운 인생을 살게 된다."

중학교 선생님에게 이 이야기를 처음 들었을 때 사춘기 소년의 마음 한구석에 용기와 희망이 벅차올랐다. 그런데 시간이 지나 저명한

45

조류생태학자가 텔레비전에 나와 이를 과학적으로 증명되지 않은 얼토당토않은 이야기라고 말했을 때 나는 적지 않은 충격을 받았다. 더구나 솔개의 수명이 기껏해야 20년에 불과하다는 말은 더 큰 충격으로 다가왔다. '솔개 이야기'에 용기와 희망을 가졌던 그 시간이 억울하고 묘한 배신감도 밀려왔다.

한 농부가 미꾸라지를 양식하는 연못에 커다란 메기를 몇 마리 풀었다. 미꾸라지들이 메기로 인해 긴장하며 지내느라 한여름을 거뜬히 지나 가을까지 살아 싱싱한 추어鰍魚가 된다는 말을 들었기 때문이다. 그런데 이 역시 과학적으로 전혀 맞지 않는 얘기였다. 미꾸라지와 메기를 실제로 한곳에 풀어놓았더니 미꾸라지가 일찍 죽었다. 지나친 스트레스와 긴장 탓이었다.

버진그룹 창업자 리처드 브랜슨Richard Branson은 매일 5시에 일어난다고 한다. 애플의 CEO 팀 쿡Tim Cook은 새벽 3시 45분에 하루를 시작한다. 그렇다면 당신도 성공을 위해 매일 이른 새벽에 일어나야 하는걸까? 당신은 리처드 브랜슨도 아니고, 팀 쿡도 아니다. 당신은 당신일 뿐이다. 굳이 특정 시간을 고집하는 것보다 에너지를 갖고 하루를 시작할 수 있으면 충분하다. 한때 미라클 모닝Miracle morning이 유행이었다. 일찍 일어나서 하루를 시작하면 생산성도 높아지고 창조적인 일에 집중할 수 있으며, 하루를 보다 길게 쓸 수 있는 이점이 있는 것은 분명하다. 그러나 새벽형 인간이 있다면 천성적으로 야간에 집중력이 높아지는 올빼미형 인간도 있는 법이다.

'솔개 이야기'도, '미꾸라지 이야기'도 '미라클 모닝'도 한번쯤 의심해봐야 할 진리인데, 우리는 무작정 따르려고만 한다. 서점에 가보면 자기계발서와 경영서가 즐비하다. 시간 관리, 습관 변화, 목표 달성 등 개인과 기업을 경영하는 방법을 알려주는 책들로 **빼곡**하다. 이유는 간단하다. 많은 사람이 자기계발서나 재테크 관련된 책을 원하고, 출판사 입장에서도 그런 류의 책이 돈이 되기 때문이다.

좋은 회사에 다니거나 돈 많이 버는 것을 목표로 삼고, 아파트를 사기 위해 영혼까지 끌어모으는 시대에 처세술과 노하우를 담아낸 책이 바로 '자기계발서'다. 대부분의 자기계발서가 주장하는 것은 한마디로 '성공'이다. 그 성공을 위해서는 돈을 공부해야 하고, 강한 의지력과 자제력을 갖추고, 습관을 바꾸기 위한 노력이 필요하다. 가령 '꿈을 포기하지 마라. 지출 관리를 철저히 하라, 습관을 바꾸기 위해 환경을 변화시켜라.'와 같은 간결하고도 효과적인 메시지는 바쁜 현대인들에게 매우 매력적인 조언으로 다가간다.

문제는 자기계발이 노력을 강조하다 보니 개인을 소외시킨다는 점에 있다. 자기계발의 결론은 결국 환경과 사회의 변화를 기대하기 전에 당신 스스로 노력하라는 얘기다. 당신이 노력하지 않으면 아무것도 이루어지지 않는다. 자기계발을 하지 않으면 잘못된 것처럼, 나태하고 무능한 사람처럼 취급받는다. 그래서 '자기'를 극복하라는 메시지로 가득하다. 그러나 그럴수록 '자기계발Self-help'이라는 본래의 취지는 온데간데없이 사라지고 왜곡되어 간다. 경쟁사회가 요구하는 온갖 기술과 처세술을 효율적으로 높이는 방법에 목적을 두며, 자신이라는 상품을 어떻게 하면 그럴듯하게 포장할 수 있을 것인가로 변질되어

가고 만다.

　그곳에는 '자기 자신'이 있을 곳이 없다. 타인과 견주어 자기 자신을 잃어버리라는 모순된 논리가 반복된다. 하지만 자신을 극복하는 것과 자신을 잃어버리는 것은 전혀 다른 것이다. 자기계발에는 '계발'에 대한 조언은 있을지 모르지만 '자기 자신'은 찾을 수 없다. 자기 자신에 대한 고찰 없는 자기계발은 맹목적인 추종에 불과하며 그 과정에서 피곤함과 좌절감이라는 역효과를 가져온다. 따라서 아무리 좋은 메시지를 가진 자기계발이라 해도 나에게 적용이 가능한지 먼저 살펴보아야 한다. 자기계발은 무엇보다 '자기'가 우선되어야 하기 때문이다.

　우리는 성공한 사람들의 화려하게 빛나는 겉모습만 보고 그 사람의 삶을 부러워하고 자신의 부족함을 부끄럽게 여긴다. 자신의 한계와 결함을 극복하기 위해 많은 노력을 기울인다. 이는 부족한 점 또는 약점을 어느 정도라도 개선해야 '평균치'에 가까워지기 때문이다. 이 평균치에 도달하기 위해 자신을 한계까지 밀어붙이고 가혹할 정도로 자기 스스로를 채찍질한다. 그러나 성공한 사람은 성패에 대한 자신만의 정의를 갖고 있다. 그 정의를 이루는 과정에서 진정한 행복을 느낀다. 그들은 가장 자기답게 될 때 비로소 자기만의 경쟁력이 최고에 이른다는 사실을 알기에 구태여 누군가를 닮으려고 애쓰지 않는다.

　가장 자기다운 모습은 나 자신을 있는 그대로 받아들이고 누구보다 친절하게 대하는 것부터 출발한다. 사랑받을 자격이 충분한 나에게 가장 모진 채찍을 가했던 사람은 다름 아닌 '나 자신'이다. 우리는 자신이 꿈꾸는 모습이 되기 위해 노력하지만, 현실은 늘 거기에 미치지 못한다. 이런 세상에서 끊임없이 타인과 자신을 비교하고, 부족한 자기 모습에 대해 스스로 책임을 묻다 보면 어느새 무너지는 자존감과 폭발하는 열등감을 마주하게 된다. 스스로에게 불친절한 사람은 계속 괴로울 수밖에 없다. 세상의 시선과 평가에 지친 자신을 향해 철저하고 가혹하게 대하며 살아간다.

현대를 살아가는 우리는 다양한 공동체에서 여러 가지 역할을 맡으며 각양각색의 페르소나를 드러내며 복잡한 경험을 한다. 그러면서 자기도 모르게 진정한 내면을 잊어버리고 살아간다. 정말 중요한 가치들은 기억하지 못한다. 목표를 달성하기 위해 열심히 달리지만, 내면의 변치 않는 핵심이 무엇인지, 자신의 방향이 어느 곳을 향하고 있는지, 무엇을 할 때 가슴이 뛰는지를 알지 못한다. 그러나 목표를 이루고 성과를 달성하는 것은 밀려오는 파도처럼 늘 반복되어 다가올 뿐이다. 따라서 왜 그러한 목표를 이루고 성과를 달성해야 하는가에 대한 인식이 무엇보다 우선되어야 한다.

애초에 완벽한 인생이란 존재하지 않는다. 부족함은 해결해야 하는 문제가 아니라 자연스러운 삶의 모습이다. 남들이 부러워할 만한 성과를 내지 못하더라도, 혹은 성공한 삶이 아니더라도 우리는 모두 사랑받을 자격이 충분하다. 이 사실을 진정 깨닫게 될 때 자신을 억누르고 엄격하게 채찍질하는 가혹함에서 벗어날 수 있게 된다. 바로 그때 독수리처럼 하늘을 향해 날며, 사자처럼 초원을 달려 나갈 수 있다.

문제는 '노력 부족'이었을까?

오래된 농담이 있다. 캐딜락을 타고 콘서트를 보러 가던 두 청년이 길을 잃었다. 그들은 차를 멈추고 한 노인에게 길을 물었다.

"카네기 홀에 가려면 어떻게 해야 합니까?"

노인은 간결하게 대답했다.

"연습!"

그렇다. 카네기 홀에서 공연할 수 있을 정도가 되려면 분명 연습을 열심히 해야 한다. 최선을 다해야 한다. 그러나 무작정 연습만 한다고 카네기 홀에 갈 수 있는 것은 아니다. 성공도 마찬가지다. 우리는 지금까지 맹목적으로 최선을 다하면 어느 순간 성공에 이른다는 막연한 생각을 하고 있었는지 모른다.

성공한 사람들은 누구나 저마다의 노력을 강조한다. 알베르트 아인슈타인Albert Einstein은 "나는 똑똑한 것이 아니라 단지 문제를 더 오래 연구할 뿐이다."라며 자신의 천재성보다 노력을 중요시했으며, 소설가 스티븐 킹Stephen King도 "재능은 식탁에서 쓰는 소금보다 흔하다."라며 재능보다 노력을 강조했다. 메이저리그 마지막 4할 타자로 유명한 테드 윌리엄스Ted Williams도 노력의 중요성을 이야기했다.

"연습, 연습, 연습, 나는 물집이 잡히고 터질 때까지 배트를 휘둘렀고, 손바닥에 아주 단단하고 거친 굳은살이 박일 때까지 몰아쳐 대곤 했다. 여러분들은 요즘 그렇게 무시무시한 굳은살을 본 적이 없을 거다. 이것은 아주 중요한 문제다.”

세계적인 베스트셀러 『아웃라이어』에서 말콤 글래드웰Malcolm Gladwell은 ‘1만 시간의 법칙’을 통해 어느 분야에서든 최고가 되려면 최소 10년간 집중적인 노력이 필요하다고 말한다.[6] 즉 1만 시간을 몰입하면 어느 순간 달인의 노하우가 터득된다는 것이다. 나아가 미국 작가 로버트 그린Robert Greene은 『마스터리의 법칙』에서 ‘2만 시간의 법칙’을 얘기한다. 1만 시간이든, 2만 시간이든 오랜 시간 피나는 노력을 해야 성공에 가까워질 수 있다는 것을 이야기한다.[7] 일면 타당한 말이다. 그러나 1만 시간의 노력이 전문가로 만들어주고 경제적 성공을 가져올 수 있을지는 몰라도 일에 대한 성취감이나 만족감까지 보장할 수 없다. 한 분야에서 10년을 쉬지 않고 일했음에도 아무런 자부심이나 성취감을 느끼지 못한다면, 이는 그 일이 적성에 맞지 않거나 타성에 젖어 동력이 떨어졌다는 의미일 수 있기 때문이다.

2001년 문화심리학자 스티븐 하이네Steven J. Heine는 동양인과 서양인 학생들에게 창의성 과제를 시킨 뒤에 한 조건에서는 상당히 잘했다는 ‘성공 피드백’을 제공했고, 다른 조건에서는 상당히 못 했다는 ‘실패 피드백’을 제공했다. 실험 결과 동양인은 실패 피드백을 받았을 때 창의성 과제에 더 오랜 시간을 투자했다. 하지만 서양인들은 성공 피드백을 받았을 때 더 오랜 시간을 할애했다. 다시 말해 동양인들은 실패했을 때 과제에 더 큰 관심을 보였고, 서양인들은 성공했을 때 과제에 더 큰 열정을 보인 것이다. 스티븐 하이네에 따르면, 서양인들은 개인의 능력은 타고난다고 생각하기에 실패한 과제에 집착해 노력할 필요가 없다고 판단하지만, 동양인들은 사람이란 얼마든지 변할 수 있고 노력을 통해 발전시킬 수 있다고 생각하기 때문에 실패한 과제에 더 집중한다.

자기계발의 핵심 메시지는 이러한 동양인의 사고방식과 닮았다. 많은 자기계발서는 누구나 끊임없는 노력을 통해 변할 수 있다고 주장하면서, 반대로 성공하지 못하는 이유는 노력하지 않기 때문이라고 지적한다.

여기서 한 번쯤 생각해봐야 한다. 학업 점수가 좋지 못한 이유가 '노력 부족'에만 있을까? 사업에 실패한 것이 최선을 다하지 않아서일까? 직장생활에서 뒤처지는 게 정말 의지 문제일까? 물론 꾸준한 노력을 통해 성취동기를 높일 수 있고 좋은 결과를 가져올 수 있으며 인생의 의미를 찾을 수도 있다. 그러나 노력에 대한 과도한 믿음을 항상 경계해야 한다. 노력을 강조하면서 성과에 대한 책임을 개인에게 쉽게 전가하기 때문이다. "당신이 열심히 노력하지 않아서 그렇게 된 거야. 최선을 다했다면 그런 결과가 나오지는 않았겠지."라고 이야기하며 실패에 대한 책임을 개인에게 돌리곤 한다. 게다가 남루한 현실과 어려운 경제적 상황에 대해서도 불만을 제기할 수도 없다. 노력하지 않았다고 치부되기 때문이다. 반면 기득권층은 많은 혜택을 누리며 사는 것이 정당하고 자연스러운 일이다. 피나는 노력을 위해 높은 지위와 부를 획득했다는 사회적 인식이 작용하기 때문이다.

성공하려면 능력과 재능, 그리고 환경이 복합적으로 뒷받침되어야 한다. 거기에 노력이 더해질 때 그 노력이 빛을 본다. '노력은 성공의 열쇠'라는 맹목적인 믿음은 성공하지 못할 경우 많은 상처와 좌절을 안겨준다. 노력해도 실패하는 과정을 몇 번 반복하게 되면 누구나 패배감에 사로잡힐 수밖에 없다. 만약 충분히 노력하고 고민했음에도 불구하고 실패한다면 그건 관련 분야에 재능과 능력이 없는 것일 뿐이다. 구태여 계속 그 길을 고집할 필요가 없다.

'1만 시간의 법칙'도 그 분야에 재능이나 강점이 어느 정도 있을 때야 가능하다. 훨씬 적은 에너지로 탁월한 성과를 낼 수 있는 강점을 두고, 그렇지 않은 분야에 1만 시간 동안 연습하는 것은 개인으로서도 불행한 일이지만 조직 차원에서도 큰 낭비이다. 우리 사회는 여전히 '노력'을 강조한다. 우린 노력해야만 성공하고 인정받는다고 배워왔고 덕분에 평생 애만 쓴다. 인정받기 위해 노력하고 성공하기 위해 노력한다. 매일 애를 쓰지만, 현실 속에서는 좌절만 거듭될 뿐이다.

자기계발의 본질은 자유의지를 통해 노력을 행사할 수 있다고 보는 것이다. 그런데 최선의 노력을 다했는데도 실패한다면 노력해도 안 되는 사람이라는 비참한 생각이 든다. 아니면 스스로 처절한 노력을 하지 않았다는 생각이 들 수도 있다. 어느 쪽이든 패배감으로 가득해진다. 성공하기 위해 노력하는 존재는 결국 좌절하고 인정받을 수 없는 것이다.

이제 생각을 바꿔야 한다. 인정받기 위해, 성공하기 위해 노력하는 게 아니라 자신은 이미 인정받는 존재이며, 가치 있는 존재임을 스스로 믿어야 한다. 바로 그때 인생은 인생다워지며 자신이 자신다워진다. 불필요한 노력으로 많은 시간을 낭비할 필요는 없다. 실패의 원인이 노력을 다하지 않아서라고 치부하기보다 각 개인의 능력에 맞는 분야를 찾아 최선의 노력을 다하면 자기 삶을 풍성하게 만들수 있다. 포기하지 않고 끊임없이 노력한다고 해서 모든 사람이 자기가 원하는 것을 다 얻는 것은 아니다. 세상에는 노력만으로 되지 않는 일이 노력으로 되는 일보다 훨씬 더 많다. 만약 노력만으로 인생의 문제를 해결할 수 있다면, 그 수많은 고민과 문제는 하나도 남아있지 않았을 것이다.

자기계발 원칙3
과도한 칭찬은 어설픈 이기심일 뿐이다

켄 블랜차드Ken Blanchard의 『칭찬은 고래도 춤추게 한다』의 원제는 『You excellent』이다. 처음에는 원제를 살려 출간했는데 독자의 흥미를 끌지 못했고, 제목을 바꾼 뒤에 폭발적인 열풍을 일으켰다. 제목에서 알 수 있듯이 이 책은 칭찬의 중요성을 강조한다. 몸무게 3t이 넘는 범고래가 관중들 앞에서 멋진 쇼를 할 수 있는건 조련사의 칭찬과 긍정적 태도에서 기인한다고 말한다. 그러므로적절한 칭찬은 개인이 행복해지고 조직이 성과를 내는 지름길이라는게 이 책의 논리이다.[8]

우리는 행복하고 더 좋은 사회를 만들기 위해 칭찬과 격려가 필수인 것처럼 여기는 사회에 살고 있다. 그러나 문제는 이런 믿음이 때로는 진심 어린 지적을 주저하게 만든다는 데 있다. 칭찬은 사실에 기초해 정확하게 해야 한다. 칭찬은 정당할 때 해주어야 하고, 지적 역시 필요할 때는 해야 한다. 칭찬을 해야 할 때 하지 않고, 지적을 해야 할 때 하지 않으면 의욕도 저하되고, 성과도 떨어질 수밖에 없다.

요즘처럼 취업이 어려운 시기에 입사 원서를 넣고 한두 번 떨어지는 것은 특별히 위로받을 만한 일이 아니다. 툴툴 털고 일어서면 된다. 그런데 수십 번 아니 수백 번 같은 일을 당하면 크게 낙담할 수밖에 없다. 더구나 스스로 충분한 자격이 있고 스펙이 있다는 믿음이 있었다면 더 크게 낙심할 것이다. 그러한 믿음이 강하면 강할수록 더 큰 낙담과 우울을 경험하게 된다. 능력을 현실보다 과하게 믿으면 믿음은 현실에서 깨지기 쉽고 절망할 수밖에 없기 때문이다. 그래서 가장 행복한 사람은 긍정적이든 부정적이든 현실을 직시하고 인정하는 사람이다.

우리는 때로 '고래를 춤추게 하기 위해' 보상 제도를 활용한다. 보상은 우리 생활에 널리 퍼져 있는 대표적인 동기 강화 방법이다. 하지만 이런 방법이 예상과 달리 오히려 내적동기를 떨어뜨린다는 연구 결과가 있다.

1973년 스탠퍼드 대학교의 실험은 보상이 능사가 아님을 보여준다. 유치원 아이들을 세 그룹으로 나누고, A그룹은 그림을 그리면 선물을 주겠다고 했고 약속대로 선물을 줬다. B그룹은 아무런 이야기를 하지 않고 그림을 다 그린 아이에게 선물을 줬다. C그룹은 선물 약속을 하지 않았고 선물도 주지 않았다. 그림 그리기와 선물을 주는 이벤트가 끝나자, 세 그룹의 아이들은 각각 다른 모습을 보였다. A그룹은 실험 이후에 그림을 그리는 시간이 확 줄었고, B그룹은 실험할 때보다 더 오랫동안 그림 놀이를 즐겼다. C그룹 아이들은 B그룹보다 더 오랜 시간 동안 그림 놀이를 즐겼다. 실험 결과는 예상과 다르게 선물 약속을 하지 않고 그림을 그리고 난 뒤에도 선물을 주지 않은 C그룹 아이들이 그림을 가장 많이 그렸다.

무슨 일이든 보상을 기대하면 재미를 맛볼 수 없다. 보상받을 때만 잠시 즐겁다. 성과에 대한 보상은 잠시 영향을 주지만 영원하지 않다. 오히려 아무런 대가도 없이 그저 재미를 느끼며 뭔가를 하는 경우 꾸준히 그 일을 지속할 수 있다. 직장에서도 마찬가지다. "실적이 우수한 팀에는 추가 상여금을 지급할 계획입니다.", "개인 성과가 높은 직원에게는 해외여행을 보내드리겠습니다."라는 달콤한 제안에 처음에는 열심히 할지도 모른다. 하지만 어느 순간 다른 사람에게 보여주기 위해, 보상을 얻기 위해 하는 일과 공부는 재미가 없어진다. 세계적인 미래학자 다니엘 핑크^{Daniel Pink}는 『새로운 미래가 온다』에서 우리가 지금까지 믿어온 성과 보상이 사람들에게 동기를 준다는 생각은 '착각'이라고 말했다.

평가와 피드백, 그리고 칭찬과 지적은 진실하고 정확할 때만 긍정적인 효과가 있다. 잘한 사람에게는 꼭 잘했다는 피드백을 주어야 하고, 잘못한 사람에게는 반드시 잘못했다는 피드백을 주어야 한다. 그러나 우리는 좋은 게 좋은 거라는 생각과 군이 그럴 필요가 있느냐는 생각으로 잘못을 지적하는 피드백을 주저한다. 특히 보수적이고 관계 지향적인 조직에서 더더욱 그러한 면이 나타난다.

더구나 부적절한 상황에서 칭찬하는 것은 애정과 배려가 아니라 그저 좋은 사람으로 남고 싶은 어설픈 이기심이다. 정확한 지적을 해야 할 때 도리어 칭찬하는 것은 상대방의 삶을 잘못된 방향으로 나아가게 한다. 별로 잘한 것 같지도 않은데 잘했다는 칭찬을 듣는 순간, 더 열심히 노력해야 할 필요성을 못 느끼기 때문이다. 영업사원 실적이 신통치 않지만, 동기를 끌어올리겠다고 칭찬만 한다면 그 영업사원은 계속 그 수준에 머무를 것이다. 아무런 근거 없이 "넌 특별해.", "넌 잘할 거야."라는 칭찬을 반복하는 건 그 순간만을 넘기는 임시 처방이다.

성공한 사람들을 보면 대부분 자존감이 높다. 그 사람들이 자존감이 높아서 성공한 것인지, 아니면 성공했기 때문에 자존감이 높은 것인지는 알 수 없다. 한 가지 분명한 건, 인생의 작은 굴곡을 어떻게든 헤쳐 나가는 과정에서 작은 성취감을 얻게 되고 그 성취감이 자연스레 자존감을 상승시킨다는 점이다. 자존감을 올리기 위해선 달콤한 말과 위로가 아니라 행동을 통해서 유의미한 성장을 끌어내는 것이 중요하다.

거짓으로 칭찬하는 것도 문제이지만 잘못을 지적하지 않는 것이 더 큰 문제이다. 정확한 지적을 하지 않는 것은 무관심과 이기심의 산물이다. 칭찬과 지적은 언제나 정확하고 현실적이며 객관적이어야 한다. 객관적인 지적은 한 개인이 성장하고 발전하는 데 유익하고 중요한 방법이 된다. 정확한 피드백이 없다면 자신을 신중하게 파악하고 진단할 수 없게 되기 때문이다.

지금도 많은 자기계발서는 자기 자신을 좀 더 긍정적으로 보라고 주문한다. 아울러 타인에 대한 칭찬에 인색하지 말라고 한다. 그 결과 우리는 마냥 긍정적으로 자신을 바라보며 좋은 일이 있을 것이라는 믿음을 놓지 않는다. 그러면서 다른 사람들에게도 이런 믿음을 가지라고 격려한다. 하지만 현실에 기초하지 않는 긍정적인 평가와 과도한 칭찬은 오히려 배신과 역효과를 안겨주고 만다. 장단점을 정확하게 파악하고 받아들이는 일이야말로 성장과 발전의 시작이다. 긍정적인 부분이든 부정적인 부분이든 현실을 객관적으로 인식하는 것이야말로 성장을 위한 가장 중요한 밑거름이다. 고래를 진짜 행복하게 해주는 건 칭찬보다 차라리 넓은 바다로 보내주는 것 아닐까?

자기계발 원칙4

고통을 견디는 것은 능력이 아니다

호아킴 데 포사다Joachim de Posada의 스테디셀러 『마시멜로 이야기』에는 세상에서 가장 유명한 실험 하나가 나온다. 미국 스탠퍼드 대학교의 월터 미셸Walter Mischell이 행한 만족지연원하는것을 성취하기 위해 기다리는 능력 실험이 바로 그것이다.[9]

유치원생들은 각자의 방에서 달콤한 마시멜로를 하나씩 받는다. 그리고 15분간 먹지 않으면, 상으로 한 개를 더 주겠다는 제안을 받는다. 이후 연구자는 아이와 마시멜로를 남겨두고 밖으로 나간다. 혼자 남은 아이들 중 대다수는 참지 못하고 먹어 치웠지만, 몇몇 아이들은 끝까지 기다려 상을 받았다. 하지만 실험은 여기서 끝나지 않는다. 10년이 지난 후, 연구자들은 실험에 참여했던 아이들을 추적해 그들의 삶을 비교했다. 마시멜로의 유혹을 이겨낸 어린이는 그렇지 않은 어린이들보다 사회적응을 잘하고 미국 대학수능시험 SAT^{Scholastic Assessment Test}에서 210점이나 더 높은 점수를 받았다. 이런 점에서 유명한 마시멜로 이야기는 '미래를 위해 오늘을 참고 견디라.'라는 근거로 자주 사용되며 그 당위성을 부여받아왔다.

그런데 이 결과에 의구심을 갖고 문제를 제기한 연구가 나왔다. 2013년 로체스터 대학교의 홀리 팔메리^{Holly Palmeri}와 리처드 애슬린^{Richard Aslin}은 〈합리적 간식 먹기〉라는 논문에서 참지 못하고 마시멜로를 먹어 치운 아이들은 참을성이 부족했던 게 아니고, 나중에 하나를 더 주겠다는 연구원의 말을 의심했기 때문이라고 주장한다. 아울러 "불안정한 환경에서 자란 아이들은 먹는 것이 남는 것이라는 생각을 갖게 된다. 반면에 안정적인 환경에서 자란 아이들일수록 약속이 지켜질 거라 기대하며 좀 더 오래 기다리는 경향이 있다."라고 말했다. 즉 배고픈 경험이 있는 환경에서 자란 어린이는 기다리지 않고 바로 먹을 가능성이 클 수밖에 없다는 것이다. 더구나 기다렸다가 두 번째 마시멜로를 먹은 아이들이 나중에 성공한 원인이 오랫동안 참을 수 있는 자질 때문이었다고 단정 지을 수도 없다. 복잡한 세상 속에서 참을성만이 인생의 성공 비결일 수는 없기 때문이다.

흔히들 미래를 위해 지금 이 순간을 희생해야 한다고 생각한다. 미래를 준비하기 위해 현재의 고통을 참는 것을 미덕으로 여긴다. "정말 하고 싶은 일이 있지만, 나중에 시간과 여유가 생기면 해야겠어."라고 하고 싶은 일을 미루곤 한다. 그러나 나중에 여유가 생기는 순간 어김없이 하고 싶은 일보다 더 급한 일이 생기고 만다. 혹은 이전에 해야 했는데 하지 못했던 다른 일들이 떠오른다. 다시 생각한다. '지금은 시간이 없어. 나중에 해야지. 할 수 있는 시간이 오면 좋으련만.' 그러고는 결국 자신이 좋아하지 않는 일을 다시 한다. 반복해서 '내가 원하는 것을 할 여유가 없다.'라고 한탄한다. 그러나 지금 이 순간을 즐길 수 없다면 안타깝게도 현재의 고통은 되풀이되고 만다. 언젠가 여유가 생기면 그 일을 해야겠다고 생각하는 그 '언젠가'는 영원히 오지 않을 수도 있다.

오늘을 잃고 미래에 몰두하는 이들은 막상 그때가 오면 또 다른 미래를 준비한다. 그들에게는 현재가 없다. 항상 언젠가 오게 될 미래만 존재하기 때문이다. 그러나 미래는 오늘 형성되는 것이다. 오늘이 어떠한지에 따라 미래가 결정된다. 그러므로 오늘 당장 행복해야 한다. 오늘이 불행하다고 느끼면 미래도 불행해진다. 오늘 원망하는 사람은 세월이 흐르고 해가 바뀌어도 불평한다.

내가 아는 사업가 K씨는 매우 인색하다. 그는 나중에 돈을 많이 벌어서 자선사업을 하고 싶다고 입버릇처럼 얘기한다. 노숙자를 위한 센터를 건립하고 싶은 멋진 꿈이 있다고 말한다. 나는 그 꿈을 몹

시도 응원하지만 그 말을 믿지는 않는다. 지금 돕지 못하는 사람이 나중에 돕는 일은 생기지 않는다. 지금 내 돈이 아까운 사람은 나중에는 더더욱 아까워하기 때문이다.

고통을 견디는 것은 능력이 아니다. 참다운 능력은 그 대상을 즐기는 것이다. 바둑을 잘 두는 사람은 바둑을 좋아하는 사람이다. 공부를 잘하는 학생은 '앎' 자체를 즐거워하는 사람이다. 운동을 잘하는 사람은 운동을 즐기는 사람이다. 그러므로 미래를 결정짓는 것은 지금 참고 견디는 것이 아니라 최대한 즐기는 마음가짐에서 비롯된다. 무엇을 하든지 기꺼이 재미있게 해야 한다. 지금 즐길 수 있어야 미래도 즐길 수 있기 때문이다. 그렇다고 미래를 포기하고 오늘을 무작정 즐기라는 얘기가 아니다. 아직 오지 않은 미래를 위해 오늘을 저당 잡힐 필요가 없다는 말이다.

어떤 사람이 미국의 골드러시^{19세기 미국에서 금광이 발견된 곳으로 사람들이 몰려든 현상} 시기에 금을 찾으려고 노력했지만 계속 실패했다. 마침내 포기하고 어쩔 수 없이 연장을 다른 사람에게 팔았다. 그런데 그 연장을 구매한 사람이 딱 3피트 더 들어갔더니 금이 나왔다. 물론 이 얘기의 교훈은 일찍 포기하면 안 된다는 것이다. 그러나 관점을 조금만 바꿔보자. 첫 번째 사람이 포기하지 않았다고 해서 금광을 찾는다는 보장이 있을까? 10년, 아니 20년을 더 찾는다 해도 성공한다는 보장은 없다. 객관적으로는 실패할 확률이 더 높다. 그러는 동안 다른 기회의 문들은 닫히고 만다. 어쩌면 그가 연장을 판 돈으로 길 건너편 땅을 샀다면 더 큰 성공을 거뒀을지도 모른다. 금광을 포기함으로써 오히려 더 잘살았을지도 모른다.

"겨누지 않은 샷은 100% 빗나간다." 전설적인 하키선수 웨인 그레 츠키^{Wayne Gretzky}가 한 유명한 말이다. 하지만 샷을 계속하는데도 득점하지 못한다면 그래도 계속 샷을 겨누어야 할까? 더 이상 겨누지 않는다고 해서 그것이 실패를 의미하는 건 아니다. 오히려 "포기하는 사람은 성공하지 못한다."라는 말을 한 번쯤 의심할 필요가 있다. 때로는 새로운 게임을 위해 포기할 수 있는 안목을 가질 때 진정한 승자가 될 수 있다. 중요한 건, 무작정 내일을 위해 이를 악물고 오늘을 참고 견디는 것보다 지금 이 순간에 집중하고 의미를 부여하는 일이다.

『부자 아빠 가난한 아빠』의 저자 로버트 기요사키^{Robert Kiyosaki}는 삶에서 가장 파괴적인 단어는 '내일'이라고 말한다.[10] '내일'은 패자의 단어이기에 '내일'이란 단어를 사용하는 사람은 가난하고 불행해진다고 일침을 가한다. 그렇다. 내일을 꿈꾸기보다 오늘을 꿈꾸며 살아가야 한다. '오늘'을 소중히 여기지 않으면서 내일을 소중하게 생각하는 건 그리 현명하지도, 그리 아름답지도 못한 일이다.

자기계발 원칙5
의지력은 무한정 꺼내 쓰지 못한다

새해가 되면 저마다 목표와 계획을 세우며 한 해를 알차게 보내겠다고 다짐한다. 운동, 독서, 영어뿐 아니라 금연,

절주, 가족과의 시간, 여행 등 온갖 괜찮아 보이는 목표를 쇼핑하듯 기록한다. 빼곡하게 적어놓은 목표를 보고 있기만 해도 이미 모두 이룬 것만 같아 흐뭇하기까지 하다. 하지만 그럴듯한 핑계와 합리화로 자신과 타협하기까지는 그리 오래 걸리지 않는다. 다음에 시작해도 늦지 않다며 쉽게 포기하거나, 신이 인간에게 선물한 가장 특별한 재능은 '망각'이라며 스스로를 위안한다.

우리는 모든 것이 의지력에 달려 있다고 믿어왔다. 열정, 노력, 의지가 인생을 바꿀 수 있다는 믿음 속에서 살아왔다. 마음을 먹고 의지를 다진다면 무슨 일이든 할 수 있다며 많은 이들이 '의지력'의 중요성을 강조한다. 그러나 알고 보면 실상 의지력은 우리의 생각만큼 큰 힘을 발휘하지 못한다.

다이어트를 하고 있거나 조만간 할 예정이라는 사람들을 주변에서 심심찮게 볼 수 있다. 금연에 도전 중인 사람들도 한둘이 아니다. 매해 연초에는 다이어트와 금연을 결심하는 사람들의 각오로 에어로빅 학원이나 피트니스 센터는 넘쳐나고, 전자담배와 금연보조제는 불티나게 팔린다. 그러나 전문가들은 2030년까지 전 세계 인구의 50% 이상이 과체중 또는 비만이 될 것이라는 전망하고 있으며, 며칠 전까지 금연에 성공했다며 당당하게 말하던 직장 동료는 구석에서 고개를 숙인 채 담배를 다시 피우고 있다. 도대체 왜 이렇게 목표를 이루기 어려울까? 정말 우리는 구제 불능인 존재일까?

자기계발서 분야 베스트셀러인 마크 피셔Mark Fisher와 마크 앨런Marc Allen의 『백만장자처럼 생각하라』에서 소개하는 백만장자가 되기 위한

4단계 속성 비법을 요약하면, '좋아하는 일을 하겠다고 결심하라, 어떻게든 좋아하는 일을 시작하라, 성공한 자기 모습을 상상하라, 늘 계획하고 실천하라.'이다.[11]

혹시 어려운 것이 있는가? 조금 귀찮은 것은 있을지 모르지만, 백만장자가 되는 특별한 비법이라고 하기에는 민망할 정도로 너무나 단출하다. 이제 이 책에서 제시한 비법을 따라하기만 하면 우리는 지금 당장이라도 백만장자가 될 수 있는 것이다. 그런데 만약 백만장자가 되지 못한다면? 그건 바로 당신에게 문제가 있는 것이다. 왜냐하면 '늘 계획하고 실천하라.'라는 마지막 항목에 자신 있게 대답할 수 있는 사람은 아무도 없기 때문이다. 그러기에 백만장자가 될 수 없는 건 지극히 당연한 일이다. 이쯤 되면 아무리 노력해도 안 되는 것은 개인의 열정과 노력이 부족하기 때문이라는 결론에 이르게 된다. 자기계발서를 아무리 읽어도 변화할 수 없는 이유는 결국 개인의 책임과 의지 부족으로 전가되는 처방 때문이 아닐까?

자기계발서를 읽을수록 나라는 사람에 대한 실망과 좌절감이 밀려온다. 온갖 어려운 환경 속에서도 불굴의 의지력으로 커다란 성공을 이뤄낸 저자에 비해 난 아무것도 이루지 못한 초라한 존재다. 돈도, 인맥도, 어학 실력도, 업무 역량도 원하는 만큼 갖추지 못했거니와 저자만큼의 도전 의식도 없고, 게다가 의지력도 빈약하기 짝이 없다. 다이어트 중 참지 못하고 라면 한 그릇을 먹고 나서는 알 수 없는 죄책감을 느끼고, 금연을 선포한 후 자신도 모르게 담배에 불을 붙이고 있는 모습에 놀라기도 한다.

그러나 '의지력'이란 아무 때나 꺼내 쓸 수 있는 것이 아니다. 사람들은 보통 의지력이 중요하다고만 생각하지, 그것이 한정되어 있다는 사실은 알지 못한다. 의지력은 마치 근육과 같아서 적당한 수준을 사용할 때는 잘 발달하고 힘을 내지만, 지나치게 많이 사용할 경우 근육이 마모되고 닳는 것처럼 고갈되고 만다. 미네소타 대학교의 캐슬린 보스Kathleen Vohs 교수는 "의지력은 자동차에 채워둔 연료와 같아 구미가 당기는 것에 저항할 때마다 일부를 사용하게 되어 있다. 더 세게 저항할수록 연료통은 점점 비게 되고, 결국 연료는 완전히 떨어진다."라고 말했다.

우리는 더 나은 인생을 위해 변화와 개선을 자주 결심한다. 그 결심을 크게 써서 눈에 잘 보이는 곳에 붙여둔다. 때로는 주변 사람들에게 변화에 대한 의지를 공포하기까지 한다. 그러나 작심삼일에 그치고 만다. 아니 사흘까지 가지도 못하고 하루 만에 내려놓는 경우도 허다하다. 그럴 때마다 좌절감을 느끼며, 자신의 의지박약을 탓한다. 하지만 그것은 당연하고도 보편적인 현상일 뿐이다. 인간은 좋은 것이든 나쁜 것이든 의미 있는 변화 앞에서 저항한다. 우리의 몸과 두뇌, 행동은 익숙한 환경 안에 머무르며 변화가 생기면 제자리로 되돌아가려는 경향을 보인다. 따라서 생체 내의 균형을 유지하려는 경향은 지극히 당연하고 이와 같은 평형 조건, 즉 변화에 저항하고자 하는 '항상성'은 육체적인 기능뿐만 아니라 심리적인 상태에서도 똑같이 적용된다.

무언가를 결심해서 시작하려 하다가도 그만두게 될까 봐 두려운

가? 나중에 그만둘 바에야 아예 시작하지 않는 것이 낫다는 생각이
드는가?

모든 것은 변한다. 자연도 바뀌고, 사람의 마음도 바뀌며, 생각도
감정도 변한다. 변하지 않는 것이 오히려 이상한 것이다. 그만두게
될까 봐 망설일 필요는 없다. 그때는 그때다. 그때 싫으면 그만두면
된다. 마음이 변하면 변하는 대로 하라. 작심삼일은 지극히 자연스러
운 일이다. 어떤 사람은 그 간격이 길고 어떤 사람은 조금 짧을 뿐이
다. 그 차이일 뿐이다.

SELF DRIVE

- 자기계발에는 '계발'에 대한 조언은 있을지 모르지만 '자기 자신'은 없다.
- 진정으로 성공한 사람은 성패에 대한 자기만의 정의를 갖고 있다. 가장
  자기다울 때 최고에 이른다는 사실을 알기에 구태여 누군가를 닮으려고
  애쓰지 않는다.
- 오늘을 잃고 미래에 몰두하는 이들은 막상 그때가 오면 또 다른 미래를
  준비한다. 그들에게는 현재가 없다.

TESTING

원하는 길을 위한
6단계 자기 점검법

·

"당신이 좋아하는 것을 알려면,
당신이 좋아해야 한다고 세상이 말해주는 것을
그대로 받아들이지 말고 당신의 영혼이
늘 깨어 있는 그것을 찾아야 한다."

_로버트 루이스 스티븐슨 Robert Louis Stevenson

1. 내가 누구인지
말할 수 있는 자는
누구인가?

리어왕의 후회

셰익스피어 William Shakespeare의 『리어왕』에서 리어왕은 첫째와 둘째 딸의 사탕발림 거짓에 자신을 극진히 사랑해주던 막내딸 코딜리아를 쫓아낸 후 이렇게 절규한다.

"여기 누구 과인을 아는 이 없는가? 아아, 나는 잠들었는가, 깨어 있는가, 아니면 꿈을 꾸고 있는가? 내가 누구인지 말할 수 있는 자가 없느냐?"[12]

그러나 진실에 눈을 떴을 때 그는 이미 광야를 누비는 광인이 되어 있었다. 리어왕의 비극은 자신을 사랑하는 사람과 거짓으로 대하는 사람을 제대로 구분하지 못한 것에서 비롯되었지만 보다 근원적인 이유는 그의 절규처럼 '내가 누구인지' 알고자 하는 마음의 눈이

제임스 배리, 〈코딜리아를 애도하는 리어왕〉, 1786

달혀 있었기 때문이다.

영어 퍼슨Person의 어원이 된 라틴어 페르소나Persona는 가면을 뜻한다. 우리는 직장, 가정, 학교에서 다양한 페르소나를 가지고 있으며, 내게 주어진 역할이 무엇인지 끊임없이 묻고 고민하는 존재다. 철학자 파스칼이 얘기했듯 자신이 누구인지 탐구하지 않고 살아간다는 것은 맹목적인 삶에 불과하다.

우리는 자신이 만들어놓은 자아를 소중하게 여긴다. 그러나 그 자아를 만든 사람은 자신이 아니다. 어떤 사람이 되어야 하고 되지 말아야 하는지, 또한 어떻게 생각해야 하고 행동해야 하는지에 관한 기준은 다른 사람으로부터 온 것이다. 우리에게 요구되는 페르소나가 본연의 자신이라 착각하고 살 뿐이다. 우리는 자신이 누구인지 모른 채 그저 다른 사람이 되고 싶어 한다. 성공한 사람이 되고 싶어 아무리 흉내 내려 하지만 절대로 따라할 수 없으며 성공도 불가능하다. 그 성공한 사람은 이 세상에 단 한 명밖에 없기 때문이다.

가장 실패한 인생은 자기 자신이 아닌 다른 사람들을 만족시키다가 끝나는 삶이다. 그렇다. 자신의 인생을 다른 사람의 손에 맡기며 살아가는 것은 이미 충분히 비극적이다. 진실에 눈을 뜨지 못한 리어왕처럼.

그렇다면 자신의 인생을 살아가는 것은 어떤 의미일까? 그건 자신의 욕구와 삶의 목적을 발견하는 것에서 출발한다. 그리고 이를 기반으로 자신이 추구해야 할 가치와 의미를 만들어가는 것이다. 가치와 의미는 자신의 존재를 확인해주고 행동할 이유와 동기를 제공하며, 몰입하게 하고 지속하도록 해준다. 빅터 프랭클Viktor Frankl은 삶의 목적을 잃어버리고, 자신이 무엇을 지향하고 무엇을 해야 할지 알 수 없는 상태를 '실존적 공허Existential Vacuum'라고 표현했다.[13] 돈, 지위, 권력 등으로 우리의 존재를 확인하려는 믿음을 향해 달리다 느끼는 후회가 결국 공허함으로 나타난다는 것이다.

사람들은 처음 만나면 명함을 주고받는다. 여기서 명함의 중요한 정보는 이름과 전화번호가 아니다. 사회적으로 어떠한 위치에 있는지를 알려주는 직업과 직책이 더 중요하다. 그래서 누군가는 명함에 최대한 많은 직함을 끌어다 넣는다. 성격이나 가치관, 태도를 보는 것이 아니라 사회적 지위와 관계들을 통해 사람을 정의하는 데 익숙하기 때문이다.

자신을 설명해야 할 때 우리는 보통 "대기업에 다닙니다.", "학교에 있습니다.", "보험 영업일을 합니다."라며 직업을 말한다. 물론 직업에 관한 얘기가 대화의 물꼬를 트는 방편으로 사용될 수는 있지만, 그것만으로 자신을 설명하기에는 한없이 부족하다. 그런데도 우리는 그러한 사실을 잊고 살 때가 많다. 그 어떤 직업이라 하더라도 언젠가는 끝이 있기 마련임을 인정하려 들지 않는다. 직장인은 영원히 직장을 다닐 것처럼 생각하다가 막상 퇴직의 순간이 오면 자아마저 흔들리는 경험을 하게 된다.

대기업에서 부장으로 근무하다가 정리해고된 중년 남성이 재취업을 하기 위해 면접장에 들어왔다. "당신은 무엇을 잘할 수 있습니까?" 면접관이 질문하자, 그 남성이 자신 있게 대답했다. "예, 부장을 할 수 있습니다." 물론 우스갯소리지만, 평생 직장에 매여 살아가는 우리의 씁쓸한 단면이다.

하브 에커Harv Eker는 책 『백만장자 시크릿』에서 대다수 사람은 자기 자신을 잘 모를뿐더러 알려고 노력하지도 않는다고 지적한다.[14] 그의 말대로라면 우리는 그저 남이 나를 향해 멋대로 판단하고 그려놓은 모습을 진짜 자기 모습인 줄 착각하고 있는지도 모른다. 모든 가치의 기준을 다른 사람이 정해놓은 물질과 상품으로 판단할 때 '자아'는 사라지고 만다. 내가 입고 있는 옷과 타고 다니는 차, 집과 직장이 나를 평가하는 기준이 될 때 나라는 존재는 소외될 수밖에 없다.

그러기에 자신의 가치를 남의 판단에 맡기지 말고 자기 삶에 의미를 부여해야 한다. 자기 안에 숨어 있는 진정한 나를 발견하고, 스스로 의미를 부여하는 것이야말로 가장 중요한 일이다. 우리는 누군가에게 쓸모가 있어서 가치 있는 것이 아니다. 나라는 존재 자체로 이미 충분한 가치가 있다.

자기만의 재능을 외면하지 마라

자신의 존재를 확인하기 위해서는 다음과 같은 질문을 끊임없이 던져야 한다.

- 깊은 곳에 숨어 있는 나만의 욕구는 무엇인가?
- 무엇이 내 인생을 지배하는가?
- 내가 행복할 때는 언제인가?
- 내 강점과 약점은 무엇인가?

스스로 질문하는 과정에서 삶의 방향이 자연스레 정립되고, 자기 재능이 무엇인지 발견할 수 있다. 자신의 재능을 파악하는 것은 생각보다 어려운 일이다. 만약 당신의 약점을 적어보라면 강점보다 훨씬 쉽고 빠르게 적을 것이다. 자기도 모르게 자신을 평가할 때 지나치게 비판적인 태도를 지니기 때문이다. 그런 태도가 타고난 강점과 재능을 외면하게 만든다.

우리는 성과를 좌우하는 것이 약점 때문이라고 인식한다. 학창 시절부터 자연스럽게 약점을 발견하고 보완하기를 은연중에 강요받았고, 사회에서도 그런 점들 때문에 고통받았다. 늘 자신의 부족한 점을 메워 남들처럼 닮아가려고 발버둥을 쳤다. 그러나 우리 사회는 각자의 강점들이 다채롭게 발현되었기에 발전해온 것이다.[15] 각자가 좋아하고 잘할 수 있는 일을 함으로써 어제보다 나은 오늘을 만들어가고 있다.

마커스 버킹엄Marcus Buckingham은 『위대한 나의 발견 강점 혁명』에서 20여 년간 성공한 사람들을 인터뷰 한 결과, 성공한 사람들은 약점에서 벗어나 강점을 재발견하는 데 모든 것을 쏟았다는 공통점을 갖고 있었다고 한다.[16] 그들은 약점을 고치기보다 강점을 강화하는 데 훨씬 많은 시간과 노력을 사용했다. "인생의 진정한 비극은 우리가 충분한 강점을 갖고 있지 않다는 것이 아니라, 갖고 있는 강점을 충분히 활용하지 못하는 데 있다."라는 벤저민 프랭클린의 지적이 이를 잘 설명해준다.

미국의 국민화가 애나 메리 모지스Anna Mary Moses는 75세 때 버스정류장에서 인생이 바뀌었다. 자신도 몰랐던 재능을 우연히 발견하게 된 것이다. 그녀는 버스를 기다리는 무료함을 달래기 위해 펜을 꺼내 손이 가는 대로 그림을 그리기 시작했고, 그것을 본 사람들은 입이 마르게 그녀의 그림 실력을 칭찬했다. 소문은 금세 퍼졌다. 그러나 엄밀히 얘기해 그녀의 재능은 70세가 넘어서 갑자기 생긴 것이 아니다. 훨씬 이전부터 지니고 있었다. 다만 자신에게 그런 재주가 있었는지 몰랐을 뿐이다. 그러기에 잠재력은 지속해서 개발하는 것도 중요하지만 '발견'하는 것이 우선되어야 한다. 이미 어떤 능력을 지니고 있더라도 이를 사용하지 않고 내버려 두면, 말 그대로 잠재된 능력에 지나지 않는다.

어떻게 해야 자기 재능을 발견하고 발휘할 수 있을까? 심리학자로서 오랫동안 잠재력을 연구한 윌리엄 제임스로부터 답을 찾아보자. 그의 처방은 매우 단순하다. 그건 바로 현실에 안주하지 말고 다양한 것들을 많이 시도해보라는 것이다. 그 이상도 아니고 그 이하도 아니다. 일단 시도해보고 실행에 옮겨봐야 잠재력을 최대한 계발하고 재능을 발견할 수 있다. 작은 일부터 시작하는 것, 시도할 만한 가치가 없는 것부터 시작하는 것이야말로 재능을 발견할 수 있는 단 하나의 유일한 방법이다.

내가 책을 써야겠다는 생각이 든 것도 '어느 날 갑자기'였다. '하루에 최소 세 문장을 쓰겠다.'라는 작은 결심이 그 시작이었다. 책을 쓰기 위한 아무런 경험과 노하우가 없는 사람이 시도할 수 있는 방법은 많지 않았다. 그래서 선택한 '매일 세 문장 쓰기'였지만 그것은 생각보다 만만한 일이 아니었다. 어떤 날은 갑작스러운 일로 경황이 없었고, 또 다른 날은 퇴근 후 집에 돌아오면 책상에 앉을 기력조차 없었다. 직장 행사로 밤늦게 들어갈 때도 있었다. 하지만 무슨 일이 있어도 가능하면 세 문장을 쓰고 잠자리에 들었다. 쓰지 못한 날은 새벽에 일어나 세 문장을 쓰고 다시 잠들었다. 매일 세 문장을 쓰기로 한 작은 결심은 그렇게 점점 축적되어 갔다. 그리고 마침내 책으로 출간되어 세상의 빛을 보았다. 한 번도 생각해보지 않았던 시도를 통해

나 자신도 몰랐던 잠재력과 재능을 발견했고, 새로운 삶을 꿈꾸는 전환점이 되었다.

"천재는 1%의 영감과 99%의 노력으로 이뤄진다."라는 말은 99%의 노력이 중요하다는 뜻이다. 그런데 여기에는 1%의 재능이 중요하다는 의미도 있다. 그 1%의 재능을 찾기 위한 노력을 간과해서는 안 된다. 사실 천재적인 재능을 타고나지 못한 건 슬픈 일이 아니다. 재능을 찾지 않고 활용하지 못하는 것이야말로 슬픈 일이다. 행복은 이미 나에게 주어진 재능 안에 있을 확률이 높기 때문이다.

내가 누구인지 알지 못한다면, 그건 타인의 삶을 사는 것이다. 무언가를 이루고 싶다면 먼저 자신을 알아야 한다. 다른 사람이 요구하는 가면을 벗어던져야 한다. 그때야 비로소 다른 사람이 아닌 자신의 진정한 행복을 누릴 수 있다.

SELF DRIVE

- 성공한 사람을 흉내 내려 하지만 절대로 따라할 수 없으며 성공도 불가능하다. 그는 이 세상에 단 한 명밖에 없기 때문이다.
- 돈, 지위, 권력 등으로 우리의 존재를 확인하려는 믿음을 향해 달리다 느끼는 후회는 결국 공허함으로 나타난다.
- 잠재력을 개발하는 것도 중요하지만 '발견'하는 것이 우선되어야 한다. 발견하기 위해서는 다양하게, 작게, 많이 시도해야 한다.

2. 당신은
어디로
가고 있는가?

길 위에서 길을 놓치다

우리는 모두 하늘 아래 살고 있지만, 일부러 고개를 들어 하늘을 쳐다보는 경우는 흔치 않다. 바쁜 일상 속에서 앞만 보고 달리느라 하늘을 쳐다볼 여유가 없기 때문이다. 톨스토이 Leo Tolstoy의 『전쟁과 평화』에는 '어느 하늘'에 관한 이야기가 나온다.[17] 1805년 나폴레옹이 이끌던 프랑스와 러시아 사이에 전쟁이 일어났을 때, 러시아의 안드레이 공작은 쿠투조프 장군의 부관으로 전쟁에 참여한다. 러시아군은 아우스터리츠 전투에서 크게 패배했지만, 안드레이는 장군을 구하기 위해 적진으로 돌격하다가 중상을 입고 그만 정신을 잃고 만다. 얼마간의 시간이 흘렀을까? 한참 후에 간신히 깨어난 안드레이가 제일 먼저 본 것은 푸른 하늘이었다. 그 하늘을 본 순간 그는 그곳이 전쟁터이고 자신이 중상을 입은 것도 잊은 채, 너무나 푸른 하늘에 눈물을 흘린다. 동시에 평생 군인으로서 야심과 명예욕을 불태우며 살아왔던 삶이 얼마나 부질없었는지 깨닫는다. 그는 혼잣말로 중얼거린다.

"어째서 지금까지 이 높은 하늘이 눈에 띄지 않았을까? 이제라도 겨우 이것을 알게 되었으니 나는 정말 행복하다. 그렇고말고! 이 끝없는 하늘 외에는 모든 것이 공허하고 모든 것이 기만이다. 이 하늘 이외에는 아무것도, 아무것도 존재하지 않는 거다."

자신의 원래 목표가 무엇이었는지 기억조차 못 하는 사람들이 적지 않다. 바쁜 일과에 매여 자신의 목표를 알려고 하지 않는 사람도 많다. 그들은 아침이면 어김없이 학교나 직장으로 향하지만 왜 가는지 알지 못한다. 하루하루 일과에서 생기는 스트레스를 감당하기에도 힘에 부쳐 자신이 가는 길을 살펴볼 여유가 없다. 어디로 가는지는 몰라도 빨리 가기만 하면 무조건 발전하고 있는 거라고 생각한다. 누군가는 브레이크를 밟은 채, 누군가는 바퀴 없는 차량을 탄 채 가속페달을 힘껏 밟고 있다.

예전에 거울을 보다가 나도 모르게 "많이 늙었네!"라는 말이 나왔다. 새치도 늘고 눈가에 주름도 많아졌다. 그와 동시에 문득 지난날 내 꿈과 계획은 다 어디로 간 것일까 하는 생각이 나를 사로잡았다. 그 순간 지구는 그대로 가만히 있는 듯한데, 내 마음은 하염없이 떠다녔다. 나는 내가 원하는 바가 무엇인지 명확하게 알지 못했고, 내가 무엇을 잘하는지, 무엇을 가졌는지도 전혀 알지 못했다. 네가 가고 싶은 곳도, 내가 있는 곳도 불분명했다. 그저 항상 바쁘게 서둘러 갈 뿐이었다.

아침에 지하철을 탈 때면 늘 경이로움을 느낀다. 출입문이 열리자마자 우르르 쏟아져 나오는 승객들은 이내 종종걸음으로 앞다투어 걸어간다. 어떻게 그 많은 사람이 탔을까 하는 신기함도 잠시, 한결같이 무표정한 얼굴에 이어폰을 귀에 꽂고 제각각 발걸음을 재촉하는 모습은 보는 이의 마음도 바빠지게 만든다. 심지어 바쁘다는 것 자체를 인생을 보람있게 살고 있다는 표징으로 여기는 사람들도 있다. 새벽에 출근해 밤중에 퇴근해야 삶의 보람을 느낀다. 야근을 밥 먹듯 했던 회사 선배는 퇴직을 한 뒤 갑작스러운 환경 변화에 어쩔 줄 몰라 했다. 출근할 곳이 없다는 사실보다 바빠야 하는데 한가한 현실이 그를 더욱 힘들게 한 것이다.

길을 잃지 않았는데 길을 잃었다고 느껴질 때가 있다. 길을 잃고서도 길을 잃었다는 사실을 모를 때도 있다. 길을 잃었다고 느낄 때 걸음을 멈추고 내가 걸어왔던 길과 걸어가야 할 길을 생각해보아야 한다. 그래야 정말로 길을 잃지 않는다. 여태껏 걸어왔던 길을 또다시 되풀이해 간다면 길은 더욱 멀어지고 만다.

예전 터키로 여행을 가서 카파도키아의 어느 골목을 지날 때였다. 미로처럼 복잡한 골목을 휘젓고 다니다가 어느 골목에 들어서자 그 끝에 갑자기 울창한 숲이 나타났다. 호기심으로 무작정 숲을 향해 들어간 지 얼마 되지 않아 후회가 밀려왔다. 길이 보이지 않았기 때문이다. 어느덧 비탈진 언덕으로 연결된 숲을 걷고 걷다 보니 두려운 마음이 들었다. 지나가는 사람도 없고 하늘을 가릴 만큼 커다란 나무들로 인해 한낮인데도 어두컴컴했다. 심장이 두근대고 침이 마르기 시작했다. 그렇게 한참을 더 가다 보니 저만치 길이 보였다. 그제야 안도의 한숨을 내쉴 수 있었고, 곧게 뻗은 길을 발견하자 이내 마음이 편안해졌다. 길이란 따라가기만 하면 어딘가에는 도달할 수 있음을 알고 있었기 때문이다.

잊지 말아야 할 것은 때때로 길 위에서도 길을 놓칠 수 있다는 점이다. 그러기에 길 위에서도 수시로 자신에게 목적지를 되물어봐야 한다. 지금 있는 곳이 어디인지 확실히 알고 있다고 생각될 때조차도 주위를 둘러봐야 한다. 그렇지 않으면 오래가지 않아 자신이 가야 할 방향에서 벗어나고 만다. 어쩌면 자신이 생각하는 것보다 숲속으로 더 깊숙이 들어와 있는지도 모른다.

"지금 어디를 향해 가고 있는가?"

"지금 어느 곳에 서 있는가?"

이 질문에 대답하기 힘들다면 당신은 길을 잃어버린 것이다.

'Ctrl+C'와 'Ctrl+V'에 익숙한 인생

"네 꿈은 그것이 아니었잖아."

"네가 원하던 나의 모습이 이런 것 아니었어? 고정적인 월급이 나오는 것…."

영화 〈라라랜드〉에서 여주인공 미아의 질문에 세바스찬은 사뭇 진지하게 대답한다. 재즈 음악가가 되고자 하는 자신의 꿈을 접고 결혼을 위해 클럽 DJ가 된 세바스찬처럼, 우리는 자신이 원하는 삶과 다른 모습으로 살아간다. 주위 사람들이 원하는 모습이 곧 자신이 원하는 모습이라고 착각하기 때문이다.

어려서부터 우리는 '나의 삶'이 아닌 '남들보다 나은 삶'을 강요당하며, 남들이 알아주는 대학을 가고 남들이 알아주는 직업을 갖기 위해 애써왔다. 자신이 '왜 사는지', '무엇을 위해 지금 이 목표를 향해 달려가는지' 묻지 않은 채 자신의 재능을 그저 남들이 알아주는 삶을 위해 노력했다. 어쩌면 우리가 느끼는 불안과 혼란은 당연한 결과일지 모른다. 마시고 마셔도 목마른 이유는 자신의 갈증이 아니라 타인의 갈증을 채우고 있기 때문이다. 그저 외부의 필요에 의해 달리는 속도를 높이다가 나중에는 자신이 왜 달리고 있는지도 알지 못하고 만다.

자신이 중요하다고 생각하고 행동하는 것도 자신만의 진정한 욕구나 필요, 판단에 의해서가 아니라 타인에 의해 만들어진 것임을 부인할 수 없다. 자신이 추구하는 가치나 좋아한다고 믿어왔던 대상도 어쩌면 자신이 아니라 부모나 선생, 혹은 타인에 의해 결정된 것일 수 있다. 타인의 소망이 내 생각에 투영되어 진짜 자신의 소망인 듯이 존재하는 것이다.

어떤 사람이 길을 가다가 아주 오래된 램프를 발견했다. 램프를 살살 문질렀더니 연기가 피어오르다 '펑' 하고 요정이 튀어나왔다.

요정이 기다렸다는 듯 물었다.

"당신 소원을 한 가지 들어 드리겠습니다. 말씀만 하십시오."

그 사람은 정말 기뻤지만, 자신이 원하는 게 무엇인지 딱 떠오르지 않았다. 그래서 요정에게 이렇게 말했다.

"5분만 생각할 시간을 주세요."

그러나 램프의 요정은 사라지고 말았다. 5분이 지나도록 답을 들을 수 없었기 때문이다. 누구나 꿈을 이루며 살고 싶다고 하지만, 정작 자신의 꿈이 뭔지 제대로 말할 수 있는 사람은 드물다. 더구나 자신이 원하는 것이 무엇인지 찾으려 하지도 않는다. 그저 남의 말을 따르며, 주도적으로 무언가를 해보려고 하지 않는다.

이렇듯 우리는 남이 디자인해주는 삶을 살아갈 뿐이다. 우리는 "무엇을 얻고 싶은가?"라는 질문에는 대답을 잘하지만, "어떻게 살고 싶은가?"에 대해서는 쉽게 답하지 못한다. 그러나 이런 질문조차도 이 땅의 청년들에게는 하나의 사치로 간주된다. 꿈과 비전으로 가득해야 할 20대들이 느끼는 현실은 막막하고 암울하다. 오늘도 경쟁에서 살아남기 위해 더 많은 스펙 쌓기에 열중한다. 대학을 졸업하고도 각종 자격증 취득과 어학연수에 인턴십까지 달리고 또 달려야 한다. 안타까운 것은 그렇게 노력해도 원하는 연봉과 안정된 근무 조건을 보장받는 직업을 구하기가 어렵다는 점이다. 하버드 대학교의 불합격 비율[95.5%]보다 대한민국 공무원 지원자의 탈락 비율[98%]이 더 높은 현실 속에 우리는 살고 있다. 더 큰 비극은 정말 힘겹게 일자리를 구해도 정작 무엇을 해야 할지 모른다는 점이다. 취업을 위한 공부만 열심히 했지, 무엇을 찾을 것인지, 어떤 것을 찾기 위해 노력하고, 어떤 경험을 해야 하는지에 관한 물음표가 없었기 때문이다.

2020년 통계청이 조사한 '경제활동인구 조사 결과'에 따르면, 청년 신규 입사자 10명 중 7명이 직장을 그만둔다. 더구나 첫 직장의 평균 근속기간은 13.8개월에 불과했다. 치열한 경쟁을 뚫고 들어간 직장을 1년 2개월 정도 다닌 뒤 그만두는 것이다. 무엇이 그들에게 어렵게 들어간 직장을 그만두게 했을까? 그들은 이렇게 말한다.

"정말 어렵게 취업했는데, 일 자체가 나와 너무 안 맞는 것 같아요."

"입사할 때 경쟁률이 50대 1이 넘었어요. 그런데 내가 생각했던 것과 너무 달랐어요. 이게 다 무슨 소용인가 하는 생각이 들어요. 자신감도, 의욕도 많이 떨어지고 앞으로 어떻게 해야 할지 모르겠어요."

그러나 어떻게 보면 당연한 일이다. 세상의 기준에 맞춰 다른 이의 삶을 '복사Ctrl+C'해서, 붙여넣기Ctrl+V'에만 익숙한 인생은 언젠가는 길을 잃을 수밖에 없다. 자기 자신에 대한 고민 없이, 다른 사람들이 걸었던 길을 따라 걷는 인생에는 만족이 없다. 보람도 없다.

삶에 대한 의욕과 감흥이 있으려면 먼저 '나다움'에 대한 인식이 있어야 한다. 자신만의 의미를 찾고, 보다 가치 있는 삶을 추구해야 한다. 삶의 의미를 찾아가는 과정을 통해 우리는 보다 성숙해지고 인생은 인생다워질 수 있기 때문이다. 삶의 의미를 찾는 건 자기 내면에서 원하는 것이 무엇인지를 정확히 알 때 가능해진다. "그동안 내가 살아온 길이 진정 나를 위한 길이었을까?", "혹시 타인의 기대를 충족시키기 위한 길이 아니었을까?", "내가 원하는 것을 뒷전으로 하는 삶은 아니었을까?"라고 치열하게 질문해야 한다. 그러한 과정이 바로 삶의 궁극적인 목표인 '의미'를 찾아가는 길이다.

영화 〈라라랜드〉에서 남녀 주인공이 결국 헤어지고 마는 결말에 많은 사람들이 안타까워한다. 그러나 내게 이 영화는 어디까지나 해피엔딩이다. 재즈클럽을 인수해 행복한 표정으로 피아노를 연주하는 세바스찬을 우연히 마주하게 된 미아, 비록 헤어질 수밖에 없었지만 궁극적인 삶의 의미를 찾아 마침내 원하는 인생을 살아가는 그의 모습을 그녀도 바랐을 것이 분명하기 때문이다.

--- SELF DRIVE ---

- 길 위에서도 길을 놓칠 수 있다. 그러기에 길 위에서도 수시로 자신에게 목적지를 되물어야 한다. 지금 위치를 정확히 알 때도!
- 마시고 마셔도 목마른 이유는 자신의 갈증이 아니라 타인의 갈증을 채우고 있기 때문이다.
- 세상의 기준에 맞춰 다른 이의 삶을 '복사[Ctrl+C]'해서, 붙여넣기[Ctrl+V]'에만 익숙하면 언젠가는 길을 잃을 수밖에 없다.

3. 자기만의
가이드북을
만들어라

자기를 먼저 알아야 한다

가족과 크로아티아에서 차를 빌려 여행한 적이 있다. 그때만 해도 크로아티아 관련 여행 정보가 거의 없을 때였다. 해외에서 발간된 여행 가이드북을 포함하여 두세 권을 어렵게 구해 꼼꼼히 읽었다. 우리는 첫 도착지인 자그레브에서 플리트비체로 이동한 후 에어비앤비 숙소에 머물기로 했다. 현지인 집에서 머무는 경험은 색다를 것이고, 가족들끼리 간단한 음식도 해 먹으며 편안하게 머물 수 있어 좋을 거라 생각했다. 마침 한 가이드북에서 추천해놓은 숙소는 화이트 톤의 깨끗한 응접실과 널찍한 주방이 괜찮아 보였고, 집 마당에 펼쳐져 있는 잔디정원은 꽤 근사해 보였다. 그러나 어렵게 찾아간 숙소는 가이드북에 나와 있는 사진과 닮은 구석이라곤 도무지 찾아볼 수 없었다. 분명 화이트 톤이어야 할 거실은 어둡고 비좁았으며, 냉장고도 시원찮았다. 에어컨을 작동시키니 물방울이 뚝뚝 떨어졌다. 푸른 잔디밭을 기대했던 정원은 공사 중이라는 팻말을 붙인 펜스로 인해 들어갈 수조차 없었다.

몇 년 전, 베트남 다낭에 갔을 때도 비슷한 일이 있었다. 도시가 크지 않은 탓도 있지만, 호텔, 식당, 마사지숍 등 어디를 가도 한국 사람들로 붐볐다. 좀 전에 스쳐 지나갔던 여행자들을 다른 장소에서 다시 마주치는 일이 비일비재했다. 그들 모두 여행 가이드북이 추천해놓은 경로대로 움직이고 있는 듯했다. 다낭에서 반드시 가보아야 할 식당 중 하나로 여행 지침서에 소개된 반미^{베트남식 샌드위치}가게를 어렵게 찾아갔다. 유명 가이드북에는 '둘이 먹다가 하나 죽어도 모를 정도'라고 소개된 곳이었다. 네댓 개 테이블밖에 없는 허름하고 비좁은 식당에도 한국 사람들이 길게 줄지어 서 있었다.

나는 이렇게 남들이 걸어갔던 길을 그대로 따라갔다. 상대적으로 안정적이며 이미 검증받은 길이었다. 그런데 그건 다른 사람의 인생을 자신의 길로 착각하는 것에 지나지 않는다. 우리가 느끼는 감정의 일부분은 다른 이들이 만든 허상에 지나지 않는다. 우린 그러한 허상에서 벗어나지 못하고 오히려 그것을 쫓으며 살아간다. 어렸을 때부터 예의 바르고, 공부 잘하고, 부모의 말을 잘 들으면 이쁨받을 거라고 배웠다. 그 때문에 자신의 정체성을 들여다보기보다는 다른 사람의 기대 사항을 충족하기 위해 노력했다. 더구나 혹시라도 그 기대를 충족하지 못할까 봐 또는 그 기대를 거둘까 봐 전전긍긍하며 살았다.

'사회적 나이'라는 것이 있다. 10대에는 좋은 대학에 갈 준비를 하고, 20대에는 괜찮은 직장을 구해야 한다. 30대가 되어선 더 늦기 전에 결혼을 서둘러야 하며, 40대에는 집을 장만해야 한다. 행여나 그 나이에 마땅히 해야 할 것을 하지 못하면 주변에서 가만두지 않는다. "지금 그걸 하지 않으면 뒤처지는 거야."라는 말에 우리는 무의식적으로 길들어 있다. 그러나 그 뒤처진다는 기준은 내가 만든 것이 아니다. 다른 사람들과 나를 둘러싼 사회가 만들어낸 것이다.

여행을 떠나기 전 나는 시간이 허락하는 한, 현지의 역사와 전통, 문화적 특징 등을 어느 정도 사전에 알고 가려고 노력한다. 여행지에서 그저 유명한 유적지나 풍경을 둘러보았다고 해서 그것이 온전한 여행을 한 것이라 자부하기는 어렵다. 똑같은 풍광 속에 있더라도 그곳에 담겨 있는 역사나 특정한 스토리를 알고 보는 것과 그렇지 않은 것은 완전히 다르다. 우리 삶도 마찬가지다. 자신을 아는 만큼 삶은 다채롭고 풍요로워진다.

저명한 심리학자 에릭 에릭슨Erik Erikson은 자신이 원하는 것을 명확히 알고 있는 사람은 타인의 반응이나 변화에 불안하거나 방어적이지 않다고 말한다. 그들은 자신의 핵심 신념과 가치, 삶의 목표를 알고 있으며, 사회가 자신에게 어떻게 영향을 미치는지도 이해한다고 한다. 반면, 자기 이해가 부족한 사람은 판단 기준이 명확하지 않아 타인의 의견에 쉽게 동조하고 휩쓸리는 경향이 크다고 한다. 그런 사람은 자신을 왜곡시키거나 자기 생각과 정서를 숨기고 타인의 요구에 맞추어 행동하기에 성장의 기회가 축소될 수밖에 없다는 것이다.

따라서 시선을 자기 자신에게 돌려 자신이 어떤 사람인지 알아내는 것이 절실하다. 내가 무엇에 흥미를 느끼고, 어떠한 감정이 올라오는지, 어떠할 때 의욕이 생기는지 관찰해야 한다. 자기 이해를 통해 자신을 수용하고 인정하는 만큼 세상과 타인을 인정할 수 있기 때문이다. 돌이켜보면 나는 늘 자신이 아닌 다른 사람이 되려고만 애써왔다. 삶에서 무엇을 이루려고만 했지, 삶이 나를 통해 무엇을 이루고자 하는지는 전혀 관심을 두지 않았다.

내가 극도로 집중하거나 몰입하는 순간이 있다면, 그건 글을 쓸 때이다. 내 생각을 풀어 활자로 만들어갈 때 가슴이 뛰고 설레며 보람을 느낀다. 나는 지금껏 제대로 된 글을 써본 적도, 글쓰기 훈련을 받아본 적도 없다. 내가 글을 쓰는 까닭은 글 쓰는 행위 자체가 주는 즐거움 때문이다. 글을 쓸 때 살아있음을 느끼기 때문이다. 세상에 존재하지 않던 문장이 채워질 때의 기쁨과 글을 쓰면서 잠재되어 있던 아픔과 상처들이 치유되는 경험은 실로 놀랍다.

그러나 어느 날 갑자기 이것을 저절로 알아챈 것은 아니었다. 내가 어떤 사람인지 관찰하고 기록하며, 내가 느끼고 반응하는 것들에 대해 수시로 적어보고 살펴보았기 때문에 가능한 일이었다. 자기 안으로 관심을 돌리고 어떻게 하면 '나답게' 살아갈 수 있을지를 고민하다 보니, 글을 쓰거나 강의할 때 가슴 뛰고 행복해하는 나 자신을 발견하게 되었다.

당신의 강점은 무엇인가?

『톰 소여의 모험』을 쓴 미국의 소설가 마크 트웨인Mark Twain이 한 남자가 죽어 천국의 문에서 베드로예수의 제자를 만난 이야기를 한 적이 있다. 베드로가 매우 현명하다는 걸 알고 있던 남자는 평생 궁금하게 여기던 질문을 던졌다.

"베드로여, 저는 생전에 역사에 관심이 많았습니다. 인류 역사상 최고의 장군은 누구입니까?"

"간단한 질문이군요. 바로 저기 있는 사람입니다."

남자는 어리둥절한 표정으로 대답한다.

"착각하신 것 같습니다. 저 사람을 이승에서 알았는데, 그저 평범한 배관공이었을 뿐입니다."

"맞습니다."

베드로가 대답했다.

"만약 그가 장군이 되었다면 인류 역사상 최고의 장군이 되었을 것입니다."

죽을 때까지 자신의 재능과 잠재력을 깨닫지 못하는 사람들이 허다하다. 누구나 모래 속 진주와 같은 재능을 가지고 있지만, 대부분은 자신의 강점에 집중하지 못하고 약점을 고치기 위해 많은 시간과 에너지를 쓴다. 미국의 벨 연구소에 따르면 30%만이 자신의 강점을 알고 있다고 한다.

어느 날 모차르트와 그의 동료가 하이든의 곡을 감상했다. 특별한 감흥을 불러일으키는 대목에 다다랐을 때, 동료가 모차르트에게 비판적인 어조로 "나라면 저기서 저렇게 하지 않았을 거야."라고 말했다. 이 말을 들은 모차르트는 "그래, 나라도 그렇게 하지 않았을 거야. 그런데 자네는 그 이유를 아나? 우리 같은 사람은 아무리 노력해도 그런 기발한 생각을 할 수 없기 때문이지."라고 대꾸했다. 가장 위대한 음악가 중 한 명인 모차르트조차 자신의 재능을 알아차리기보다 타인의 재능을 부러워했던 것이다.

강점을 발견하는 일은 결코 쉽지 않다. 그래서 자신의 강점을 찾기 위해 MBTI, 에니어그램, 교류 분석, 스트렝스파인더 같은 성격이나 기질에 관련한 도구들을 이용한다. 특히 갤럽에서 주관하는 스트렝스파인더 검사는 다른 기질 검사보다 개인의 강점과 재능에 집중해 체계적으로 분석하기에 신뢰성과 타당성이 매우 높다. 그러나 강점 찾기 도구들은 대부분 정형화된 틀로 개인을 분석하기 때문에 아무래도 한 사람을 특정한 그룹으로 분류하고 구분하는 한계를 지닐수밖에 없다. 객관화된 자료와 검사를 통해 주관적인 자신을 바라보는 방법은 매우 유용한 도구임이 틀림없지만, 전적으로 그러한 도구에만 의존해서 강점을 발견하는 것은 곤란하다.

그보다 자신을 스스로 살펴보고 고찰하는 방법이 우선되어야 한다. 즉 자신의 목소리를 듣고 내면의 욕구를 알아채는 것이 전제되어야 한다. 나라는 존재가 어떠한 순간에 행복해하는지, 무슨 일을 할때 보람을 느끼는지, 어떨 때 화가 나는지, 시간과 공을 들여 자기 내면을 열심히 들여다볼 필요가 있다. 그런 의미에서 자신의 과거를 살펴보는 건 매우 중요하다. 미래는 현재에서 생겨나고 현재는 과거에서 비롯된다. 이는 과거를 알아야 현재를 알 수 있고 미래를 예측할 수 있다는 말이다.

사실 우리에게 필요한 것은 능력이 아니라 자신에 대한 확고한 비전이다. 우리가 실패하는 이유는 성공할 수 있는 재능이 없어서가 아니라, 자신에게 어떠한 재능이 있는지 모른 채 살아가기 때문이다. 그런데 대부분 자기 안에 있는 재능보다 자신에게 주어진 한계를 발견하고 받아들이는 데 익숙한 것이 현실이다. 풍성한 삶을 살기 위해서는 먼저 자신이 가진 재능과 강점이 무엇인지 발견하는 것이 중요하다. 그런데 우리는 자기 자신이 누군지도 모른 채 자꾸만 남처럼 되고 싶어 한다. 해답은 내 안에 있는데 저 바깥세상에 모든 해답이 있다고 여긴다. 이 세상에 내 문제의 해답을 알고 있는 사람은 나 말고 아무도 없다. 오직 나만이 해답의 열쇠를 쥐고 있다. 내면을 들여다보지 않으면 결국 숲속에서 길을 잃고 헤맬 뿐이다.

자신이 어디를 가고 싶은지, 어느 곳에 얼마 동안 머물 것인지, 또 무엇을 보고 무엇을 할 것인지에 대한 계획이 없다면 참된 여행이 될 수 없다. 남의 손에 이끌려 다니며, 보라는 것을 보고, 먹으라고 하는 것을 먹는 여행에서는 자기만의 의미를 찾을 수 없다. 여행 가이드북에서 짜놓은 코스대로 유적지와 박물관에 가고 식당을 찾아가고 숙소에 머무는 것도 마찬가지다. 진정한 여행은 해치워야 할 숙제도 아니고, 눈요기만으로 끝나는 관광상품도 아니다. 그 순간을 만끽하고 즐거워하며 공감할 수 있어야 한다. 그것은 자기 스스로 계획을 세울 때

가능해진다. 자신만의 가이드북을 만들어야 한다.

유명 가이드북에 소개된 '둘이 먹다가 하나가 죽어도 모르는 베트남식 샌드위치'의 결말은 어떻게 되었을까? 나는 에어컨도 나오지 않는 허름한 그 가게에서 인내심을 갖고 30분 넘게 기다렸다. 마침내 은박지에 아무렇게나 둘둘 싸여 나온 샌드위치를 받아들었을 때 황송한 느낌마저 들었다. 그리고 그 황송한 샌드위치를 크게 한 입 베어 물었다. 그 유명한 샌드위치의 맛은…!

밖을 내다보니 한국 사람들이 서 있는 줄은 도무지 줄어들 기미가 보이지 않았다. 그 모습에 나도 모르게 이렇게 크게 소리를 칠 뻔했다.

"여러분, 가이드북 믿지 마세요, 다 뻥이에요!"

SELF DRIVE

- 나는 어떤 순간에 행복한가? 무슨 일을 할 때 보람을 느끼는가?, 어떨 때 화가 나는가? 이런 질문에 시간과 공을 들여 자기 내면을 들여다보아야 한다.
- 바깥에 해답이 있다고 생각하지 마라. 내 문제의 답을 알고 있는 사람은 나 말고 아무도 없다.
- 삶의 기쁨은 자기 스스로 계획을 세울 때 온다. 이제 자신만의 가이드북을 만들어야 한다.

4. 지도가 아닌
나침반에
의지하라

그대, 밤하늘의 별자리를 기억하는가?

당신은 어린 시절 무엇을 꿈꾸었을까? 로봇을 만드는 과학자, 하늘을 나는 파일럿, 아니면 국제기구에서 활동하는 빈민구호사업가? 당신의 꿈이 무엇이었든 현재 당신의 모습은 그것과 얼마나 닮아 있는가?

유년기에 마음먹었던 목표는 인생의 여정 가운데 쉽게 등한시되곤 한다. 각박한 현실 속에서 하루하루 살다 보면 미래에 대한 전망과 꿈을 상실하고 만다. 그러다 보니 자신의 꿈이 원래 무엇이었는지 기억할 수조차 없다. 남은 것은 체념에서 오는 씁쓸함과 의욕 상실이 가져오는 피곤함뿐이다. 사람들은 열심히 일해서 피곤하다고 생각한다. 그러나 사실은 일 때문에 피곤한 것이 아니라, 그 일을 왜 하는지 잊어버렸기 때문에 피곤한 것이다.

많은 청년이 대학을 졸업한 뒤 불확실성에 시달린다. 구체적으로 무엇을 하며 자기 인생을 사는 게 맞는 것인지 알고 싶고, 자기 삶을 어떻게 개척하며 살아야 하는지 궁금해한다. 그러나 현실은 그런 고민을 할 수 있는 기회조차 허락하지 않는다. 회사 면접에서 "당신 같은 사람이 밖에 천 명이나 줄 서 있다."라고 말하는 듯한 면접관의 표정을 마주하는 순간, 꿈과 소망은 그저 배부른 소리로 여겨질 수밖에 없다. 현실적인 장벽에 걸려 자신만의 목표나 비전 따위는 저만큼 밀려날 수밖에 없다.

그러나 우리가 앞으로 어떠한 인생을 살지는 어떠한 목표를 간직하느냐에 따라 달라질 수밖에 없다. 영국의 사상가 토머스 칼라일 Thomas Carlyle은 "목표가 확실한 사람은 아무리 거친 길이라도 나아갈 수 있지만, 목표가 없는 사람은 아무리 좋은 길이라도 앞으로 갈 수가 없다."라고 말했다. 이는 목표를 아는 사람이라면 인생의 여정에서 만나는 온갖 고난을 극복할 수 있지만, 그렇지 못한 사람은 아주 작은 고난에도 쓰러져 버리고 만다는 뜻이다. 인생이라는 길 위에서 우리가 마땅히 해야 할 일은 이리저리 흔들리며 방황하는 것이 아니라 넘어질 때마다 일어나는 것이다.

어렸을 때 학교에서 단체로 천문대에 견학을 갔다. 천문대 안내 선생님이 얘기해준 별자리 이야기는 모두 잊어버렸지만, 커다란 망원경으로 밤하늘을 처음 바라보았을 때의 감동은 지금도 생생하다. 수많은 별 무리가 두 개의 렌즈를 통과해 쏟아져 내리며 거대한 우주가 내 앞에 펼쳐졌고, 그 우주에 나 혼자 존재하는 것 같았다. 은하수를 가만히 보고 있자니 까만 밤하늘과 무리 지어 환하게 빛나는 별 중 어느 것이 배경인지 구분되지 않았다. 그러면서 망원경 받침대 가운데에 있는 나침반에 자연스레 눈길이 갔다. 압도적인 크기의 망원경에 장식처럼 붙어 있는 작은 나침반은 조명을 받아 그 빨간 바늘이 더욱 도드라져 보였다. 친구들이 망원경을 이리저리 옮겨가며 별을 관측할 때도 나침반의 바늘은 연신 움직였다. 끊임없이 방향에 맞추어 현재 위치를 알려주었다.

우리는 길을 알기 위해 지도를 본다. 도로와 표지판을 보고 내가 가야 할 방향을 가늠하고 목적지를 찾아간다. 그러나 그건 어디까지나 내가 현재 어디에 있는지를 알고 있을 때 유효한 것이다. 내가 있는 곳을 알 수 없다면 아무리 자세한 이정표가 있다손 치더라도 무용지물이 된다. 그러기에 길을 찾기 위해서는 지도보다도 방향과 위치를 나타내주는 '나침반'이 더욱 중요하다.

15세기에 발명된 후 대항해 시대를 활짝 열고 인류 문명의 화려한 변혁을 이끌었던 나침반은 이제 그 수명을 다하고 첨단 장치에 자리를 내주었다. 바로 GPS다. 지금은 흔들리는 나침반 대신 작은 GPS 장치만 있으면 언제, 어디서든 위치를 파악할 수 있다. 그러나 문제는 그러한 GPS라도 인공위성과의 신호가 끊기면 무용지물이 되고 만다.

크로아티아에서 렌터카로 여행할 때 일이다. 자그레브에서 출발해 스플리트와 플리트비체를 거쳐 두브로브니크까지 갈 요량이었다. 물론 GPS가 장착된 차를 빌렸다. 우리나라와는 비교가 안 될 정도로 반응이 느리고, 일순간 장애가 생기기도 했지만 그래도 없는 것보다는 훨씬 나았다. 현지 도로와 이정표에 익숙하지 않은 운전자에게 내비게이션은 그야말로 사막에 단비와도 같은 존재다. 모든 게 순조로웠다. "3km 앞에서 좌회전하십시오", "700m 앞에서 3시 방향으로 우회전하십시오." 작은 내비게이션에서 나오는 음성에 친근함마저 느껴졌고, 난 내비게이션이 안내하는 대로 운전했다.

그런데 어디쯤 갔을까? 고속도로에서 벗어나 외딴 국도로 접어들자 이따금 위성 신호가 끊어졌다. 더구나 거대한 침엽수들 사이로 곱게 뻗은 2차선 도로에는 차가 거의 지나가지 않았다. 주위는 온통 산이었다. 높고 낮은 산들이 내 차를 마치 포위하듯이 둘러싸고 있었다. 길을 잘못 든 것이 분명했다. 안 좋은 일은 겹쳐서 일어나는 법인가. 내비게이션이 갑자기 먹통이 되었다. 그때부터는 신호가 완전히 끊겨서 작동되지 않았다. 마음이 덜컥 내려앉았다. 유일하게 의지할 수 있는 게 내비게이션뿐인데 당황하고 두려웠다. 분명 길은 내 앞에 펼쳐져 있지만, 그 길이 내가 가야 할 길인지 확신할 수 없었다. 그렇게 나는 길 위에서 길을 잃고 말았다.

다른 방법이 없었다. 기억을 되살려 왔던 길로 다시 돌아가는 방법뿐이었다. 다행히 얼마 후 지나왔던 분기점이 다시 나타났고, 마침내 큰 길이 보였다. 그러자 GPS가 다시 신호를 잡았고, 내비게이션은 아무 일 없었다는 듯 안내를 시작했다. 처음 출발했을 때처럼 내비게이션이 안내해주는 방향대로 운전하여, 마침내 우리는 스플리트

숙소에 도착했다.

운전하다가 표지판을 놓친 적이 있는가? 방향을 알지 못해 차를 세운 적이 있는가? 인생에서 길을 잃은 적이 있는가? 그렇다면 자신의 위치부터 확인해야 한다. 내가 지금 어디에 서 있는지, 무엇을 바라보고 있는지, 내가 궁극적으로 가고자 하는 곳이 어디인지를 돌아봐야 한다. 자신의 좌표부터 확인해야 한다. 좌표가 있어야 방향이 분명해지고 들어가고 나올 때를 알게 된다. 순풍과 역풍이 구별된다. 좌표 없이 항구를 떠나는 배는 표류하기 십상이다.

인생길은 아무 지도에도 나오지 않는다. 그 길에는 이정표와 표지판이 없기에 때때로 안개가 자욱하고 밤하늘처럼 캄캄하다. 그때 필요한 것은 내가 어디에 있는지 알려주는 나침반이다. 이제 당신이 간직했던 삶의 목표를 다시 꺼내보라. 그동안 잊고 지냈던 밤하늘의 별자리를 떠올려보라. 그 나침반은 지금 어디를 가리키고 있을까?

인생이 우리에게 기대하는 것

루시 모드 몽고메리Lucy Maud Montgomery의 『빨간 머리 앤』에서 주인공 앤은 '기대한다는 것'에 대해 이렇게 말한다.[18]

"앞일을 생각하는 건 즐거운 일이라고 할 수 있어요. 이루어질 수 없을지는 몰라도 미리 생각해보는 건 자유거든요. 린드 아주머니는 '아무것도 기대하지 않는 사람은 아무런 실망도 하지 않으니 다행이지'라고 말씀하셨어요. 하지만 저는 실망하는 것보다 아무것도 기대하지 않는 게 더 나쁘다고 생각해요."

인생은 우리가 꿈꾸는 대로, 목표한 대로만 흘러가지 않는다. 그렇다고 인생에 기대가 없고 목적이 없다면 풍랑에 운명을 맡긴 조각배와 같다. 앤의 말대로, 아무런 기대도 하지 않는 삶은 그저 하루하루를 덧없이 살아갈 뿐이다.

목적이 우리가 존재하는 이유라면, 사명은 우리가 해야 할 일과 관련이 있다. 이 세상에서 자신이 해야 할 일을 찾아내는 것은 가장 중요한 문제 중 하나다. 루이제 린저Luise Rinser는 『생의 한가운데』에서 우리 인생에서 가장 행복한 순간은 목숨을 버려도 좋을 만한 인생의 목적과 사명을 발견하는 것이라고 말했다.[19] 그렇다면 어떻게 사명을 발견할 수 있을까?

니체Friedrich Nietzsche는 이 세상에서 무엇을 하기 위해 태어났는지 알고 싶다면 과거로 돌아가 '가장 충만한 느낌이 들었을 때'를 모두 찾아 적어보라고 했다.[20] 그리고 더 중요한 건, 지금도 그 순간을 생각할 때 여전히 가슴이 떨리는지 확인하라고 말했다. 지금까지 무엇을 진정으로 사랑해왔는지, 지금까지 자신의 영혼을 지배하고 기쁘게 한 것이 무엇인지 스스로에게 질문을 던져보라는 것이다.

로렌스 볼트Lawrence Boldt는 그의 책 『내가 사랑하는 일』에서 평생 해야 할 일을 선택할 때 고려해야 할 4가지를 구체적으로 다음과 같이 꼽고 있다.[21] 내 마음이 속삭이는 소리는 무엇인가?(순수성Integrity), 나를 감동시키는 것은 무엇인가?(봉사Service), 나를 흥분시키는 것은 무

엇인가?(기쁨Enjoyment), 내가 최고의 결과를 얻을 수 있는 일은 무엇인
가?(탁월성Excellence)이다. 그는 우리 목표는 성공하는 데 있지 않고 각
자의 사명을 완수하는 데 있다고 말하면서 정작 우리가 두려워해야
할 것은 중요하지 않은 일에 성공하는 것이라고 강조한다. 세상이 가
져다주는 그럴듯한 성공의 가치에 매몰될수록 중요한 자신의 사명을
찾아나서는 일에서 점점 벗어나기 때문이라는 것이다.

영화 〈굿 윌 헌팅〉의 주인공 월은 뛰어난 수학적 재능을 갖고 있
지만 아무런 목적 없이 빈둥거리며 살아간다. 함께 공사판에서 일하
는 친구 처키는 그런 월을 향해 이렇게 말한다.

"나는 내일 아침에도 이 일을 할 거고, 쉰 살이 되어도 이 공사판
에서 일하고 있겠지. 그건 아무래도 괜찮아. 하지만 네가 여기 있는
건 우리를 모욕하는 일이야."

뛰어난 재능을 갖고 있음에도 자신의 사명을 찾아나서지 않는 건
다른 사람들에게 모욕감을 주는 일이며 이기적인 행태라는 것이다.
우리의 사명은 각자 주어진 재능을 통해 세상의 필요를 채워주는 데
에 있다. 개인의 재능과 세상의 필요가 교차되는 곳에 사명이 존재하
는 것이다. 따라서 주인공 월처럼 자신의 재능을 낭비하고 방치하는
건 비단 개인의 문제로 국한되지 않는다. 무슨 일을 하는지는 중요치
않다. 다만 자신이 하는 일이 세상에 도움이 되고, 다른 사람에게 작
은 힘이 될 때 삶과 일은 의미가 깊어진다. 자신의 재능을 발휘함으
로써 다른 이들에게 더 나은 삶을 선물할 수 있게 되는 건 세상에 남
길 수 있는 유일한 유산이 된다.

와튼스쿨의 애덤 그랜트[Adam Grant] 교수의 연구는 이를 뒷받침하고 있다. 자신의 직업에 보람을 느끼고 의미 있다고 평가하는 사람들에게는 커다란 공통점이 있는데, 다른 사람을 돕는 수단으로 자신의 직업을 바라본다는 점이라는 것이다. 500개 직업에 종사하는 200만 명을 대상으로 대규모 설문조사를 한 결과, 직업에서 가장 큰 의미를 찾는 사람들은 성직자, 교사, 외과 의사, 교육담당자, 방사선 치료사, 정신과 의사 순이었다. 알다시피 이들 직업은 모두 누군가에게 봉사하고 헌신하는 일이다.

자기 경험으로부터 답을 찾는 것

지구에 사는 78억 명 중 나 자신은 오직 한 명이듯, 모두가 자신만의 길이 있다. 자기 자신으로 살아내는 것이야말로 행복하고 성공적인 인생을 사는 일이다. 『죽음의 수용소에서』를 쓴 빅터 프랭클[Viktor Frankl]은 매일 사람이 죽어가는 강제 수용소에서도 "지금 여기서 나에게 주어진 의무는 무엇일까?"라는 질문을 끊임없이 했다.[22] 그는 그 경험과 질문을 바탕으로 '로고테라피'라는 심리치료 기법을 만들어 훗날 많은 사람에게 도움을 주었다. 빅터 프랭클이 그러했던 것처럼 자신의 인생에 질문을 던지고 자기 경험으로부터 답을 찾는 것, 바로 그곳에 자신의 사명이 있다.

최근에 나는 유튜브 채널을 개설했다. '책을 통해 인생을 말하다.'

라는 콘셉트로 기획하고 그에 맞춰 동영상을 찍고 있다. 익숙지 않은 일이라 서툴 뿐만 아니라 실수도 많이 한다. 일전에는 마이크를 연결하고 전원 버튼을 누르지 않은 채 녹화를 한 적도 있다. 마치 옛날 무성영화처럼 음성이 빠진 영상을 마주하고는 어이없이 한동안 웃기도 했다. 회사 일이 끝나고 돌아와 촬영하고 간단한 편집까지 마치면 자정을 훌쩍 넘길 때가 많다. 그러나 생각보다 피곤하지 않은 까닭은 내 작은 노력과 시간이 누군가에게 도움이 될지 모른다는 생각이 들기 때문이다. 그것만으로도 나는 살아갈 만한 충분한 가치가 생긴다.

별은 지구에서 멀리 떨어져 있어 그 빛은 오랜 시간이 흐른 뒤에야 눈에 보인다. 태양계에서 지구와 가장 가까운 별은 켄타우루스 Centaurus자리의 프록시마Proxima라는 별이다. 하지만 가장 가까운 별이라 하더라도 지구로부터 수억 킬로미터, 약 4.24광년의 거리만큼이나 떨어져 있다. 어느 날 갑자기 그 별이 불타서 사라지면 지구에 있는 우리는 4년이 훌쩍 지난 뒤에야 비로소 그 사실을 알게 된다. 결국 우리가 보는 밤하늘의 별은 과거에 존재했던 별이다. 그러므로 별을 바라본다는 건 과거를 돌아보는 일이다.

과거의 빛을 통해 현재를 비추는 것, 그건 자신의 과거 경험을 통해 자신의 재능과 사명을 발견하는 과정이다. 그것이 바로 인생이 우리에게 기대하는 것이다. 아무것도 기대하지 않는 것이 더 나쁜 일이라는 빨간 머리 앤의 말처럼 밤하늘에 떠 있는 별에 이를 수 없다는 건 불행이 아니다. 마음속에 별을 갖고 있지 않아서 불행한 것이다.

- 목표를 아는 사람은 인생의 여정에서 만나는 온갖 고난을 극복할 수 있지만, 그렇지 못한 사람은 아주 작은 고난에도 쓰러진다.
- 길을 찾기 위해서는 지도보다 방향과 위치를 나타내주는 '나침반'이 더욱 중요하다.
- 인생길은 아무 지도에도 나오지 않는다. 그 길에는 이정표가 없다. 그때 필요한 것이 나의 위치를 알려주는 나침반이다.

5. 성공의
기준을
다시 써라

욕망의 노예로 사는 법

"자네, 돈이 하나도 없는 사람과 돈이 너무 많은 사람의 공통점이 뭔 줄 아나? 사는 게 재미가 없다는 거야."

전 세계를 뜨겁게 달군 넷플릭스 드라마 〈오징어 게임〉의 등장인물 중 한 명인 '일남'의 대사다. 그는 목숨을 건 서바이벌 게임 자체를 순수하게 즐기는 유일한 캐릭터다. 그를 제외한 모든 사람은 일확천금을 위해 서바이벌 게임에 뛰어들지만, 오히려 치명적인 결과를 맞이하고 만다. 성공을 좇지만 결국 패자가 되고 만다.

우리에게 성공이란 다른 사람들의 눈에 그럴듯해 보이는 것을 의미한다. 무엇을 가졌거나 어떠한 것을 이루는 등의 성취와 관계가 있다. 가령, 높은 직책을 갖거나 돈을 많이 벌거나 자녀가 좋은 대학에 입학하면 성공이라고 여긴다. 여기서 궁금증이 생긴다. '무언가를 이룬 성취'는 과연 행복을 가져올까? 성공을 하면 몸과 마음이 벅차올라 행복한 상태로 들어서는 것일까? 만약 그 말이 맞는다면 높은 자리에 오르거나 돈이 많은 사람들은 반드시 행복해야만 한다. 그렇다면 성공한 사람들에게 그 비결을 물어보면 어떨까? 그들에게 시원한 대답을 듣고 그대로 따라하기만 하면 누구나 다 성공할 수 있지 않을까? 그런데 그렇게 간단한 방법이 있다면 왜 진작 많은 사람이 성공하지 못했을까?

현대인의 욕망에 관해 오랫동안 연구한 미래학자 멜린다 데이비스Melinda Davis는 현대인이 직면한 가장 큰 위기는 '내면 깊은 곳의 혼란을 제대로 극복할 수 있느냐'의 문제라고 말한다. 그 '내면 깊은 곳의 혼란'이란 결국 돈이 곧 행복이라는 생각이다. 그렇다. 우리는 돈과 성공이 곧 행복이라고 생각한다. 뭔가를 달성하고 취득하는 외적인 성공에서 행복이 온다는 착각 속에 살고 있다. 하지만 성공하여 마침내 자신이 바라던 것을 손에 넣었는데도 행복으로 이어지지 않는 것은 어떻게 설명할 것인가?

더구나 그 '성공'은 획일적인 기준과 맹목적인 잣대로 평가되고 있다. 우리 생김새가 모두 다르고 기질도 제각각이듯, 성공에 대한 잣대도 사람마다 다를 수밖에 없다. 그런데도 텔레비전과 유튜브, SNS 등 미디어에서는 모든 것을 돈과 명성에 초점을 맞추도록 유도하면서 그 어느 때보다 획일적인 성공의 추구를 종용한다. 특히 남들보다 더 빨리 성취하는 것을 성공으로 간주한다. 드라마나 웹툰에 등장하

3장. Testing 원하는 길을 위한 6단계 자기 점검법

103

는 소위 성공한 캐릭터는 늘 멋진 슈트를 입고 고급스러운 차를 갖고 등장한다. 그리고 하나같이 젊은 나이다. 우리는 은연중에 그런 모습이 성공한 사람의 모습이라고 인식한다. 그러다 보니 성공에 대한 조급증을 낼 수밖에 없다. 마치 100m 달리기 출발선에서 몸을 구부리고 뛰어나갈 준비를 하는 선수처럼 항상 긴장할 수밖에 없다. 그러나 당장 채우고 싶은 만족과 성공에 대한 조급함은 결국 후회와 상처로 이어지고 만다.

나는 오랫동안 다람쥐 쳇바퀴 도는 삶을 살아왔다. 아침에 출근했다가 노곤한 몸을 이끌고 집으로 들어갔다. 가끔은 퇴근길에 동료들과 소주 한잔을 걸치기도 했다. 그러한 삶은 세상의 성공과는 거리가 멀어 보였다. 남들보다 더 빨리 성공하려면 이것도 해야 하고, 저것도 챙겨야 하며, 다른 것도 미리 생각해놓아야 했다. 그래서 머릿속이 항상 복잡했다. 로스쿨에 들어가 볼까, 많이 늦었지만 유학을 갈까, 심지어 이민을 고민하기도 했다. 내 삶을 제외한 다른 모든 삶이 좋아 보였다.

그러나 지금은 그런 고민 속에 나를 가두지 않는다. 적절한 시기를 놓친 탓도 있지만, 내가 고민했던 모든 것들이 실상은 나 자신이 절실했다기보다는 다른 사람에게 그럴듯하고 성공적인 인생으로 보이고 싶었던 것임을 깨달았기 때문이다. 변호사나 교수도 좋고, 사업가도 좋지만, 그보다 먼저 현재의 나 자신을 사랑해야 한다. 단출한 가족과 강아지를 키우며 그 가운데 새로운 꿈을 향해 살아가는 것도 나름대로 괜찮은 삶이라는 판단이 들었다. 적어도 다른 사람들의 판단과 기준에 따라 내 인생이 흔들리는 걸 내버려 두지 않으면 그것으로 족하다.

에리히 프롬Erich Fromm은 『소유냐 존재냐』에서 삶의 방식을 소유양식과 존재양식으로 나누었다.[23] 자본주의는 끊임없이 개인 소유욕을 자극하기 때문에 인간은 부지불식간에 '존재욕'을 '소유욕'으로 채우려 한다고 지적했다. 하지만 소유욕에 따른 자기과시는 타인의 인정을 통해 공허한 존재감을 채우려는 자기 위로의 한 방식일 따름이다. 그렇게라도 하지 않으면 그 허한 속을 달랠 수 없기 때문이다.

노벨 경제학상을 받은 MIT 교수 폴 새무엘슨Paul Samuelson은 '행복은 소비를 욕망으로 나눈 것'이라는 공식을 만들었다. 행복 지수를 높이기 위해서는 분모인 '소비'를 늘려야 하고 그러면 당연히 행복은 올라간다. 그러나 소비는 유한하다. 한 사람이 소비할 수 있는 능력은 한정되어 있다. 눈치챘겠지만 행복 지수를 높이기 위한 또 하나의 방법이 있다. 분모를 늘리는 것이 아니라 분자를 줄이는 것이다. 즉 '욕망'을 줄여나가는 것이다. 그러나 우리는 이 방법을 일부러 외면한다. 과거보다 훨씬 부유하지만, 항상 더 많은 것을 바라는 탓에 늘 부족하다고 느낀다. 욕망은 우리를 한순간도 쉬지 못하게 하고 더 많은 것을 좇아 뛰게 만들고, 그러다 어느 순간 '욕망'이 '소비'를 넘어서면 통제 불능의 탐욕이 되고 만다. 결국 욕망이 자신을 삼켜버리고 마는 것이다.

드라마 〈오징어 게임〉의 최후 승자는 거액의 상금을 획득한 주인공이 아니다. 7,700억 원을 투자해 6조 원이 넘는 경제적 이익을 거둔 '넷플릭스Netfix'가 진정한 승자이다. 어쩌면 우리는 그 드라마에 나온 인물들처럼 승자 없는 게임 속에 던져져 욕망의 노예로 살고 있는지도 모른다.

세뇌된 행복에서 벗어나는 법

누구나 성공을 바란다. 그러나 성공은 인생의 목적을 달성하기 위한 수단에 불과하다. 성공을 목적으로 삼으면 인생이 공허해진다. 〈오징어 게임〉의 인물들처럼 돈을 좇는 결말은 비참하고 허무해질 수밖에 없다. 그러므로 성공은 그 자체가 목적이 아니라 인간으로서의 소중한 임무를 다하기 위한 하나의 디딤돌에 불과하다. 사람들은 성공해야 행복해질 수 있으니 그때까지는 참고, 인내하고, 불행을 감수해야 한다고 생각한다. 그러나 인생은 결과보다 과정이 어떻게 전개되느냐에 따라 달라진다. "행복해서 웃는 것이 아니라 웃으면 행복해진다."는 말처럼, 성공해서 행복한 게 아니라 행복하기에 성공한다. 즉 결과가 성공적일 때 행복한 것이 아니라, 원하는 행동 자체를 할 때 행복이 다가온다. 더 많이 시도하고, 더 많이 배우고, 더 많이 감사하고, 더 많이 여행할 때 행복해지는 것이다.

결과가 아닌 과정을 중시하는 마음은 과거 유행했던 '소확행'과 닮아있다. 소소하지만 확실한 행복을 뜻하는 소확행이란 단어는 무라카미 하루키Murakami Haruki의 수필집에 수록된 「랑겔한스섬의 오후」에 처음 등장한다.[24] 그는 갓 지은 따끈따끈한 밥을 먹는 것, 서랍 안에 반듯하게 접어 돌돌 만 속옷이 잔뜩 쌓여 있는 것, 새로 산 정결한 면 냄새가 풍기는 하얀 셔츠를 머리에서부터 뒤집어쓸 때의 기분을 '소확행'이라고 말했다.

한편, 미국 브루클린에서도 소확행과 비슷한 '100m 마이크로 산

책'이 유행했다. 사람들은 매일 스쳐 지나갔던 공간의 구석구석을 세밀하게 관찰하며 그 안에서 소소한 행복을 얻는다. 소확행이든, 마이크로 산책이든 원하는 행복에 이르는 것은 작은 만족과 과정 속에 가능하다. 그런 점에서 행복론의 대가 탈 벤 샤하르[Tal Ben Shahar] 교수가 『해피어』에서 '행복이란 지속적이고 안정적인 만족감을 느끼게 되는 주관적인 인식이자 경험'이라고 이야기한 것은 매우 설득력 있게 다가온다.[25]

올림픽 은메달리스트보다 동메달리스트가 행복감을 더 느낀다는 조사 결과가 있다. 은메달은 조금만 더 잘했더라면 금메달을 딸 수 있었을 텐데 하는 아쉬움이 크지만, 동메달은 메달을 따지 못할 뻔했다는 안도감 때문에 만족감이 높다. 이처럼 인생이 행복하지 않은 이유는 만족할 줄 모르기 때문이다. 무게 중심을 지나치게 욕망에 치우치다 보니 만족하기가 어렵고, 만족하지 못하면 불평이 늘어나면서 삶이 우울해진다. 권력, 돈, 명예를 많이 가진다고 행복이 커지거나 늘어나는 것이 아니다. 오히려 단조롭고 검소한 생활 가운데 행복을 느끼는 경우가 훨씬 많다. 결국 세상을 바라보는 '나 자신의 눈'이 달라져야 행복에 가까워진다.

관점이 '성공 지향적'에서 '의미 지향적'으로 변화될 때 비로소 진정한 행복을 느낄 수 있다. '성공 지향적 관점'은 현재에서 미래의 일정 시점을 바라보며 돈이나 권력 등의 아직 성취하지 못한 목표를 좇는 형태의 사고이다. 시선은 늘 아래에서 위를 향하고, 좁고 한정적일 수밖에 없다. 산 정상을 향해 앞만 보고 걷는 것과 비슷하기에 길을 잃을 확률이 높다. 반대로 '의미 지향적 관점'은 미래의 목표에서 현재를 바라보는 시각이다. 마치 산 정상에서 등산로를 굽어보는 것처럼 그 과정을 내려다보기에 길을 잃을 확률도 낮다.

수감자 번호 119104번, 빅터 프랭클Viktor Frankl은 1942년 9월 나치 강제 수용소로 보내졌다. 3년 뒤 수용소가 해방됐을 때 아내를 포함한 그의 가족들은 모두 사망했다. 그는 『죽음의 수용소에서』에서 고통 속에서도 의미를 찾는 것이 중요하다고 말했다. 그곳에서 삶의 이유를 아는 사람들이 어떠한 순간도 참고 견디며 고통으로부터 더 잘 회복하는 것을 목격했기 때문이다. 빅터 프랭클은 강제 수용소에서 모든 것을 빼앗겼음에도 막사 사이를 돌면서 다른 이들을 위로하고 마지막 남은 빵을 나눠주던 사람들을 보았다. 그는 그들이야말로 고통에 어떻게 반응할지 선택함으로써 품위를 지키려는 사람들이었다고 말한다. 즉 그들로부터 인간의 마지막 자유, 즉 어떤 환경에서도 자신의 태도와 삶의 방식을 선택할 수 있는 자유가 있음을 발견한 것이다.

우리는 세뇌된 행복에서 벗어나야 한다. 남들이 인정해주는 행복은 나의 행복이 아니다. 나만의 행복, 주관적인 행복을 찾아야 한다. 그러기 위해서는 '성공한 삶'을 살기보다 '의미 있고 가치 있는 삶'을 살아야 한다. 어디에서 어떤 일을 하든 그것이 무엇인지 스스로 찾고, 찾은 대로 실천하며 살아간다면 그게 바로 의미 있는 삶이다. 의미는 자기 자신이 만드는 것이다. 남들이 돈을 따라가든 명예를 따라가든 그것은 그들의 일이고, 나는 나에게 나에게 맞는 기쁨을 찾아가는 것이다. 행여 다른 이가 내게 원하지 않는 삶을 요구할 때 나는 그것을 통해서 행복을 찾을 수 없다고 분명히 말해야 한다.

이제 성공의 기준을 다시 써야 할 때다. 천편일률적인 성공의 정의에서 벗어나야 한다. 성악가를 꿈꾸던 사람이 사업으로 크게 성공했어도 늘 오페라 극장을 맴돌며 한숨짓는다면 그건 성공이라 할 수 없다. 인생에서의 성공, 후회하지 않는 삶이란 헛된 욕망에서 벗어나 자신만의 성공 기준을 충족해가는 것에 있음을 잊지 말아야 한다.

"행복이란 내가 갖지 못한 것을 바라는 것이 아니라, 내가 가진 것을 즐기는 것이다."라는 옛 명언은 그래서 여전히 유효하다.

SELF DRIVE

- 관점이 '성공 지향적'에서 '의미 지향적'으로 변화될 때 비로소 진정한 행복을 느낄 수 있다.
- 세뇌된 행복에서 벗어나야 한다. 남들이 인정해주는 행복은 나의 행복이 아니다. 나만의 행복, 주관적인 행복을 찾아야 한다.
- 성공의 기준을 다시 써야 할 때다. 천편일률적인 성공의 정의에서 벗어나야 한다.

6. 벽이
아니라
문을 열어라

당신이 기대어 있는 곳은 벽인가, 문인가?

영화 〈해리포터〉 시리즈의 재기발랄한 스토리 중 지금도 뚜렷하게 기억하는 장면은 바로 벽이 문으로 바뀌는 것이다. 주인공 해리포터는 호그와트 마법학교에 입학하기 위해 런던 킹스크로스역의 벽에 다가간다. 주저주저하다가 마침내 벽 속으로 성큼 발을 내딛자, 그 순간 굳게 닫혀 있던 단단한 벽이 커다란 문으로 변한다. 그 안에는 마법 학교로 가는 특급열차를 기다리는 아이들이 승강장에서 왁자지껄 떠들고 있다. 이 장면은 마치 우리가 알고 있는 세상이 전부가 아니며, 전혀 다른 곳으로 이어질 수 있음을 얘기하고 있는 듯했다.

몇 해 전, 청룡영화제 시상식에서 박찬욱 감독이 〈설국열차〉를 만든 봉준호 감독을 대신하여 수상 소감을 말한 적이 있다.

"제가 〈설국열차〉에서 제일 좋아하는 장면은 송강호 씨가 옆을 가리키면서 '이게 너무 오랫동안 닫혀 있어서 벽인 줄 알고 있지만, 사실은 문이다.'라고 말하는 대목입니다."

벽 없는 문이란 있을 수 없다. 사실 모든 벽은 문을 만들기 위해 존재한다. 높은 벽을 쌓는 것은 그 어딘가에 있는 작은 문을 지키기 위함이다. 그렇다면 반대로 문이 없는 벽도 있을 수 없다. 즉 가능한 일을 불가능하다고 생각하면 벽이 보이고, 불가능한 일을 가능하다고 보면 결국 문이 보인다. 벽을 벽으로만 보면 문은 영원히 보이지 않는다.

여러 가지 장애물로 인해 원하는 것을 얻지 못할 때가 많다. 그 장애물을 어찌할 수 없는 외부의 문제라고 생각하지만, 사실은 자신이 가진 장막일 때가 많다. 과거의 내가 할 수 없었다고 해서 지금의 나도 하지 못하는 건 아니다. 다만 그것을 극복하고 받아들이기가 어려울 뿐이다. 금광석 1t 속에 들어 있는 금의 양은 불과 몇 그램에 불과하다. 금을 캐는 사람은 그 1t의 바윗덩어리 속에 숨어 있는 그 작은 양의 금에 주목한다. 가능성을 보고 문을 열기 위해 벽을 두드리는 사람이다.

'파이크 신드롬Pike Syndrome'이라는 용어가 있다. 한 실험에서 유리벽으로 나눈 수족관에 육식성 물고기인 파이크와 작은 물고기를 함께 넣었다. 파이크는 작은 물고기를 먹기 위해서 필사적으로 덤볐지만 유리 벽에 부딪혀 상처만 입었다. 나중에는 그 유리 벽을 치워도 먹이를 잡을 시도조차 하지 않았다. 먹잇감이 유유히 헤엄쳐 다녀도 절대 잡아먹지 않았다. 반복적으로 학습했던 실패와 고통 때문에 막상 그 장애물이 사라져도 아무런 행동을 하지 못하는 것이다. 인도 서커스단에서 코끼리를 길들이기 위해 쓰는 방법도 이와 유사하다. 그들은 어린 코끼리의 뒷다리를 말뚝에 사슬로 묶어놓는다. 안간힘을 써도 말뚝 주변을 벗어날 수 없는 코끼리는 시간이 흐르면서 말뚝 주변을 자신의 한계로 여기게 된다. 나중엔 말뚝을 빼도 평생을 그 주변에서 살게 된다.

우리는 우리 자신도 모르게 스스로를 온갖 사슬로 묶어놓는다. 자신의 한계는 여기까지라는 두려움의 사슬, 남들이 나를 안 좋게 생각한다는 착각의 사슬, 더 갖고 싶고 더 인정받고 싶은 욕망의 사슬로 꽁꽁 묶어놓곤 한다.

사람은 현재를 살지만 많은 부분 '기억'으로 산다. 경험과 기억들이 만든 생각의 틀이 점점 우리의 신념과 믿음으로 자리 잡는다. 이러한 신념과 믿음은 우리의 감각과 감정을 장악하고 생각과 행동을 만들어낸다. 그러나 우리가 의존하는 기억은 정확하지 않다. 오감으로 들어오는 정보는 그대로 받아들여지지 않고 기존 기억과 연결되고 조정되어 해석된다. 그래서 우리는 자신도 모르게 '파이크 물고기'처럼 한계 속에 갇히는지도 모른다. 이러지도 저러지도 못하게 만들고 있는 유리 벽은 생각 속에서만 존재하던 허망한 장막이 아니었을까?

1968년 멕시코 올림픽에서 미국 국가대표 짐 하인스^{Jim Hines}는 9

초 95의 기록으로 100m 육상 경기 역사상 최초로 10초의 장벽을 깼다. 전광판에 9초 95라는 기록이 뜨자 그는 두 팔을 벌리며 낮게 한마디를 읊조렸다. 그의 모습이 전 세계에 중계되었지만, 당시 하인스가 무슨 말을 했는지 아무도 알지 못했다. 그 후, 1984년 로스앤젤레스 올림픽 전야 때, 기자 데이비드 팔David Pal은 올림픽 영상자료를 돌려보다가 기록을 깬 하인스가 중얼거리는 장면을 발견하고는 흥미를 느껴 그를 취재하러 나섰다. 당시 무슨 말을 했냐는 기자의 질문에 하인스가 답했다.

"의학계에서는 인간의 근섬유가 견딜 수 있는 운동 한계점이 초당 10m를 넘을 수 없다고 단언했습니다. 20년 동안 육상계에서는 이 말이 진실로 굳어져 왔지요. 하지만 저는 도전해보고 싶었습니다. 그래서 매일 피나는 훈련을 했습니다. 그리고 마침내 제가 10초 벽을 깼음을 확인한 순간 저도 모르게 얘기했습니다. '아, 10초는 벽이 아니라 문이었어.'라고 말이지요."

닫혀 있는 문을 여는 데에는 한계를 뛰어넘는 하인스와 같은 용기와 믿음이 절대적이다. 그런데 그런 용기와 믿음보다 더 중요한 것이 있다. 그건 세상을 바라보는 자신의 관점을 변화시키는 일이다. 벽을 더 이상 벽으로만 바라보지 않을 때 그것은 출구 없는 벽이 아니라 새로운 기회의 문으로 다가온다.

관점을 바꾸는 일

네덜란드 판화가인 마우리츠 코르넬리위스 에스허르Maurits Cornelis Escher는 그림 속에 놀라운 세상을 만들었다. 그는 철저히 수학적으로 계산된 기하학적인 공간 구성과 초현실적인 묘사를 통해 실제보다 더 실제 같은 이미지를 만들어낸다. 그의 작품 〈하늘과 물Sky and water〉에서는 새였던 것이 아래쪽으로 내려오면 어느새 물고기로 변해 있다. 그 물고기는 하늘에서 땅으로, 또 어느새 바닷속으로 옮겨 다닌다. 에스허르는 높은 곳과 낮은 곳, 가까운 대상과 멀리 있는 대상을 연결하고 우리의 관점을 현혹한다. 보이는 것과 인지하는 것 사이의 경계를 보란 듯이 허문 그의 그림은, 모든 것은 복잡하게 연결되어 있다는 사실과 세상을 무한히 넓은 시각으로 바라봐야 한다는 사실을 제대로 일깨워준다.

우리는 시련과 고통이 찾아오면 그것을 감당할 수 없는 경험으로, 도저히 극복할 수 없는 무언가로 여긴다. 그러나 하루하루 시간이 지날수록, 한 걸음씩 앞으로 나아갈수록 거기에 담긴 보다 깊은 의미를 조금씩 이해하게 된다. 시련이 우리에게 주는 선물 가운데 하나는, 자기 삶을 좀 더 새로운 틀 안에서 바라볼 수 있게 이끈다는 점이다. 역설적이고 기묘한 변형을 담고 있는 에스허르의 그림을 볼 때처럼 시련과 고통 또한 그 경계가 절대적이지 않으며, 그 시간을 통해 오히려 진정한 행복에 가까워질 수 있다는 사실을 깨닫는다.

나는 한동안 과거의 시련과 고통을 애써 외면했다. 심지어 내게 그런 시간이 존재했다는 사실 자체도 인정하려 들지 않았다. 고통스러운 시간을 떠올리고 싶지 않았기 때문이었다. 그런다고 그 시간의 기억이 사라지는 것은 아니었다. 오히려 문제를 정면에서 바라보고 상황을 인식할 때 해결의 실마리를 찾는 경우가 더 많았다.

사실 실패했거나 실패를 우려하는 것보다 실패에 대한 우리의 생각 자체가 삶을 더욱 힘들게 한다. 실패는 곧 패배이고 끝이라는 인식이 우리를 지배하기 때문이다. 그러기에 실패에 대한 입장과 해석을 바꾸지 않고서는 두려움에서 결코 벗어날 수 없다. 성공하는 사람과 그렇지 못한 사람을 가르는 명확한 기준은 실패에 대한 견해이다. 실패는 무언가를 성취해 나가는 과정에서 발생하는 자연스러운 현상이다. 공기의 저항이 없으면 비행기는 날 수 없고 물의 저항이 없으면 배는 뜰 수 없다. 양력과 부력은 모두 저항에서 비롯되는 힘이다. 성공도 실패의 저항 없이는 제대로 일어날 수 없다.

2018년 미국 심리학회는 승무원 중 흡연자를 대상으로 흥미로운 실험을 했다. 5시간 미만의 단거리 비행과 8시간 이상의 장거리 비행을 하는 승무원들의 흡연 욕구를 비교하였다. 결과는 예상과 달랐다. 흡연을 참아야 하는 시간과 흡연 욕구는 비례하지 않았다. 다만 흡연 욕구는 단거리 비행이든 장거리 비행이든 비행 거리와 상관없이 비행기가 착륙하기 직전에 폭발적으로 증가했다. 중요한 건 비행이 끝나가고 있고 곧 담배를 피울 수 있다는 무의식 속에서의 욕구였다. 이 실험에서 알 수 있는 건, 욕구와 마찬가지로 사고나 행동도 조건에 따라 얼마든지 변화시킬 수 있다는 점이다. 그러기에 실패나 두려움에 관한 생각도 어떻게 하느냐에 따라 바뀌게 되는 것이다.

자전거를 탈 때 넘어지지 않으려면 넘어지는 쪽으로 방향을 틀어야 한다. 넘어지는 것을 두려워하면 넘어지고, 두려워하지 않으면 넘어지지 않는다. 우리가 가장 두려워해야 하는 것은 두려움 그 자체이다. 미래의 불행을 염려하고 두려워하면 미리 불행해지는 것인데도 염려하고 두려워한다. 미리 상상함으로써 스스로 걱정을 불러일으킨다. 사실 오늘 걱정하는 일은 별로 걱정할 일이 아닐지 모른다. 오히려 시련이 내게 말하고 싶어 하는 걸 알아챌 수 있도록 관점을 바꾸는 것, 그것이야말로 새로운 시각과 틀 안에서 살아갈 수 있게 만든다. 오늘을 살아간다는 것은 결국 어제의 고통과 정면으로 맞서는 일이다.

노벨문학상 수상 작가인 알렉산드르 솔제니친Aleksandr Solzhenitsyn은 어느 날 무심코 모닥불에 통나무를 던졌다가 그 안에 개미집이 있는 것을 발견하고는 얼른 꺼내 개미들을 살렸다. 그런데 개미들은 통나무를 향해 다시 기어가기 시작했다. 그것을 보고 그는 "무엇이 그들로 하여금 자기 집으로 돌아가게 만드는 것일까? 불타오르는 통나무를 붙잡고 바둥거리면서 그대로 죽어가게 만드는 것일까?" 하고 의문을 던졌다. 그는 개미가 공동체의 생존에 대해서는 걱정하지만 정작 자신의 죽음에 대해서는 두려움을 느끼지 않는다는 것을 나중에야 알게 되었다. 개미에게 두려움이 두려움으로 여겨지지 않은 까닭은 자신이 불타 죽게 된다는 생각 자체가 없었기 때문이다. 그러나 두려움을 느끼면서도 두려움에 도전하는 행위는 두려움을 알지 못하는 것과는 전혀 차원이 다른 문제다. 두렵고 힘들지만 희망을 안고 나아가는 건 오직 인간만 가능한 일이다. 인간에게만 주어진 능력이다.

그러기에 소나기가 퍼부어도 두려워하거나 절망하지 말아야 한다. 아름다운 무지개는 비가 그쳐야 뜨는 법이며, 비가 오지 않은 하늘에는 결코 무지개가 뜰 수 없다. 시련과 두려움이라는 소나기가 지나가야 비로소 무지개를 볼 수 있는 것이다. 가장 힘든 순간에 축복의 손길은 그렇게 찾아온다. 온갖 관습에 도전하여 마침내 세계 패션 역사에 한 획을 그은 가브리엘 샤넬Gabrielle Chanel의 말을 기억하자.

"벽을 내려치느라 시간을 낭비하지 마라. 그 벽이 문으로 바뀔 수 있도록 노력하라."

SELF DRIVE

- 가능한 일을 불가능하다고 생각하면 '벽'이 보이고, 불가능한 일을 가능하다고 보면 '문'이 보인다.
- 벽을 벽으로만 바라보지 않을 때 그것은 출구 없는 벽이 아니라 '새로운 기회의 문'이 된다.
- 성공하는 사람과 그렇지 못한 사람을 가르는 명확한 기준은 실패에 대한 견해이다.

4장

SELF-MATURING

'자기계발'에서
'자기성숙'으로 가는 길

·

"희망은 마치 독수리의 눈빛과도 같다.
항상 닿을 수 없을 정도로
아득히 먼 곳만 바라보고 있기 때문이다.
진정한 희망이란 바로 나 자신을 신뢰하는 것이다.
행운은 거울 속의 나를 바라볼 수 있을 만큼
용기가 있는 사람을 따른다."

_쇼펜하우어 Arthur Schopenhauer

1. 왜
'자기성숙^{Self-maturing}'
인가?

변화하는 사회, 멈춰 있는 자기계발^{Self-help}

다원화 사회로 접어들면서 경제 주체 간의 고용 관계에도 많은 변화가 생겼다. 특히 전통적인 고용주와 직원 관계가 아닌, 독립적인 노동자를 뜻하는 긱^{Gig} 노동자가 대거 등장했다. 한 조사에 따르면 미국 근로자의 약 36%가 단기계약이나 프리랜서 같은 긱^{Gig} 경제에 참여하고 있다. 우리나라도 예외가 아니어서 온라인 플랫폼을 이용해 풀타임으로 일하며, 어느 한 곳에 특별히 고용되지 않는 사람의 비율이 근로자의 7.3%에 달한다고 한다.

이러한 사회적 변화가 일어날수록 개인의 책임과 부담은 점점 늘어만 간다. 언제부터인가 우리는 학력, 재산, 명성, 사회적 위치 등의 조건들을 각자가 노력해서 얻는 것으로 여기고, 모든 것에 대한 책임이 개인에게 있다는 논리 속에 살고 있다. 태어나면서부터 결정되는 유전적 요인과 가정 및 사회적 환경의 영향력이 크지만, 그러한 요인은 외면한 채 여전히 개인의 책임과 노력을 중시한다. 그러한 논리 가운데 우리는 부지불식간 가진 자는 마음껏 누릴 권리와 자유가 있어야 하고, 그렇지 못한 자는 힘들게 고생해도 마땅하다고 여긴다. 우리는 열심히 노력해야만 성공하고 인정받는다는 논리 속에서 평생 애만 쓰는 인간이 되었다.

사회는 하루가 다르게 변하고 있는데, 성공 지향적 관점에 머물러 있는 '자기계발'은 산업화 시대의 논리에 멈춰 있다. 천편일률적인 경제적 성공이 삶의 절대적인 목표라는 생각에 따라 개인을 끊임없이 '노력의 경주'로 내몬다. 그런데 그러한 삶은 어느 정도 성과를 이루더라도 그것이 곧 나의 행복이 되지는 않는 것에 문제가 있다. 2014년 버지니아 대학교 시게히로 오이시 교수의 연구에 따르면, 부유한 국가의 자살률이 가난한 국가보다 현저히 높다고 한다. 1인당 GDP가 34,000달러인 일본의 자살률이 400달러에 불과한 아프리카 시에라리온보다 두 배 이상 높았다. 성공 지향적 관점에서는 이러한 수치를 설명할 방법이 없다.

최근엔 만성적 직장 스트레스 증후군, 즉 '번아웃 증후군'이 국제 질병분류상 질병으로 등재되었다. 피곤함과 스트레스가 공식적인 질병이 된 것이다. 불과 얼마 전까지만 해도 우리는 경제적 보상이면 어떠한 고생도 감수하는 것이 당연한 사회적 분위기 속에서 살았지만, 요즘 일부에서 '마음의 보상'이 중요하다고 말하는 목소리가 흘러나오고 있다. 그러나 현실은 여전히 성공을 위해 자기계발에 박차를 가하라고 부추긴다.

그리고 그 자기계발이라고 하는 것도 경제적 성공을 위한 수단으로 국한될 뿐이다. 하지만 꿈을 성취하기보다 더 어려운 건 성취를 지속적으로 유지하는 것이다. 더 넓은 아파트와 더 높은 자리에 연연하는 삶은 막상 그 꿈을 이룬다 해도 공허해질 수밖에 없다. 만족감은 밑 빠진 독처럼 채우면 채울수록 빠져나가기 때문이다. 작은 것이 충족되면 더 큰 것을 바라고, 그것이 이루어지면 언제 그랬냐는 듯 보다 더 큰 것을 원하는데 거기에는 만족감이 들어설 자리가 없다.

앤서니 라빈스Anthony Robbins가 쓴 자기계발서 『네 안에 잠든 거인을 깨워라』의 부제는 '정신적, 감정적, 신체적, 금전적 운명을 즉각 변화시키는 법!How to take immediate control of your mental, emotional, physical and financial destiny!' 이다.[26] 원하는 모든 걸 얻게 해준다는 얘기, 그것도 즉각적으로 변화시켜 준다는 말은 많은 사람의 이목을 끌기에 충분하다. 그러나 왜 그러한 것들이 우리에게 필요한지, 그것을 이루고 나면 정말 행복한지에 관한 고찰은 찾을 수 없다. 오로지 성공을 위해 끊임없이 노력하고 자신을 벼랑 끝에 세우라는 선언적인 조언들로 가득하다. 성공을 향해 열심히 노력하면 좋은 일이 가득하고 행복해진다는 이야기다. 그러나 800페이지가 넘는 책을 읽다 보면, 거인을 깨우기 전에 몰려드는 잠부터 깨워야 할지도 모른다.

여기서 한 가지 질문을 하고 넘어가야 한다.

"인생에 좋은 일만 가득하면 정말 행복할까?"

편안하고 즐거워지기 위해 삶을 가로막는 문제를 모두 극복해야 하는 것이 맞는다면, 반대로 삶의 대부분은 괴로움 속에서 살아야 한다는 것을 의미한다. 모든 짐이 벗어진 후에야 행복할 수 있다는 건, 결국 많은 시간을 불행하게 살아가야 한다는 것을 스스로 인정하는 셈이다. 파도가 없는 바다는 더 이상 바다가 아니다. 인생이라는 바다에서 파도가 없기를 기대한다면 그것은 본질을 잘못 짚은 것이다.

많은 사람이 "꽃길만 걸으세요."라는 인사를 주고받는다. 덕담 차원으로 하는 얘기겠지만, 꽃길만 걷는 것은 결코 행복으로 가는 길이 될 수 없다. 꽃길이 일상이 되고 당연한 것으로 여겨지는 순간 그 길은 의미를 잃고 만다. 긴 터널을 지나야 비로소 태양의 소중함을 알게 되고, 사막을 건너야 물 한 모금에 진정 감사한 마음을 갖게 된다. 인생 가운데 좋지 않은 일, 시련과 고통을 통해서 의미와 가치를 찾게 되는 때가 훨씬 많은 법이다.

구소련의 소설가 알렉산드르 솔제니친Aleksandr Solzhenitsyn은 정부에 대한 반체제 혐의로 감옥에 갇혔던 경험을 바탕으로 자전적 소설 『수용소군도』를 집필했다. 소설에서 그는 감방의 썩어가는 짚단 위에서 인생의 목적을 새삼 깨달았다고 고백한다. 인생의 궁극적인 목적은 우리가 자라면서 배웠던 것처럼 번영과 성공이 아니라, '인간 영혼의 성숙'이라고.[27]

이제는 자기계발의 단순하고 획일적인 성공 지향의 목적에서 벗어나, 자기 내면을 발견하고 삶이 가르쳐주는 의미 가운데 자신의 소명을 찾아가는 새로운 관점으로 전환해야 한다. 그러기 위해서는 '자기성숙Self-maturing의 길'로 나서야 한다. 삶의 고유한 의미를 발견하고 타인과의 유대를 통해야만 공허한 만족감에서 벗어날 수 있으며, 성숙해지기 위한 노력이 인생 본연의 목적이 되어야 지속적인 행복 추구가 가능하기 때문이다.

• 자기계발과 자기성숙의 과정 •

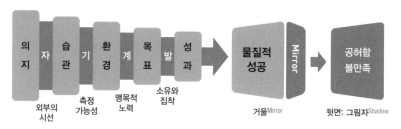

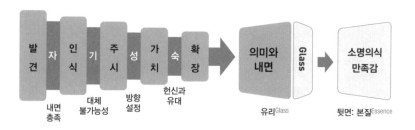

※발견: Discover, 인식: Recognize, 주시: Inspect, 가치: Value, 확장: Extend

자기성숙^{Self-maturing}으로 가는 길

"해안에서 2km도 못 미치는 곳에서 낚싯배가 바다에 밑밥을 뿌리자 하늘에서 아침 먹이를 찾는 새들에게 소식이 전해졌다. 결국 천 마리쯤 되는 갈매기 떼가 먹이를 얻으려고 서로 밀고 다투었다. 분주한 하루의 시작이었다. 그러나 저 멀리 배와 해변에서 떨어진 곳에서 갈매기 조나단 리빙스턴은 홀로 연습 중이었다."[28]

리처드 바크^{Richard Bach}가 쓴 『갈매기의 꿈』의 주인공 조나단 리빙스턴, 그의 꿈은 애당초 다른 갈매기와 똑같이 되는 것이 아니었다. 그는 다른 갈매기들이 오로지 먹는 것에만 매달릴 때 더 높이 더 멋지게 날기 위해 비행 연습에 몰입한다. 평생 물고기만을 쫓아다니는 평범한 갈매기의 삶에서 벗어나, 보다 더 잘 나는 꿈을 쫓는다. 계속되는 실패에도 불구하고 더 높이 날기 위해 폭풍 속을 뚫고 날아오른다.

푸른 하늘을 자유롭게 날아가는 꿈은 진정한 자기 자신이 되는 자유를 찾아나서는 것을 의미한다. 바로 이것이 자기성숙을 추구하는 본연의 목적이 된다. 자신을 발견하고 자신을 증명하는 일이 곧 삶이 되는 것, 그래서 스스로 인생의 책임감을 받아들이기 시작할 때 자기성숙의 길이 열리기 시작한다. 하지만 자신을 발견하는 일은 그리 간단하지 않다. 누구나 자기 자신을 직접 바라볼 수는 없기 때문이다.

두 아이가 굴뚝 청소를 하고 나왔다. 한 아이는 얼굴이 새까맣게 그을렸는데, 한 아이는 깨끗했다. 어느 쪽 아이가 얼굴을 닦을까? 오히려 깨끗한 아이가 얼굴을 닦는다. 자신을 인식하는 것은 결국 타인을 통해서 이루어지기 때문이다. 인간은 관계 속에서 타인을 거울삼아 자신을 개념화한다.

우리는 타인에게 잘 공감하면서도 자기감정은 다독여주지 못한다. 공감의 시작은 바로 자기 자신임에도, 늘 다른 사람과의 공감만 강조하며 자신을 억누르고 다른 사람에게 맞추려 애쓴다. 그렇게 되면 슬픔과 분노, 불안, 갈등 속에 허우적대며 살아가게 된다.

찰스 디킨스Charles Dickens의 장편소설 『위대한 유산』에 나오는 미스 해비셤은 결혼식 날 약혼자에게 버림을 받는다. 그날 이후 그녀는 평생을 결혼식 날 모습 그대로인 방에서 빛바랜 웨딩드레스를 입고 지낸다. 찰스 디킨스는 그 모습을 "그것은 마치 낡은 커튼처럼 그녀의 몸 위에 걸쳐져 있다."라고 묘사했다.[29] 미스 해비셤은 자신의 감정과 화해하지 못하고 인생의 가장 비참한 날에 머물러 있었다. 세상에 대한 분노와 복수로 거미줄 같은 면사포 속에 자신을 가둬놓고 말았다.

미스 해비셤의 모습은 바로 나의 모습이기도 했다. 나는 지난날 조급하고, 화를 참기 어려웠으며, 작은 일에도 억제할 수 없는 분노가 넘쳤다. 문제가 생기면 다른 사람에게서 원인을 들추어내기에 바빴다. 그건 무엇보다 나 자신을 알지 못했기 때문이었다. 진정한 삶의 의미를 찾지 못하고 타인이 종용하는 가치를 마치 '낡은 커튼처럼' 몸 위에 걸친 채 세상을 바라본 까닭이었다.

많은 사람이 다른 사람을 모방하는 데 바쁘다. 성숙해진다는 것은 다른 사람을 단순히 모방하는 것이 아니라 자신을 진심으로 이해하는 것이다. 자신에게 주어진 재능을 발견하고 그것을 온전히 꽃피우고 열매를 맺는 것이다. 꽃을 피우고 열매를 맺기 위해서는 씨앗을 먼저 심어야 하듯, 자신을 알기 위해서는 보이지 않는 내면을 바라보는 것부터 시작해야 한다.

· 자기계발과 자기성숙 ·

구분	자기계발 Self-help	자기성숙 Self-maturing
기준점	타인의 시선	자기 내면
지향점	소유를 통한 만족	의미 발견을 통한 가치 부여
우선순위	욕심과 집착	선택과 내려놓음
관계의 중점	외로움과 탈피	자발적 고독을 통한 성찰
시간의 중점	과거·미래	현재
고난에 대한 반응	도피(좌절)	직면(희망)
추구 방식	성과 지향	D.R.I.V.E.

긍정심리학의 창시자 마틴 셀리그만 Martin Seligman 은 인생의 행복과 보람을 구성하는 요소로 3가지를 꼽는다. '현재의 즐거운 삶', '일과 사랑, 취미 등을 통한 만족스러운 삶', '이타적인 일에 집중하는 의미 있는 삶'이 그것이다. 그중에서도 의미 있는 삶이 가장 오래 지속되는 큰 기쁨을 선사한다고 강조한다.[30] 자신이 중요하며 고귀한 사람이라는 것을 늘 확인하고 싶어 하는 자존의 욕구가 누구에게나 있기 때문이다. 사람은 '의미 있는 일을 하고 싶은 욕구'와 '그 일을 통해 존중받고 싶은 욕구'를 지니고 있다. 의미 있는 삶을 위해서는 무엇보다 자기 성찰을 통해 우리 안에 있는 열망을 발견해야 한다.

동기 이론의 권위자인 리처드 라이언 Richard Ryan 은 인생의 열망을 크게 '외적 열망'과 '내적 열망'으로 나눈다. 외적 열망은 부와 명예를 말하고, 내적 열망은 자율성과 공동체에 공헌하며 성숙한 개인으로 발전하는 열망이다. 그의 연구에 따르면 내적 열망을 지향하는 사람들은 행복감이 높고 자기 존중감도 컸다. 반면 외적 열망을 지향하는 사람들은 불안하고 우울했으며 정신 건강도 좋지 않았다.

로체스터 대학교 졸업생 1,300명을 연구한 결과는 더 극명한 차이를 보여준다. 내적 열망과 외적 열망을 추구하는 집단을 구분하고 추적 조사를 했다. 그 결과 타인의 삶을 돕고 성장하기를 바라는 내적 열망을 지향하는 사람들은 삶의 만족도와 행복도가 높았던 반면, 부자가 되거나 명성을 얻고자 하는 외적 열망을 지향하는 사람들은 불안과 우울 증세가 높았다고 한다.

이제 내적 열망을 채우기 위해 다음과 같은 질문을 스스로에게 던져보자. 삶이 자신에게 무슨 말을 하는지 내면의 소리를 들어보자.

- 무슨 일을 할 때 가장 살아 있음을 느끼는가?
- 지금까지 가장 후회되는 일은 무엇인가?
- 놓치고 싶지 않은 당신의 꿈은 무엇인가?
- 타인을 위해 지금 당장 할 수 있는 일은 무엇인가?

SELF DRIVE

- 성숙해진다는 것은 다른 사람을 단순히 모방하는 것이 아니라 자신을 진심으로 이해하는 것이다.
- 의미 있는 삶을 위해서는 무엇보다 자기 성찰을 통해 우리 안에 있는 열망을 발견해야 한다.
- 삶이 자신에게 무슨 말을 하는지 내면의 소리에 귀 기울여야 한다.

2. 타인의
시선에서
벗어나라

좋은 사람으로 남지 마라

예전에 내가 운영하던 독서 모임은 온라인 카페
에 인적 사항을 간단히 쓰고 가입 신청만 하면 되었다. 그때 카페 가
입을 원하던 사람 중에 유독 기억에 남는 이가 있다. 나는 그가 카페
에 올려놓은 글을 보고 조금 놀랐다. '가입 인사'란에 자신의 직장 이
력과 경력 사항들을 하나도 빠짐없이 적어놓은 것이다. 자신의 명함
까지 스캔해서 올려놓았는데 그 명함 앞뒤에도 본인의 경력과 이력
사항이 빼곡히 적혀 있었다. 마치 한 장의 이력서를 보는 것 같았다.
독서 모임에 그런 정보가 왜 필요하다고 생각한 걸까? 그곳에 모인
독서 모임 멤버들이 그의 과거 경력까지 알아야 할 이유가 있을까?
본인이 읽고 싶은 도서 목록이라면 모르지만.

너무나 과도한 정보를 주고받는 이면에는 타인의 시선을 의식하는 사회적 분위기가 녹아 있다. 일과 관련해서 누군가를 처음 만나면 일단 직업과 직책을 묻는다. 직업 자체에 관심이 있어서라기보다는 상대가 사회적으로 어떤 위치를 점하고 있는지 궁금하기 때문이다. 궁극적으로 상대방의 사회적 지위가 자신보다 높은지 낮은지를 파악해 그에 따라 적절하게 행동하려는 방편이다.

서양 사람들은 성격, 취미, 가치관, 태도 등 주관적인 개인의 특성을 통해 사람을 정의하는 반면, 동양 사람들은 사회적 지위와 관계 등 타인의 기준으로 사람을 정의하는 경향이 있다고 한다. 한 개인의 의미와 가치는 집단적 관계와 사회적 가치에 의해 정의되기 때문에 특히 평판을 중요시하는 한국인에게 타인의 시선은 너무나 중요하다. 우리가 타인의 시선에 민감해진 것은 어제오늘의 일이 아니다. 차를 선택하는 것도, 직장에 들어가는 것도 남을 의식한다. 대학에서 전공을 정하는 것도, 심지어 결혼 상대를 고를 때도 타인의 시선으로부터 자유롭지 못하다. 옷을 입거나 양말 색깔을 고르는 것도 예외는 아니다. 어느 것 하나 다른 사람을 의식하지 않는 것이 없다. 다른 사람들이 나를 어떻게 생각할지 두려워 혼자서 밥도 마음대로 못 먹는다.

"나는 어떤 사람인가?", "나는 누구인가?"와 같은 질문은 스스로 고민하고 성찰해서 해답을 찾아가야 하는데, 정작 자기 스스로 도저히 그 답을 찾지 못한다. 인생을 관통하는 근원적인 질문조차도 타인의 시선과 평가에 의해 결정된다. 설령 내가 판단하고 결정했더라도 내가 한 판단은 아무런 의미가 없다. 나의 가치를 결정하는 건 결국 타인이기 때문이다.

남들의 시선과 평판이 나의 삶과 행복에 어떠한 관계가 있을까? 그들은 나에 대해 알지 못한다. 그저 밖으로 드러난 몇몇 모습만을 보고 함부로 재단할 뿐이다. 그런데도 우리는 재미를 위한 잡담 수준의 이야기에 온 삶이 왜곡되는 경험을 하곤 한다. 내 삶을 단 1%도 전혀 책임지지 않는 그들의 시선에 왜 휘둘려야 하는지 의문이다.

2003년 해외 토픽에 작은 기사가 실렸다. 프랑스 일류 요리사인 베르나르 루아조Bernard Loiseau가 자살했다는 뉴스였다. 이제는 누군가 자살했다는 사실이 뉴스거리가 아닌 세상이지만, 그가 아내와 세 자녀를 남겨두고 총기로 자살할 수밖에 없었던 이유는 특별했다. 그 이유는 '미슐랭 가이드에서 조만간 최고 등급에서 별 하나를 뺄 거라는 소문'을 들었기 때문이었다. 그는 죽기 전에 "나는 항상 1등이 되려고 했는데, 이제 2등도 아닌 3등이 되었다."라며 괴로워했다고 한다. 외부 평가에 의존하는 존재감은 이처럼 위태롭다.

여전히 많은 사람이 칭찬과 인정에 목말라 한다. 다른 사람이 나를 인정해줄 때 우리는 행복감을 느낀다. 아무리 스스로 만족하더라도 타인의 인정이 없으면 행복하지 않다는 뜻이기도 하다. 다른 사람의 눈에 내가 훌륭한 직장을 다니고, 좋은 집에 살고, 커다란 차를 타는 것처럼 보여야 행복한 것이다. 다른 사람의 눈에 그렇게 비치지 않는다면 나는 불행한 것이다. 정신의학자 아들러Alfred Adler는 그럴 필요가 없다고 단정적으로 말한다. 다른 사람들의 칭찬과 인정을 구하는 삶을 살면 다른 이들의 기대를 만족시키는 삶을 살게 되고, 궁극적으로는 다른 사람의 삶을 사는 것으로 귀결되기 때문이다.

우리는 자신의 가치관을 희생해서라도 '남들이 생각하는 나'의 형상을 만들고, 거기에 맞춰 살려고 애를 쓴다. 미국 사회학자 찰스 쿨리Charles Cooley는 이런 현상을 '거울 자아'라고 부른다. 거울 자아는 다른 누군가에게 보이는 왜곡된 이미지로 살아간다. 그러한 삶은 내가 누구인지, 무엇이 나를 행복하게 하는지 알 수조차 없다. 그러한 삶은 아무리 내게 주어진 배역을 잘 소화해도 불만족스럽고, 우울하고, 가치 없는 사람처럼 느낄 수밖에 없다.

사람이 가진 기본적인 동기요인 중 하나는 좋은 사람이 되고 싶어 한다는 점이다. 누구나 남들에게 좋은 평판을 얻고 싶어 한다. 그것이 사회를 이루며 살아가는 인간으로서의 기본 도리이긴 하지만, 솔직히 좋은 사람으로 평판이 나면 여러 가지 이득을 얻을뿐더러, 생존과 성공에 훨씬 수월하기 때문이다. 그래서 많은 사람이 어느 누구와도 갈등을 피하고 척지지 않으려 노력한다. 하지만 겉모습뿐인 경우가 많다. 겉으로는 미소를 띠며 너그러운 척하지만, 속으로는 온갖 비난을 퍼붓는다. 속으로는 분노하며 험담하면서 얼굴에는 너그러운 웃음을 띤다. 이러한 이중적 태도는 언젠가는 더 나쁜 결과를 초래한다. 다른 사람을 속이고 자신마저 현혹하기 때문이다. 그런데도 미소를 잃지 않는 이유는 결국 다른 사람들의 시선을 의식하고 평판을 중요시하기 때문이다.

우리는 주변 사람들이 나를 싫어하면 어쩌나 걱정한다. 그러나 사실 다른 사람들은 생각보다 내게 관심이 없다. 나 혼자 스스로 그런 걱정 속에 빠져있을 뿐이다. "남들이 나를 어떻게 생각할까 늘 고민하는 사람들은 언젠가 깜짝 놀랄 것이다. 사실 남들은 나에 대해 별로 생각하지 않으니까."라고 말한 철학자 버트런드 러셀^{Bertrand Russell}의 말에 귀를 기울여야 한다.

남을 배려하는 삶은 매우 가치 있다. 그러나 더 중요한 것은 나답게 사는 것이다. 나답게 산다는 것은 남들의 평판에 흔들리지 않는 것이다. 남들의 기준에 맞추어 살아가는 것이 아니라, 나의 기준에 맞추는 삶이다. 하기 싫은 일을 하지 않을 자유를 갖는 것이다.

'자기성숙의 삶'은 자신에게 필요하고 가치 있는 일을 하는 삶이다. 이는 곧 불필요하고 무의미한 일을 안 해도 되는 삶, 시간과 노력의 낭비가 없는 삶이다. 다른 사람의 눈에 착한 사람, 다른 사람을 만족시키기 위한 삶이 아니라 자신이 원하는 삶을 살아야 한다. 좋은 사람이 아니어도 괜찮다. 자신이 원하는 것을 찾아야 한다. 타인의 시선에서 자유롭게 산다는 것은 누구에게나 좋은 사람으로 평가받는 것을 포기하는 것이다. 그것이 차라리 낫다.

황금은 먼지가 쌓여도 황금이다

점심 때 중국 음식점에 가면 딜레마에 빠진다. 내가 주문한 음식이 나오면 옆 테이블에서 주문한 음식에 나도 모르게 힐끗 눈이 간다. 그러고는 저 메뉴를 시켰어야 했는데 하며 후회도 한다. 공원 잔디밭에 가면 다른 사람이 앉은 자리의 잔디가 언제나 풍성해 보인다. 반면 내 앞의 잔디는 듬성듬성하기 짝이 없다. 그러나 실상은 건너편 잔디에 앉아 있는 사람도 나와 비슷한 생각을 하고 있다. 중국 음식점의 손님과 자꾸만 눈이 마주치는 이유는 그도 내가 시킨 메뉴가 더 그럴듯해 보인다고 생각하고 있기 때문이다.

우리는 자신만의 잣대를 버려둔 채 타인이나 사회에서 제시하는 세상의 잣대를 무작정 좇을 때가 많다. 남들에게 인정받기 위해, 다른 사람의 마음에 들기 위해 노력한다. 그러다가 세상의 잣대와 기준에 자신이 부족하다는 느낌이 들면 크나큰 좌절 속에서 헤어 나오지 못한다. 또한 우리는 남들에게서 행복을 찾고 자신의 것과 비교하며 그 행복을 확인하려 든다. 가족보다는 멀리 있는 사람을 더 소중히 여기고, 아직 갖지 못한 것을 더 중요하게 생각한다. 우리는 늘 남의 화려한 장미 정원에 시선을 빼앗기고 정작 자기 방 창가에 피어 있는 장미의 아름다움은 알지 못한다.

프랑스 정신과 의사이자 심리학자인 프랑수아 를로르^{Francois Lelord}는 지속적인 행복을 위해 '가까운 사람들과 누리는 좋은 관계, 스스로 통제할 수 있다는 자유로움, 사물에 대한 긍정적인 마인드, 신체적으로 건강한 상태'가 반드시 필요하다고 말했다. 동시에 행복을 놓치기 가장 쉬운 방법을 덧붙였는데, 그건 바로 '서로 비교하는 것'이었다.

와튼스쿨의 조나 버거^{Jonah Berger} 교수는 하버드 대학교 재학생들에게 흥미로운 질문을 했다.

"연봉이 5만 달러인 직업과 10만 달러인 직업 중 어느 것을 선택하겠습니까?"

질문은 거기에서 끝나지 않았다. 다른 사람들이 모두 2만 5천 달러를 받을 때 5만 달러를 받는 것과 모두가 20만 달러를 받을 때 혼자만 10만 달러를 받는다면 무엇을 선택하겠냐는 것이었다. 놀랍게도 대다수 학생들은 5만 달러를 받는 조건을 선택했다. 조나 버거는 이렇게 결론을 내렸다.

"하버드 학생들은 남들보다 우위에 서는 것을 중시했다. 그래서 실질적으로는 손해임을 알면서도 상대적인 우월감을 느낄 수 있는 쪽을 선택했다."

이 결과는 하버드 학생들에게만 적용되는 것이 아니다. 오늘날 남을 의식하며 치열한 경쟁 속에 살아가는 사회 시스템과 맞닿아 있다. 다른 사람들에게 '보여지는 나'는 항상 다른 사람보다 더 많이 가져야 하며, 더 많은 인정을 받아야 한다. 그러다 보니 내가 원하고 좋아하는 것이 아니라 남들이 추구하는 것을 얻기 위해 노력한다. 문제는 그 목표를 달성해도 금세 질려버리고, 모두가 좋다고 말하는 또 다른 것을 얻기 위해 새로운 목표를 세우고 그것을 향해 달리는 악순환에 빠지게 된다는 점이다. 더구나 남보다 내가 조금 나으면 금세 자기 교만에 빠지고, 남이 나보다 조금 나으면 자기 비하에 빠지고 만다.

소설가이자 철학자인 알랭 드 보통Alain de Botton은 뚜껑을 열고 페라리를 몰고 가는 이들을 보면 부러워하기보다 불쌍히 여기라고 말한다.[31] 그런 사람일수록 약점과 콤플렉스를 감추려 더 멋지게 보이고자 할 뿐이라는 것이다. 이처럼 부자가 못 되어서 인생이 힘든 게 아니다. 비교 자체가 인생을 힘들게 한다. 아무 문제 없이 단란한 가족과 함께 잘살고 있었는데도, 오랜만에 나간 친구 모임에서 잘나가는 친구를 보면 그냥 우울해진다. 부동산 부자가 되었다는 친구 앞에서 떠들다가도 문득 이유없이 자신이 초라하게 느껴진다.

홀로 태국을 여행한 적이 있다. 곳곳에 많은 불교 사원들이 있어서 놀랐다. 사원의 수가 많은 것도 그랬지만, 더 놀라운 건 사원의 지붕들이 하나같이 화려한 금으로 치장되어 있었기 때문이다. 그런데 그중 진짜 금으로 만든 사원은 그중 오직 하나라고 한다. 나머지 사원의 첨탑과 지붕은 모두 진짜 금이 아니었다. 보석은 진흙을 묻혀도 보석이고, 황금은 먼지가 쌓여도 황금이다. 그러나 돌은 금빛을 칠해서 은쟁반에 올려놔도 그저 돌일 뿐이다.

남의 시선과 평가에 민감할 때 우리는 행복할 수도 없고 자신에게 만족할 수도 없다. 평가의 주체가 아닌 평가의 대상이 되기 때문이다. 평가를 받는 대상자는 항상 긴장하고, 눈치를 살피고, 더 좋은 모습을 보이기 위해 끊임없이 노력해야 하는 운명이다. 그것은 곧 자신을 위해서가 아니라 자신을 평가하는 타인을 위해 살아가는 삶이다. 그러기에 타인의 시선과 평가에 의지하는 순간, 우리는 삶의 주인임을 포기하게 된다. 대신 타인이 우리 삶의 주인이 된다. 우리의 가치와 행복이 남의 시선과 평가에 좌우되기 때문이다. 남이 자신을 인정하고 좋게 생각할 때만 행복한 사람이 되는 것은 슬픈 일이다.

훌륭한 목수는 보는 사람이 없어도 장롱 뒤쪽에 저급한 나무를 쓰지 않는다. 우리 존재를 규정하는 것은 자신만의 가치이고, 그 존재

를 어설프게 정의하고자 하는 타인의 시선으로부터 자유로울 때 그
가치는 온전히 자신만의 것이 된다.

SELF DRIVE

- 다른 사람들의 칭찬과 인정을 구하는 삶을 살면 다른 이들의 기대를 만
  족시키는 삶을 살게 된다.
- '자기성숙의 삶'은 자신에게 필요하고 가치 있는 일을 추구하는 삶이다.
- 다른 사람에게 좋은 사람이 되려고 하지 말고 자신이 원하는 삶을 살아
  야 한다.

3. 넓어지기보다
깊어져야 한다

내보내기 연습

　　깊은 산 속에 하얗게 눈이 내린다. 어느덧 소나무에도 눈이 수북하다. 그러다 갑자기 우지직 가지가 부러진다. 마지막 눈 한 송이가 쌓인 눈 위에 얹어지는 순간 나뭇가지가 더 이상 버티지 못했다. 이번에는 어떤 사람이 나귀에 짐을 잔뜩 싣고 가고 있다. 그가 땀 닦은 수건을 무심코 나귀 위에 얹는 순간 나귀가 털썩 주저앉고 만다. 땀방울 하나가 더해지자 그동안 버티고 있던 나귀는 그만 주저앉아 버릴 수밖에 없었다. 마지막 눈 한 송이, 마지막 땀 한 방울이 얹어지기 전까지 우리는 무게를 견디고 또 견딘다. 왜 우리는 인생의 무거운 짐을 지고 힘겹게 살아가는 걸까?

　　중동에서 근무할 때 이스라엘과 요르단 국경에 걸쳐 있는 사해^死

를 가본 적이 있다. 그곳은 말 그대로 죽은 바다였다. 가만히 있어도 몸이 둥둥 뜨는 그곳은 염도가 보통 바다의 열 배가 넘어 물고기도 살지 못했다. 반면 인근의 갈릴리 호수에는 물고기도 가득하고 물풀도 싱싱했다. 그런데 놀라운 사실은 사해와 갈릴리 호수는 수원지가 같다는 점이다. 물의 근원은 같은데 왜 한 곳은 살아있고, 다른 한 곳은 죽음의 바다가 되었을까? 그 이유는 받아들이고 내보내는 것에 달려 있었다. 갈릴리 호수는 물이 자유롭게 드나드는 반면, 사해는 밖으로 물을 내보낼 수 없었다. 사해는 오로지 물을 안으로 받아들이기만 한다. 자신을 가득 채우기만 하다 보니 결국 생명이 살 수 없는 곳이 되어버렸다.

욕심을 내려놓는 것이 어려운 까닭은 집착에서 벗어나기가 쉽지 않기 때문이다. 낚싯줄에 큰 물고기가 걸려 도저히 끌어올릴 수 없으면 낚싯줄을 놓거나 끊어야 한다. 그런데도 우리는 물고기가 아까워 끝까지 놓지 못하다가 결국은 물에 빠지고 만다. 남들에게 보여지는 것에 대한 집착도 불필요한 짐을 잔뜩 껴안고 살아가는 것과 같다. 필요 없는 짐 때문에 자신에게 가장 소중한 것을 놓치고 살아간다. 인스타그램이나 페이스북에 올린 글과 사진들의 조회 수가 그날의 행복을 좌우하고, 조회 수가 변변치 않으면 다음에는 어떻게 관심을 끌어서 조회 건수를 올려야 할지 종일 머릿속이 복잡하다. 집착은 기대에서 나온다. 기대에 못 미치면 실망하고, 실망하기 싫으니까 집착한다.

칼 월렌다Karl Wallenda는 미국 최고의 공중곡예사였다. 그의 사전에 실패란 없었다. 1978년 73세의 월렌다는 마지막 은퇴 공연을 하기로 한다. 한 번도 실수한 적 없던 그는 마지막 공연에서 그리 높지도 않은 와이어에서 떨어져 그만 사망하고 만다. 그의 아내는 한 인터뷰에서 월렌다의 심리 상태를 다음과 같이 회고했다.

"그이는 평생 공연을 준비하는 동안 실패할까 봐 걱정한 적이 없었어요. 그런데 이번에는 평소와 달리 마지막이라 절대로 실패해서는 안 된다며 안절부절못하는 모습을 보인 게 이상했어요."

그 후 심리적 압박을 받으며 끝없이 걱정하는 심리 상태를 '월렌다 효과'라고 부른다. 실패할까 봐 걱정하는 것도 모두 성공해야 한다는 집착에서 나온다. 우리는 무언가를 꽉 움켜쥐고 놓지 못하기 때문에 오히려 괴로움을 극복하지 못할 때가 많다. 그를, 그녀를, 그 무언가를 놓지 못한다. 과거의 모습에, 과거의 방식에, 이랬더라면 좋았을 걸 하는 후회에 붙들려 앞으로 나아가지 못한다.

"들어가기 전에는 못 들어가서 안달이고, 들어가면 못 나와서 안달이다."

누군가 '직장'에 대해 정의를 내린 이 글을 보고 무릎을 치며 웃었던 적이 있다. 직장인은 늘 자신이 하는 일에 비해 연봉은 낮고, 업무는 과중하다고 볼멘소리로 얘기한다. 한편 사업하는 사람들은 자기 어깨가 너무 무겁다고 하소연한다. 직장인은 정해진 시간에 맞춰 출퇴근해야 하는 처지를 비관하며 자유가 없다고 불평하고, 사업하는 사람은 주어진 일만 처리하면 되는 직장인을 부러워한다. 이들의 공통적인 불만 거리는 결국 '자유롭지 못하다는 것'이다. 왜 자유롭지 못할까? 그들은 왜 불만 불평으로 가득할까? 자세히 들여다보면 그들은 자유롭지 못한 것이 아니다. 삶이 우리를 힘들게 하는 것이 아니다. 우리 자신의 과도한 욕심이 삶의 본질을 가로막고 있기 때문이다. 자유는 많이 가지는 것보다 내려놓을 줄 아는 데서 시작한다. 책임으로부터 완전히 벗어나는 것이 아니라 책임을 선택할 줄 아는 능력이 바로 자유이다.

뱀은 허물을 벗어버려야 살아갈 수 있고, 나비는 고치를 뚫고 나와야 하늘을 향해 날아갈 수 있다. 심지어 도마뱀은 위기를 만나면 스스로 꼬리를 잘라버린다. 버릴 것은 버려야 한다. 필요하고 중요한 것을 추려내야 한다. 돌덩이가 든 자루를 발목에 매달고서는 하늘을 향해 비상할 수 없다. 지금의 시련과 괴로움을 극복해내려면 자신을 가로막고 서 있는 그 무언가를 과감히 떠나보낼 줄 알아야 한다. 버리고 놓아주면 그 자리에 새로운 가능성의 씨앗들이 뿌려진다.

칼럼니스트 아리아나 허핑턴[Arianna Huffington]이 "천사가 날 수 있는 건 마음이 가볍기 때문"이라고 한 건, 우리의 영혼이 지나친 욕심과 이기심에 짓눌리지는 않는지 수시로 돌아보아야 한다는 것을 의미한다. 우리에겐 욕심과 집착으로 가득했던 주머니를 열고 대신 여백과 공간을 채워 넣는 것이 필요하다. 손에 닿는 대로 이것저것을 주머니에 담지 말고, 내게 필요 없는 것은 눈을 질끈 감고 떠나보내자. 이는 욕심에 따른 문제와 시련을 해결하기 위해서 반드시 필요한 과정이다.

'무소유'는 아무것도 소유하지 않는다는 의미가 아니라 가지고 있는 것에 집착하지 않는다는 의미다. 덜어내면 더 많은 것을 얻을 기회가 찾아오고, 비우면 더 많은 것을 채울 공간이 생겨난다. '자기성숙'에 이르는 길은 집착이 아니라 놓아주는 것이고, 매달리는 것이 아니라 내려놓는 것이다. 매일매일 무겁게 짊어지고 있던 짐을 내려놓고 다시 가볍게 꾸려야 한다. 그러기 위해서는 인생의 우선순위를 정하고 바람직한 삶의 조건으로 바꾸어야 한다. 인생의 어느 지점에서든 조용히 멈춰 서서 지금까지 내가 무엇을 짊어지고 왔으며, 왜 그래왔는지 분명히 목적 의식을 갖고 다시 숙고해야 무거운 짐을 버릴 수 있고 집착에 시달리지 않게 된다. 자신을 구속하고 있던 삶의 무게들, 돈과 사회적 지위, 타인의 인정 등을 내려놓은 채 있는 그대로 삶을 받아들일 때 인생은 더욱 가치 있게 빛나는 것이다.

미국의 작가 스펜서 존슨^{Spencer Johnson}의 『행복』에는 '필요한 것은 하고, 원하는 것은 하지 마라.'라는 내용이 나온다.³² 인생은 원한다고 해서 다 이루어지는 게 아니다. '필요로 하는 것'과 '원하는 것'은 분명 다르다. 삶에는 내가 할 수 있는 일과 할 수 없는 일이 있다. 내 몫이 아닌 것을 탐내지 않고, 내 몫만을 있는 그대로 받아들일 때 무거웠던 삶이 의미 있고 아름다운 삶으로 변모된다.

자발적 고독을 위한 연습

몹시 추운 겨울밤, 깊은 산 속에 사는 한 쌍의 호저^{바늘두더지}가 얼어 죽은 채 발견되었다. 겨울이 오면 동물들은 추위를 견디기 위해 서로 가까이 몸을 기댄다. 그러나 호저는 거세고 뾰족한 가시 때문에 그럴 수가 없다. 서로의 체온을 느끼려고 다가가면 상대의 몸을 찌르고 만다. 얼마 후 견딜 수 없는 한기에 다시 가까이 다가가지만, 피부를 찌르는 고통 때문에 또다시 떨어질 수밖에 없다. 결국 이 두 마리 호저는 적절한 거리를 유지하지 못해 얼어 죽고 만다. 이것이 쇼펜하우어 Arthur Schopenhauer가 얘기한 '호저의 딜레마'다.

인간도 너무 가까워지면 상처를 주는 관계가 될 때가 있다. 자기 본위로, 이기적으로 행동하다 보면 자기도 모르게 타인에게 상처를 준다. 그런데 우리는 상처도 싫어하지만 그만큼 외로움도 꺼린다. 그러기 때문에 멀지도 가깝지도 않은 어정쩡한 관계를 유지하는 건지도 모른다. 너무 가까이하면 상처를 입고 떨어지면 외롭기 때문이다.

2020년 통계청이 발표한 자료에 따르면, 1인 가구가 전체 가구의 31.7%인 664만여 가구로 가장 큰 비중을 차지했다. 어느덧 열 가구 중 세 가구는 1인 가구인 셈이다. 1인 가구의 현황을 조금 더 구체적으로 살펴보면, 1인 가구의 연 평균 소득은 2,162만 원으로 전체 가구 평균인 5,924만 원의 36.5% 수준에 그쳤다. 1인 가구의 가장 어려운 점이 무엇이냐는 질문에는 가장 많은 42.4%가 '균형 잡힌 식사'를 꼽았고, 30.9%는 '아프거나 위급할 때' 대처가 어렵다고 답했다. 그리고 '고립으로 인한 외로움'을 가장 큰 어려움이라고 응답한 수치가 18.3%에 달했다.

미국의 사례는 더욱 극단적이다. 미국에서는 해마다 4만 5천 명이 스스로 목숨을 끊는데, 주된 이유가 외로움이다. 2008년에서 2017년 사이 자살률은 70%나 증가했다. 45세 이상 미국인 가운데 35%는 만성적으로 외롭다는 통계조사도 있다. 미국 공중보건의료원 원장을 지낸 비벡 머시Vivek H. Murthy는 『우리는 다시 연결되어야 한다』에서 이렇게 말한다.

"내가 환자를 치료할 때 가장 흔했던 질환은 심장병이나 당뇨병이 아니었다. 그것은 외로움이었다."[33]

외로움과 흔히 혼용해서 사용하는 단어가 '고독'이다. 그런데 고독Solitude은 외로움Loneliness과 완전히 다르다. 외로움이 혼자 있는 고통이라면 고독은 홀로 존재하는 기쁨이 된다.[34] 외로움과 달리 고독은 내면의 가장 깊은 곳과 접촉할 수 있게 해주고, 생각을 다듬고 의식을 전환할 기회를 제공한다. 신학자 헨리 나우웬Henri Nouwen은 "외로움이 사막이라면 고독은 동산"이라 했다. 외로움은 사회적 고립으로 만들어져 극복해야 할 감정이지만, 고독은 자신을 만나기 위해 의도적으로 추구해야 할 가치이다.

빌 게이츠Bill Gates는 일 년에 두 번 '생각 주간'을 갖는다. 호숫가 근처의 작은 별장에서 일주일간 은둔하면서 혼자 휴식을 취한다. 이 기간에는 아무하고도 연락을 하지 않을 만큼 철저히 혼자 지내며 자기 자신만 생각한다. 실수와 잘못을 반성하고, 미래를 고민하고 성찰함으로써 오롯이 자신만을 위한 재충전의 시간으로 삼는다. 마이크로소프트의 중요한 의사결정은 대부분 이 생각 주간을 통해 내려졌다. 내면과 접촉하기 위해 기꺼이 고독을 선택하는 것이다.

그런데 대부분의 사람은 혼자 있기를 힘들어한다. 나도 혼자 불꺼진 집에 들어가면 옷도 벗지 않고 라디오부터 켜곤 한다. 적막한 공간에 익숙하지 않은 탓이다. 이렇듯 우리에게 가장 참기 어려운 것은 침묵이고, 가장 불편한 것은 침묵이며, 가장 낯선 것은 침묵이다. 그러나 삶이 힘들고 팍팍해질 때면 관계의 끈을 놓고 혼자 있을 필요가 있다. 일단 관계에서 벗어나면 자기 모습을 객관적으로 바라볼 수 있기 때문이다.

일전에 태국 여행을 갔을 때 방콕 시내 한복판에서 허기를 느낀 나는 눈앞에 보이는 커다란 식당으로 들어갔다. 예상대로 시끄러웠다. 관광객과 현지인들이 섞여 왁자지껄한 현지 식당에 들어가 혼자 음식을 먹는 것은 제법 용기가 필요했지만, 그 순간 역설적으로 편안함을 느꼈다. 혼자인 나를 아무도 신경 쓰지 않았기 때문이었다. 많은 사람 속에서 나라는 사람은 익명의 존재였다. 내가 누군지 아는 사람도 없고, 내가 아는 사람도 없었다. 그렇다면 굳이 외로움을 느낄 이유도 없는 것이다. 실상 사람들이 정말로 두려워하는 것은 '혼자인 것'이 아니라 '외톨이로 여겨지는 것'이다.

'어느 사람이든지 그 자체로서 온전한 섬은 아닐지니.'

헤밍웨이Ernest Hemingway가 소설 제목으로 삼았던, 17세기 영국의 시인 존 던John Donne의 시 「누구를 위하여 종은 울리나」에 나오는 문구다. 우리는 서로 고립되어 있다. 그래서 외롭다. 그러기에 이해와 공감이라는 다리로 서로와 서로를 연결해야 한다. 타인과 함께함으로써 그 외로움을 이겨낼 수 있는 것이다. 그리고 때로는 기꺼이 자발적 고독을 선택해야 한다. 내면에서 올라오는 확신을 발견하기 위해 조용히 묵상하는 시간을 가져야 한다. 자신을 발견하는 침묵의 시간을 가져야 한다. 타인을 이해하기 위해서는 먼저 자신을 발견해야 하기 때문이다. 가끔은 세상에 나 혼자인 듯한 철저한 고독, 그 누구의 도움도 받을 수 없는 고립무원의 상태, 그 누구도 내 얘기를 들어주지 않는 혼자만의 아주 사적인 시간을 만들 필요가 있다.

레오나르도 다 빈치 Leonardo da Vinci가 "고독을 견뎌내지 못하는 사람은 자신을 찾을 수 없다. 혼자 있을 때 너는 완전한 너이고, 다른 이와 같이 있을 때의 너는 절반의 너다."라며 일찍이 혼자 있는 시간의 중요성을 간파했던 것처럼, 홀로 있는 시간을 갖는다는 것은 나 자신을 만나러 가는 일이다. 낡은 옷을 버리고 새 옷으로 갈아입음으로써 새로운 힘을 얻을 수 있게 된다. 자신의 성찰을 통해 보이지 않던 허물을 살펴보고 올바른 삶의 방향을 찾아갈 수 있다. 그래야 더 단단해지고, 보다 성숙해진다. 우리의 삶이 넓어지기보다 깊어져야 할 이유가 바로 여기에 있다.

SELF DRIVE

- '자기성숙'에 이르는 길은 집착이 아니라 놓아주는 것이고, 매달리는 것이 아니라 내려놓는 것이다.
- 인생의 어느 지점에서든 조용히 멈춰 서서 분명히 목적의식을 갖고 다시 숙고해야 집착에 시달리지 않을 수 있다.
- 외로움은 사회적 고립으로 만들어져 극복해야 할 감정이지만, 고독은 자신을 만나기 위해 의도적으로 추구해야 할 가치이다.

4. 자기
내면의 힘을
길러라

외형적 기반의 '성공'과 내면적 기반의 '승리'

알프레드 노벨Alfred Nobel은 인류를 위한 훌륭한 업적을 남긴 사람에게 수여하는 노벨상을 만든 위인이지만, 원래 폭탄을 만드는 무기제조업자였다. 나이트로글리세린 기폭장치, 폭파용 뇌관, 무연화약 등 관련된 특허를 355개나 보유했던 그는, 소유한 군수용품 제조 공장만 해도 100개가 넘었고 마침내 다이너마이트를 발명해 많은 사람들이 부러워하는 백만장자가 되었다. 그런데 그가 어느 날 갑자기 전 재산을 내놓아 많은 사람을 놀라게 했다. 왜 노벨은 그 많은 돈을 기초학문 육성과 세계평화를 위해 기부했을까? 왜 세계적인 자선가가 되었을까?

그것은 신문에 난 기사 몇 줄 때문이었다. 1888년 노벨의 형 루드

비히 노벨Ludvig Nobel이 심장마비로 프랑스에서 갑자기 사망했다. 그런데 한 프랑스 일간지에서 알프레드 노벨이 사망했다고 착각해 그의 부고 기사를 냈다. 부고 기사를 본 노벨은 커다란 충격을 받았다. 기사에서 자신을 '전쟁 장사꾼', '인류멸망을 가져오는 파괴자'로 묘사했기 때문이었다. 그날 이후 노벨의 삶은 송두리째 바뀌었다. 엄청난 성공을 거머쥐었지만 성공이 행복을 가져다줄 수 없다는 것을 깨닫고, 인생을 '승리'의 관점으로 바라보게 되는 중요한 전환점이 되었다.

삶을 외형적 기반으로 '성공'의 관점으로 보느냐, 아니면 내면적 기반으로 '승리'의 관점에서 보느냐에 따라 인생을 대하는 태도가 달라진다. 삶 자체를 무언가를 더 소유하고 성취하는 여정으로 보는 사람들은 외형적 성공이 행복을 가져다줄 거라 믿는다. 따라서 세상의 시선을 받는 데 몰두하게 되고, 끊임없이 타인과 나를 비교하게 된다. 하지만 여기에는 커다란 문제점이 존재하는데, 세상에는 나보다 더 성공한 사람이 항상 있기 마련이라는 점이다.

반면 삶의 목적을 '승리'의 관점으로 보는 사람들은 외적인 성공에 집착하지 않는다. 그들에게 중요한 점은 내면의 성장과 발전이다. 자신이 결함 많은 부족한 존재라는 사실과 물질적인 소유로 채워지지 않는 그 무언가가 있다는 것을 알고 있기 때문이다. 오히려 그들은 수시로 넘어지고 쓰러진다. 게다가 무언가를 얻기는커녕 가지고 있던 것조차 잃기도 한다. 그런데도 그들은 무척 행복하다. 왜일까? 그건 자신의 가치를 스스로 인정함과 동시에 타인과의 유대감으로 삶이 충만해 있기 때문이다.

빌 게이츠Bill Gates는 많은 돈을 가지고 있고 큰 기업을 경영한다고 해서 성공한 사람이 아니며, 삶에 의미와 가치를 부여할 수 있는 사람이야말로 진정한 성공을 이룬 것이라 말한다. 언젠가 그가 인도의 한 시골 마을을 방문했을 때 일이다. 현지 의사 한 명이 그를 찾아와 마이크로소프트사의 기술 덕분에 먼 곳에 있는 환자들도 진료받게 되었고, 더 많은 생명을 구할 수 있었다며 감사의 인사를 전했다. 그 말을 들은 그는 나중에 어느 인터뷰에서 이렇게 말했다.

"그때 처음으로 깨달았습니다. 제가 더 나은 세상을 만들 수 있다는 것을 말입니다. 너무 큰 감동을 받았고 스스로 잘한 것 같다는 생각이 들었습니다."

스탠퍼드 대학교의 심리학 교수이자 『마인드 셋』의 저자 캐럴 드웩Carol S. Dweck은 진정 더 나은 삶을 원한다면 '성공 위주의 사고방식'을 버리라고 단언한다.[35] 성공 위주의 사고방식은 자신의 능력을 증명해 내기 위해 이미 잘 알고 있는 분야를 선택해서 예전부터 늘 해왔던 것만 하려 하기에 과거의 낡은 습관으로 퇴행할 수밖에 없다는 것이다. 그래서 항상 실패의 위험을 피하려고 익숙한 행동을 고수하게 된다.

반면 '승리' 위주의 사고방식은 당황스러운 상황과 어려움을 실패가 아닌 훈련으로 해석한다. 아직 익숙하지 않아서 서툴고 불편한 느낌을 학습 과정의 일부로, 점점 더 잘하고 있다는 증거로 여김으로써 새로운 일을 할 때마다 자신감이 생긴다. 따라서 성공 위주의 사고방식이 안전한 경기를 하게 한다면, 승리의 사고방식은 최선을 다하는 경기를 하게 만든다는 것이다.

UCLA 대학교 농구팀은 12년 동안 88연승이라는 전무후무한 대기록을 세웠다. 그 뒤에는 존 우든John Robert Wooden이라는 명감독이 있었다. 그는 선수들에게 어떻게 노력해야 하는지, 어떤 정신을 갖고 있어야만 성공할 수 있는지, 일명 '성공을 위한 피라미드'를 만들어 보여준 것으로 유명하다. 그는 '승리와 성공'에 대한 본질적인 차이를 이렇게 이야기한다.

"당신이 최선을 다했음에도 실패했다면, 당신은 절대 패배자가 아니다. 그러나 자신이 최선을 다하지 못했음에도 성공했다면, 당신은 절대 승자가 될 수 없다. 그냥 운이 좋은 것뿐이다."

우린 위대한 업적을 이룬 과학자들을 천재라 부르며, 그들이 마치 하루아침에 뭔가를 이룬 것처럼 말한다. 그러나 대부분의 과학적 업적은 매 순간 최선을 다해 노력하면서 수년간 계단을 하나씩 밟아온 결과다. 모든 분야가 마찬가지다. "무엇을 성취했는가?"에 관한 질문은 결국 "그것을 위해 어떻게 했는가?"라는 질문에 의해 만들어지는 것이다.

누구나 행복을 원한다. 그러나 사회가 정의하는 행복한 삶은 모두의 행복한 삶이지만, 동시에 그 누구의 행복한 삶도 아니다. 따라서 승리의 삶은 정형화되어 있는 사회의 기준과 타인의 시선에서 벗어나는 것에서부터 출발한다. 나아가 외부의 소음을 걸러내고 내면을 들여다보아야 한다. 진정한 확신은 바로 내면에서부터 시작되기 때문이다. 존재 자체의 위대함과 넉넉함은 우리 안에서부터 싹터 오르기 마련이다.

『영혼의 창』을 쓴 켄 가이어Ken Gire의 말처럼 마음속 깊은 곳에서 울리는 내면을 볼 수 있어야 한다.

"여기 좀 보렴, 이 창을 들여다보렴. 네 영혼을 보여주는 창이란다. 이 창은 너에게, 네가 누구이며 네가 사랑하는 것이 무엇인지 들려준단다. 네 삶의 소리에 귀 기울일 때 네가 평생 하게 될 일이 무엇인지 그리고 네 삶이 너를 어디로 부르는지도 보여주고 있단다."[36]

우리는 영혼의 소리에 귀를 기울이게 될 때 비로소 인생이 자신에게 들려주고 싶은 이야기를 들을 수 있게 된다. 내면을 발견해 과거를 반추하고 미래를 설계함으로써 현재의 삶을 가치 있게 살아가는 것, 그것이 바로 승리의 삶으로 나아가는 원동력이다.

성공과 승리는 다르다

『죽음의 수용소에서』를 쓴 빅터 프랭클Viktor Frankl은 강제 수용소에서 매일 해 뜨기 전부터 작업장을 향해 수 킬로미터씩 발걸음을 옮겨야 했다. 딱딱하게 얼어붙은 땅에 구덩이를 팔 때면 나치 감시병들이 총과 채찍을 들고 다가왔다. 찢긴 죄수복 틈으로 겨울바람이 파고들었고 수시로 감시병들이 개머리판으로 때리며 발로 찼다.

하루는 감시병들에게 영문도 모른 채 맞을 때였다. 문득 아내가 떠올랐다. 아내가 살아 있는지조차 몰랐지만, 아내를 떠올리자 희망이 생겼고, 빅터 프랭클은 그 순간을 다음과 같이 기록했다. "아내가 웃는 모습을 봤다. 용기를 주는 듯한 표정으로. 아내의 모습은 막 떠오르기 시작한 태양보다 더 밝게 빛났다."[37] 그때 그에게 한 가지 생각이 스쳤다. 그건 바로 인간이 추구해야 할 가장 궁극적인 삶의 목적은 의미와 가치를 찾는 데 있다는 것이다. 춥고 우울한 폴란드의 3월, 그는 삶의 의미를 깨달았다.

누구나 타인의 관심과 사랑을 받기 원한다. 관심과 사랑을 받으면서 자신이 중요한 존재임을 느낄 때 살아야 할 의미를 발견한다. 그러나 다른 사람의 인정을 통해서만 나의 중요성을 찾을 수 있는 것은 아니다. 스스로 자신을 중요한 존재로 만들면 된다. 내가 다른 사람의 필요를 채워주는 가치 있는 일을 하는 것이 바로 그것이다. 그 순간 나는 누군가에게 '의미 있는 존재'가 되고, 나아가 다른 이에게 사랑받아야만 하는 영원한 과제에서 벗어나게 된다.

세상의 성공을 향해 달려왔는데 문득 돌아보면 손에 잡히는 것 하나 없고 모든 것이 허무하게 느껴질 때가 있다. 많은 것을 잃어가며 성공을 잡을 수 있었는데 막상 성공이란 것이 별것 아님을 알고 실망하는 경우도 있다. 성공을 이루었는데도 공허함은 채워지지 않는다. 성공은 오래가지도 않는다. 또 다른 시련과 역경이 찾아오면 성공은 이내 자리를 내주고 만다.

그러나 한 가지 희망이 있다. 우리 삶의 기준을 '성공을 위한 삶'에서 '승리를 향한 삶'으로 전환하기만 하면 인생을 새롭게 볼 수 있는 눈이 떠진다는 것이다. 알프레드 노벨처럼, 빅터 프랭클처럼 의미와 가치로 충만한 삶으로 나아가는 기적을 경험하게 된다. '승리의 삶'

은 힘을 내어 자신의 소명을 찾는 것에서 출발한다. 자신에게 어떠한 재능이 있는지, 자신이 어떠한 사람인지를 정확히 파악해야 한다. 현재 자신이 서 있는 곳은 어디인지, 가고자 하는 목적지를 제대로 가늠해야 한다. 결과보다 과정에 가치를 두고, 내면을 충족하는 것에 의미를 두어야 한다. 그리고 무엇보다 자신의 유익보다 타인의 필요를 충족해주는 그곳에 승리의 기쁨이 넘친다. 다행인 것은 더 이상 일어설 수 없을 만큼 실패한 인생이라 하더라도 얼마든지 승리할 수 있다는 점이다.

성공과 승리는 엄연히 다르다. 성공의 반대말은 실패이지만, 승리의 반대말은 도전하지 않는 것이다. 성공은 눈에 보이는 것이 전부이지만, 승리는 보이지 않지만 대체 불가능한 가치들을 소중히 여긴다. 승리는 일시적인 것에 마음을 빼앗기지 않는다. 성공을 향한 삶은 한 번 실패하면 다시 회복하기 어렵지만, 승리의 삶은 그렇지 않다. 다시 일어나 먼지를 툴툴 털고 다시 걷는다. 따라서 수많은 실패를 하더라도 얼마든지 최종적으로 승리의 삶을 살아갈 수 있게 된다.

· 성공과 승리의 차이 ·

구분	성공을 위한 삶	승리를 향한 삶
주요 가치	가시성, 측정 가능성	대체 불가능성
행복의 기준	외부의 시선	내면의 충족
인생의 태도	결과 지향	과정 지향
삶의 목적	물질적 풍요와 명성	헌신과 유대를 통한 기쁨
달성 수단	자기계발Self-help	자기성숙Self-maturing

진정한 승리는 마지막에 알 수 있다

    3천여 년 전 두 눈이 뽑힌 채 수치를 당하고 있
는 한 남자가 있다. 그는 사람들의 조롱과 야유를 받는 실패한 인생
이었지만, 마지막 소명을 다함으로써 거룩한 승리의 삶으로 변모했
다. 그의 이름은 성경에 가장 힘센 사람으로 기록되어 있는 '삼손'이
다. 삼손과 델릴라의 이야기는 밀턴의 시극 詩劇 〈삼손〉, 생상스의 오
페라 〈삼손과 델릴라〉 등 많은 예술 작품의 소재가 되었다. 사자도
맨손으로 죽이는 엄청난 힘으로 20년간 이스라엘을 지배해온 그는,
적국 블레셋의 요부 델릴라의 꾐에 빠져 괴력의 원천인 긴 머리카락
이 잘려 나가고 만다. 그러자 블레셋 사람들은 힘을 잃어 무력해진 삼
손의 두 눈을 뽑아버리고, 청동 족쇄를 채워 거대한 맷돌을 돌리는 노
예 신세로 만들어버린다.

  블레셋 사람들은 그들이 숭배하는 다곤 신의 제삿날에 삼손을 웃
음거리로 만들기 위해 신전으로 끌고 나온다. 한때 두려움의 대상이
었던 삼손은 이제 목에 무거운 사슬을 맨 채 사람들의 함성 속에서
재주를 부려야만 한다. 너무나 비참하고 초라한 모습이 아닐 수 없
다. 그러나 그런 치욕의 시간 속에서 삼손의 머리카락이 조금씩 자
라나고 있다는 사실을 아무도 알지 못했다. 삼손은 그 기회를 놓치지
않고 신전의 지붕을 받치고 있는 두 개의 기둥에 몸을 기대게 해달라
고 부탁한다. 그리고 어느덧 다시 자란, 실패와 실수의 회한이 담긴
머리카락을 보고 이렇게 부르짖는다.

"하나님이여 구하옵나니 이번만 나를 강하게 하사 나의 두 눈을 뺀 블레셋 사람에게 원수를 단번에 갚게 하옵소서."(사사기 16:28)

삼손이 신전을 떠받치는 두 기둥을 밀며 이 간절한 기도를 드렸을 때 그에게 다시 능력이 부여된다. 기둥과 함께 돌로 된 지붕이 사람들의 머리 위로 무너져 내렸고, 블레셋 사람 3천 명이 죽는다. 삼손이 살아서 죽인 사람보다 더 많은 사람이 죽었다고 성경은 말한다. 그의 인생은 실패했는지는 모르지만, 자신의 소명을 발견하고 다른 사람을 위한 희생을 통해 진정한 의미와 가치를 만듦으로써 결국 최종적인 승리에 다다를 수 있었다.

루벤스, 〈삼손〉, 1628

귀스타브 도레, 〈삼손의 죽음〉, 1866

"일어나는 법을 가르치기 위해 신은 우리를 넘어뜨린다."라는 말이 있다. 긴 터널을 지나야 태양은 더 빛나며, 밤이 깊을수록 별은 더 반짝이는 것처럼 삶은 언제나 우리가 위기에 봉착할 때를 기다렸다가 가장 빛나는 순간을 드러낸다. 가시 없는 장미는 장미가 아니다. 실패 없는 성공을 원한다면 가시 없는 장미를 원하는 것에 지나지 않는다. 그런 점에서 실패와 성공은 동의어다. 실패 없는 성공은 애당초 존재하지 않기 때문이다.

'승리'를 '성공'이라는 단어의 어디쯤 가까이에 있는 의미로 해석하지 말아야 한다. 인생은 곧 경쟁이며 다른 사람을 이기는 것이 삶의 목적이라는 왜곡된 생각과 명백히 구별되어야 하기 때문이다. 이제 성공에 대한 집착을 내려놓고 긴 호흡으로 자기 내면을 파악하고 내면의 소리를 들을 수 있어야 한다.

칼릴 지브란Kahlil Gibran이 노래했던 것처럼, "사원의 기둥이 서로 떨어져 있듯 함께 있되 거리를 두고 하늘과 바람이 그 사이를 춤추게 하는" 여유 있는 자세가 필요하다.[38] 바로 그때 눈에 보이지 않지만 성공보다 훨씬 중요하고도 대체 불가능한 승리의 삶을 살아갈 수 있게 된다. 승리로 향하는 문은 여전히 열려 있다.

SELF DRIVE

- 사회가 정의하는 행복한 삶은 모두의 행복한 삶이지만, 동시에 그 누구의 행복한 삶도 아니다.
- 누군가에게 '의미 있는 존재'가 되고, 다른 이에게 '사랑받아야 하는' 영원한 과제에서 벗어나라.
- 일어나는 법을 가르치기 위해 신은 우리를 넘어뜨린다.

5. 지금
이 순간을
살라

'언젠가 증후군'에 시달리는 사람들

중학생들에게 꿈이 무엇인지 물어볼 기회가 있었다. 저마다 다양한 답변이 나올 줄 알았는데 예상이 보기 좋게 빗나갔다. 조금씩 다르긴 하지만 하나같이 부자가 되고 싶단다. 자연스레 "왜 부자가 되고 싶은가?"라는 질문을 이어 던졌다. 그러자 대부분 거기까지는 생각해보지 않았다고 머뭇거린다. 그나마 대답한 학생들이 몇몇 있긴 했는데 모두 엇비슷했다. "멋진 스포츠카를 살 수 있기 때문이다.", "3층짜리 카페를 차리고 싶다.", "주말 바닷가 별장에서 바비큐를 하려면 부자여야만 한다." 등등.

한마디로 무언가를 갖거나 이루고 싶은 것이다. 부자가 되면 행복할 거라 생각하기에 부자가 되고 싶어 한다. 그런데 반드시 부자가 되어야만 행복한 것인지, 왜 행복은 미래에서만 가능하다고 여기는지 학생들의 생각이 궁금해졌다. 그래서 "스포츠카를 사거나 카페, 별장을 갖고 난 다음에는? 그다음엔 무얼 하고 싶은데?"라고 물었다. 아니, 묻고 싶었으나 차마 그러지 못했다. 어린 학생들을 너무 몰아붙이는 것 같아서였다.

행복을 위해 무언가를 해야만 할 때 아이들은 "나중에 더 크고 나서"라고 말한다. 어느 정도 자란 다음에는 "어른이 되면"이라고 한다. 어른이 되고 나서는 "결혼하면"으로, 결혼한 다음에는 "애들 키우고 나면", 그리고 결국은 "은퇴하고 나면"으로 생각이 바뀐다. 그리고 은퇴할 때가 되어서야 비로소 자신이 지나쳐 온 풍경을 되돌아보게 된다. 그러나 그땐 이미 많은 것을 놓친 뒤이다. 우리는 늦게서야 인생이란 매일, 매시간이 이어지는 연속이라는 것을 깨닫는다.

리더십 연구의 대가 존 맥스웰John Maxwell은 다음과 같이 말한다. "실패한 사람들은 '언젠가 증후군someday sickness'을 가지고 있다.[39] 그들의 좌우명은 '어느 날인가'이다. 하지만 그 어느 날은 영원히 오지 않는다. 성공을 보장하는 최선의 방법은 오늘 시작하는 것이다."

많은 사람이 삶을 '내일'로 미룬다. 그리고 미루어 놓은 내일을 위해 지금부터 준비한다. 초등학교 때부터 선행학습을 하고, 중학교에 가서는 고등학교 과정을 미리 공부한다. 좋은 대학을 가는 것이 삶의 유일한 목적이지만, 막상 대학에 입학하면 취직을 위해 다시 행복을 유보한다. 어렵게 취업 경쟁을 뚫고 입사하면 승진을 위해, 아파트 평수를 늘리기 위해 행복을 또다시 미룬다. 이제는 제법 쉴 법도 하지만 그럴 수 없다. 자식 뒷바라지하느라 또다시 행복을 유보할 수밖에 없다. 힘들게 키우고 나서 이제는 정말로 행복을 누려야겠다는 생각이 들지만, 어느새 나이가 들어 몸 여기저기가 아프기 시작한다.

사람들은 미래를 위하여 지금 이 순간을 희생해야 한다고 생각한다. 미래를 준비하기 위해 지금 고통을 참아야 한다고 당연히 생각한다. 그러나 막상 그 미래에 도달하더라도 상황은 변하지 않는다. 지금 이 순간을 즐길 수 없다면 미래도 마찬가지다. 미래를 위하여 현재를 희생하지 말라는 까닭이 여기에 있다. 지금 희생하면 미래도 희생되기 때문이다. 지금이 힘들면 미래는 더 힘들어진다. 이것을 사람들은 오해한다. 지금 힘들어도 참으면 미래는 행복할 것이라고. 그러나 지금 이 순간, 현재에 의미를 부여하지 않으면 행복은 영원히 찾을 수 없다.

오늘을 잃고 미래에 몰두하는 이들은 막상 그 미래가 오면 또 다른 미래를 준비한다. 그들에게 현재는 없다. 항상 언젠가 오게 될 미래만이 존재하는 것이다. 과거도 그 당시에는 현재였다. 미래도 그때가 되면 현재가 될 것이다. 오직 존재하는 것은 현재뿐이다. 그러므로 지금 당장 행복해야 한다. 지금이 불행하다고 느끼면 미래도 나아지지 않는다. 지금 원망하는 사람은 세월이 흐르고 해가 바뀌어도 불평한다. 우리는 때로 과거의 일을 지나치게 그리워하거나 혹은 그때의 일로 마음 아파한다. 물론 어리석었던 과거를 발판으로 발전할 수 있다면 더할 나위 없이 좋은 일이지만, 한없이 과거에 매달려서 현재를 잃어버려서는 안 된다. '그렇게 하지 말았어야 했는데….'라며 깊은 좌절로 고통스러워한다면 그건 어두운 그림자와 같은 삶이다. 과거를 벗어나지 못한다면 현재에 충실할 수 없고, 새로운 변화를 도모할 수 없게 된다.

과거에 속는 것만큼 어리석은 일은 미래에 매몰되는 것이다. 나이 든 사람들이 과거 때문에 현재를 잃어버린다면, 젊은 사람들은 미래 때문에 현재를 잃어버린다. 그래서 이 땅의 청춘들은 아직 존재하지도 않는 미래를 위해 현재를 상실해버린다. 오랜 시간 성공과 행복을 꿈꾸면서 '그 언젠가'를 끊임없이 기다리며 되뇐다. 미래를 위하여 지금의 현실을 잃어버리는 것이다. 하지만 '지금 이 순간'을 소중하게 생각하지 않는다면 '그 언젠가'는 절대 오지 않는다. 그들이 기다리는 '그 언젠가'는 바로 '지금 이 순간'의 연장선에 있기 때문이다.

니코스 카잔차키스^{Nikos Kazantzakis}의 『그리스인 조르바』에서 조르바가 살구나무 묘목을 심고 있는 노인을 보았다.[40] 노인에게 다가가 "나무의 과실을 얻기도 전에 삶이 먼저 끝날 수도 있는데 왜 힘들게 묘목을 심느냐?" 하고 묻자 노인은 "자신은 절대로 죽지 않을 것처럼 매일을 살기 때문"이라고 말했다. 그러자 조르바가 호탕하게 웃으며 말한다.

"저는 내일 죽을 것처럼 오늘을 삽니다."

당신이라면 어떻게 대답할 것인가? 정답은 없다. 하지만 분명한 사실은, 노인은 언젠가는 이 세상을 떠났을 것이고, 조르바는 살아있는 동안 자신만의 삶을 충분히 살아냈다는 것이다. 어제는 되돌릴 수 없고, 내일은 아직 오지 않았다. 어차피 나 자신이 어떻게 할 수 없는 일이다. 그런데도 우리는 어제와 내일에 마음을 두고 늘 걱정하고 근심한다. 우리가 늘 바쁜 까닭은 세상이 바쁜 것이 아니라 자기 마음이 바쁜 탓이다. 오늘에 마음이 있지 않으면 늘 초조하고 조급해지기 마련이다. 행복은 언제나 현재에 있다. 오늘 최선을 다하며 지금 스쳐가는 인연을 소중히 여기는 것, 조르바처럼 내일 죽을 것처럼 오늘을 살아가는 방법이다.

'지금, 여기'에서 시작된 기적

　　　　　스튜어트 에이버리 골드Stuart Avery Gold의 우화 소설 『핑Ping』에는 무언가 되기 위해서는 '지금 여기'에서 무언가를 해야 한다는 이야기가 나온다.[41] 반드시 꿈을 꾸는 출발이 '지금, 여기'여야 하는 이유는 완벽한 때를 기다리다가 현실에 파묻혀 결국 소망을 잃어버리기 때문이다. 내일을 위해 꿈을 꾸는 것은 바람직한 일이다. 오늘의 고통스러움도 내일이 있기에 참을 수 있고, 힘을 낼 수 있다. 하지만 내일이라는 시간은 아직 다가오지 않은 미래일 뿐이다. 내일을 놓고 몽상하느라 시간을 낭비하면 '지금 여기'에서 벌어지는 일을 그냥 지나치고 말게 된다. 직접 느껴야 할 오늘이라는 현실을 뒤로한 채 말이다. 지금만이 유일한 현실임을 아는 사람이 진정으로 삶을 사랑하는 사람이다.

　　하버드 대학교 심리학과 엘렌 랭어Ellen J. Langer 교수는 우리는 스스로가 기대한 대로 늙는다고 얘기한다. 나이가 들기 때문에 눈이 나빠지는 것이 아니라 '늙을수록 눈이 나빠질 것이다.'라는 생각 때문에 시력 감퇴를 가져온다는 것이다.[42] 그녀는 유명한 실험인 '시계 거꾸로 돌리기'에서 70대 노인들을 20년 전의 생활환경에서 행동하게 하는 것만으로도 50대와 같은 체력 향상을 가져올 수 있음을 밝힌 바 있다. 우리 모두는 세상이 만들어놓은 인생의 시곗바늘에 자신을 맞춰가며 살아가고 있을 뿐이라고 그녀는 말한다. '지금'이란 바로 현재 내가 하는 일, 머무는 곳, 내 주변에서 함께 일하고 생활하는 사람을 존중하고 소중하게 여기는 자세를 말한다. 따라서 지금을 산다는 것은 모든 지혜와 열정을 다해 이 순간의 삶을 받아들이고 경험한다는 의미다.

이 순간의 삶을 받아들이면 걱정과 근심에서도 자유로워진다. 과거에 이미 일어난 일에 연연해하지 말아야 후회가 사라지듯이, 아직 발생하지 않은 일에 사로잡히지 않을 때 몸과 마음이 편안해진다. 밥을 먹을 때는 식사에만 집중하고, 음악을 들을 땐 음악에, 일을 할 땐 일만 생각해야 한다. "내일이면 귀가 안 들릴 사람처럼, 내일이면 후각을 잃을 사람처럼 새들의 지저귐을 들어보고 꽃향기를 맡아보라." 하고 헬렌 켈러Helen Keller가 얘기한 것도 결국 이 순간의 삶을 살아내라는 뜻이다.

일주일 가까이 입원한 적이 있었다. 병상에 누워본 사람은 안다. 평범한 일상이 얼마나 감사한 일인지를. 컵으로 물을 마시고 숟가락으로 밥을 먹는 것이 얼마나 위대한 일인지를. 우리는 매일 매 순간

땅 위를 걷는 기적 속에 살아가지만 그것을 알지 못한다. 더는 걸을 수 없는 지경에 이르고 나서야 비로소 그것을 깨닫는다.

스페인 영화감독 페드로 알모도바르[Pedro Almodovar]의 영화 〈그녀에게〉는 보기 드문 수작이다. 그는 이 영화를 통해 일상에서의 '평범한 기적'을 그려냈다.

영화의 주인공인 남자 간호사 베니그노는 근처에 살고 있는 아름다운 발레리나 알리샤를 오랫동안 짝사랑했다. 그런데 어느 날 갑자기 알리샤가 끔찍한 교통사고로 식물인간이 되고 만다. 알리샤는 베니그노가 근무하는 병원에 입원하게 되고, 베니그노는 그런 알리샤를 매일 지극 정성으로 보살핀다. 옷을 입혀주고, 화장과 머리 손질을 해주고, 듣지 못하는 걸 알면서도 매일 아침 세상의 모든 이야기를 들려준다. 항상 그녀 곁에서 얼굴을 마주하고 말을 걸지만, 돌아오는 건 침묵뿐이다. 하지만 베니그노는 서두르지 않는다. 그녀를 옆에서 바라보며 기다리고 또 기다린다. 병실에 꽃을 치장하고 커튼을 열어 하늘을 보여준다. 그리고 꽃에 대하여, 하늘에 대하여 나지막이 말한다.

그녀가 다시 깨어난다면 너무나 기쁜 일이지만, 자신의 곁을 떠날지도 모른다. 그러기에 그에겐 그녀를 바라볼 수 있는 지금 이 순간이 소중하고 행복하다. 그녀와 함께 있는 것, 그 자체가 베니그노에겐 '기적'인 것이다. 그것만으로 충분하다. 때로 기적은 우리가 생각하는 모습과 다르게 다가온다. 기대와 예상을 뛰어넘는 엄청나고 자극적인 물리적 변화가 수반되어야만 반드시 기적이 되는 것은 아니다. 기적이란 그리 대단할 것도, 그리 거창할 필요도 없다. 지극히 평범한 일상 가운데 시작된다. 그저 하루하루를 충실히 살아가며 지금 있는 곳에서 마주하는 사람에게 최선을 다하는 것, 그 자체가 기적이 되고, 더 큰 감동으로 다가온다. 지금, 이 순간, 숨을 쉬고 있다면 그건 커다란 기적 속에 사는 것이다. 유명한 선승인 임제가 얘기한 것처럼 "기적이란 물 위를 걷는 게 아니라 바로 땅 위를 걷는 것"이기 때문이다.

미래는 지금 만들어진다. 미래는 보장되어 있지 않으며 모든 시간은 유한하다. 그러기에 미래를 위해서 가장 소중한 것을 나중으로 미루어서는 안 된다. 현재에서 행복을 만들어야 한다. 마주하고 있는 상황과 현실 가운데 의미를 부여해야 한다. 바로 그때 아무것도 바라지 않은 채 그녀만을 바라보는 베니그노가 그랬듯 평범한 일상이 기적으로 다가온다.

──────────── SELF DRIVE ────────────

- 미래를 위하여 현재를 희생하지 마라. 지금 희생하면 미래도 희생되기 때문이다.
- 지금을 산다는 것은 모든 지혜와 열정을 다해 이 순간의 삶을 받아들이고 경험한다는 의미다.
- 하루하루를 충실히 살아가며 지금 있는 곳에서 마주하는 사람에게 최선을 다하는 것, 그 자체가 기적이다.

6. 닫힌
문 앞에
오래 서 있지
마라

사막에 흐르는 시간

런던을 방문했을 때 잠시 여유가 생겨 근처에 있는 테이트 브리튼 미술관을 가본 적이 있다. 수많은 걸작 중 유독 발걸음을 멈추게 한 그림 하나가 있었는데, 바로 19세기 영국 화가 조지 프레더릭 왓츠G.F.Watts의 그림이었다.

지구를 상징하는 작은 구 위에 눈에 붕대를 감은 소녀 하나가 맨발로 앉아 있다. 별 하나만 외로이 빛나는 어두운 하늘 아래, 소녀는 하프를 부여잡고 무언가 연주를 하려는 듯하다. 그러나 줄은 모두 끊어져 있고 한 줄만 남아있다. 조심스럽게 드러나 있는 왼발은 떨어지지 않기 위해 오른쪽 종아리를 감아올리고 있다. 이 그림의 제목이 〈희망Hope〉이라고 한다면 믿기는가? 사실 이 그림은 왓츠가 사랑하

조지 프레데릭 왓츠, 〈희망〉, 1886

는 딸을 잃은 절망적인 상황 속에서 그린 것이다. 왓츠는 절망 가운데 가슴 저린 희망을 얘기하고 있다.

저마다 고통스러운 순간이 있다. 누구에게나 뜻대로 되지 않는 외로운 '사막의 시간'이 찾아온다. 모든 상황이 절망스럽고 모든 사람이 떠나간다. 할 수 있는 일은 없고, 철저하게 혼자라는 사실에 먹먹해진다. 나에게도 예외 없이 그런 시간이 파도처럼 밀려왔다. 집어삼킬 듯한 파도는 도저히 감당할 수 없을 것 같았다. 파도라는 것이 밀려왔다가도 다시 물러난다는 것쯤은 알고 있었지만, 문제는 파도가 사라지고 나서다. 물기가 모래사장으로 스며들고 난 후다. 슬픔과 절망의 남은 껍질 같은 것들이 온몸을 감싸면 주저앉아 한참을 일어서지 못하게 된다. 그때 우리가 놓치지 말아야 할 것은 바로 그 끊어지지 않고 남은 한 줄을 찾는 일이다. 그 줄을 부여잡고 사막의 시간을 오롯이 버텨내야 한다.

그리스어에는 '시간'을 나타내는 말이 두 가지이다. 카이로스ϰαιρός 와 크로노스χρόνος이다. 크로노스가 모두에게 동일하게 적용되는 객관적인 시간이라면, 카이로스는 사람들마다 다른 의미로 적용되는 주관적 시간이다. 사막에는 카이로스의 시간이 흐른다. 사막이라는 공간에서는 누구나 '특별한 시간' 속에 살아갈 수밖에 없기 때문이다. 뜨거운 태양 아래 그늘 하나 없는 사막, 모래바람에 눈조차 뜰 수 없는 사막, 아무것도 의지할 수 없는 사막, 그곳은 외롭고 고통스럽다. 그러나 한편 '특별한 시간' 속에 있다는 것은 자신을 만나고 놀라운 변화를 체험하는 순간을 의미한다. 외면하고 싶은 고통의 시간이지만, 피할 수 없는 시련과 고통은 비로소 자기 자신을 들여다보는 눈을 뜨게 해준다. 때로는 그 시간을 통해 수동적이고 진부한 삶에서 벗어나 진정한 삶의 의미를 찾을 수 있게 되기도 한다. 신학자 헨리 나우웬Henri Nouwen은 『두려움에서 사랑으로』에서 '소명'은 고통을 철저하게 느끼는 것이라고 말한다. 상처 부위가 낯선 것으로 남아있는 한 고통은 다른 사람들뿐 아니라 자신에게도 상처를 입힐 것이기에 고통을 피해서는 안 된다는 것이다.

사람들은 고난을 싫어한다. 어둠을 멀리한다. 에디슨이 전구를 발명한 이후 문명은 놀랄 정도로 발전했다. 하지만 동시에 사람들은 밤을 빼앗겼다. 밤에도 환하게 빛나는 네온사인과 흔들거리는 불빛으로 사람들은 지치고 피곤해하며 우울증은 늘었다. 빛이 필요하듯이 반드시 어둠도 필요하다. 밤이 없으면 휴식할 수 없으며, 고통이 없으면 새롭게 성장할 수가 없다. 세상의 불빛이 꺼지고 영혼의 밤이 올 때 영혼은 성숙하며, 예전에는 보지 못했던 것들을 볼 수 있게 된다. 그러기에 고통 가운데 거하는 것은 결코 저주가 아니다.

누구나 자신의 인생에 무지개가 뜨기를 바라지 비가 오기를 바라지는 않는다. 그러나 먼저 비가 와야 무지개가 뜨는 법이다. 비가 오지 않는다면 아름다운 무지개는 뜨지 않는다. 장미처럼 아름다운 꽃에 뾰족한 가시가 왜 있나 싶지만 본래 가시 많은 나무가 아름다운 꽃을 피운다. 세상에서 가장 향기로운 향수는 발칸산맥의 장미에서 나온다고 한다. 그곳에서는 한밤중에 장미를 채취한다. 가장 향기로운 향을 뿜어내는 시간이 자정부터 새벽 2시 사이이기 때문이다. 춥고, 어둡고, 참고 견디기 어려운 고통의 시간에 가장 아름다운 향이 뿜어지는 것이다.

오래전 러시아를 처음으로 방문했을 때 제일 먼저 찾아간 곳은 상트페테르부르크의 허름하고 좁은 골목이었다. 러시아의 대문호 도스토옙스키의 『죄와 벌』의 실제 배경이 되었던 여관을 찾아가기 위해서였다. 내가 도스토옙스키를 좋아하는 이유는 인간 내면의 심리와 본질을 꿰뚫는 글도 글이지만, 무엇보다 그가 고통의 시간을 통해 진정한 기쁨을 경험한 사람이기 때문이다.

그는 1849년 상트페테르부르크 감옥에 투옥되어 사형선고를 기다리고 있었다. 마침내 사형이 집행되는 날, 그는 광장으로 끌려 나왔다. 이미 총살형을 집행할 군인들은 정렬해 있었고 북소리가 울리기 시작했다. 이제 모든 것이 끝났다고 그는 생각하고 고개를 떨구었다. 바로 그 순간, 전령이 급하게 말을 타고 달려왔다. 전령은 가쁜 숨을 몰아쉬며 황제가 사형선고를 거둔다는 메시지를 읽어 내려갔다. 도스토옙스키는 그 순간을 다음과 같이 회상했다.

"그날만큼 행복했던 때가 없었다. 나는 계속 방을 걷고 또 걸었고 계속 목청껏 노래를 불렀다. 생명을 되찾았다는 사실이 그렇게 행복할 수 없었다. (중략) 지금처럼 풍성하고 건강한 삶을 느꼈던 적은 지금까지 한 번도 없었다. 삶은 선물이다. 나는 새로운 모습으로 다시 태어날 것이다."[43]

우리 모두 고통을 겪고 싶지 않지만, 놀라운 사실은 고통의 시기를 거치면서 비로소 삶과 생명을 느끼게 된다. 시련을 통해 충족감과 기쁨을 느끼게 된다. 도스토옙스키가 그랬듯이, 왓츠가 그랬듯이 말이다.

문이 닫힐 때 새로운 문이 열린다

내게 시련과 고통이 찾아왔을 때 가장 먼저 선택한 방법은 회피하고 도망치는 것이었다. 그 시간을 외면하고 피하는 것이 내가 할 수 있는 유일한 방법이었다. 그러나 문제는 전혀 해결되지 않았고 오히려 그럴수록 문제에 매여있는 자신을 발견할 뿐이었다.

고통에 대한 우리의 통상적인 반응은 거기에서 벗어나고자 하는 시도이다. 그러나 고통의 순간에 놓여 있을 때 해야 할 일은 고통 속에 온전히 바로 서는 것이다. 왜 그런 상황에 이르게 되었는지를 자책하고 후회하는 것은 전혀 도움이 되지 않는다. 그 대신 고통이 자신에게 말하고자 하는 것이 무엇인지를 알아채야 한다. 느닷없는 시련이 왜 생겼으며, 자신의 인생 가운데 무엇을 이야기하고자 하는지를 바라봐야 한다. 말기 암으로 6개월 시한부 삶을 살면서 '마지막 강연'이라는 동영상을 통해 희망과 사랑의 메시지를 전한 미국의 랜디 포시Randolph Pausch 교수는 이렇게 말한다.

"벽이 있다는 것은 다 이유가 있다. 벽은 우리가 무엇인가를 얼마나 진정으로 원하는지 가르쳐준다. 무언가를 간절히 바라지 않는 사람은 그 앞에 멈춰 서라는 뜻으로 벽은 있는 것이다."

불행과 시련이 닥쳤을 때 그 시간 속에 갇혀 있지 말고 인생을 크고 길게 봐야 한다. 하버드 대학교 에드워드 밴 필드Edward Van Field 박사는 인생의 성공과 행복을 결정짓는 핵심 요소로 '시간 전망Time perspective'이라는 이론을 발표했다. '시간 전망'은 지금의 행동과 의사 결정이 미래에 끼치는 영향력을 말한다. 무언가를 성취하기 위해선 과거의 시간에 머물거나 눈앞의 이익만 좇지 말고 멀리 보고 길게 봐야 한다는 것이다. 즉, 시간 전망이 길수록 성공과 행복의 비율은 높아진다고 필드 박사는 주장한다.

새로운 문을 열기 위해서라면 더더욱 그렇다. 걱정과 조급함을 경계하고 멀리 보고 길게 보는 안목을 키워야 한다. 우리가 경험적으로 알고 있는 것 중 하나는, 걱정하는 일들 대부분이 실제로 일어나지 않는다는 사실이다. 그런데도 우리는 너무나 많은 시간을 걱정하는 데 보낸다. 이 일이 제대로 진행될까? 모든 사람이 반대하면 어떻게 하나? 프로젝트를 발표할 때 영상 장비가 갑자기 멈추면? 공부한 것이 하나도 기억나지 않으면? 그러나 그런 일은 99% 일어나지 않는다. 99% 일어나지 않는 일이더라도 나머지 1%가 있지 않으냐고 반문할지도 모른다. 만약 그렇다면 그건 어쩔 수 없는 일이다. 신의 영역에 맡겨야 한다. 어쩌면 지금 나머지 1%를 궁금해하는 것 자체가 일어나지 않은 일을 또 걱정하고 있는 셈인지도 모른다. 사막에서 쓰러지는 이유가 더위나 갈증 때문이 아니라, 사막을 빨리 건너야 한다는 걱정과 조급함 때문이라는 말을 상기할 필요가 있다.

사하라 사막에 사는 모래쥐는 건기를 나기 위해 풀뿌리를 미리 모아놓는다. 그런데 모래쥐는 풀뿌리가 없는 걸 대비하기 위해 항상 필요 이상을 모은다. 정작 필요한 것은 2kg 정도이지만 통상 10kg을 모으다 보니 나머지는 늘 썩고 만다. 걱정 때문에 하지 않아도 될 고생을 하는 모양새가 흡사 우리 인간과 비슷하다. 의학계에서 이 모래쥐를 실험용 쥐로 사용하려 했지만 번번이 실패한다고 한다. 극도의 불안감에 따른 스트레스로 인해 일찍 죽어버리기 때문이다. 모래쥐처럼 먹이를 충분히 모으고도 초조함에 시달린다면 결코 새롭게 열린 문을 보지 못할 것이다.

시련과 불행을 극복하는 가장 강력한 수단은 희망이다. 바람이 지나간 뒤 따뜻한 햇살이 비추는 봄날이 온다는 걸 안다면 시련 앞에서도 당당해질 수 있다. 반대로 단 한 줄, 한 가닥의 희망을 잃으면 삶의 모든 의욕마저 놓치게 된다.

정신분석학자 빅터 프랭클Viktor Frankl은 자신이 수용되어 있던 아우슈비츠 수용소에서 1944년 크리스마스가 지난 후 2주 사이에 특별히 많은 유대인이 죽어 나간 것을 발견했다. 놀라운 사실은 대부분

가스실로 끌려가서 죽은 것이 아니라 아무런 까닭 없이 죽었다는 점이다. 빅터 프랭클은 그 이유를 희망을 잃었기 때문이라고 보았다.[44] '이번 성탄절에는 풀려나겠지.' 하는 막연한 기대를 오랫동안 해왔지만 아무런 일도 일어나지 않자, 결국 많은 사람이 희망과 삶의 의미를 잃어버린 채 죽은 것이다. 그 일이 있고 나서 4개월 후 독일은 패망했다. 물론 죽음의 수용소에 갇혀 있던 유대인들은 모두 풀려났다. 유대인들이 특정 절기에 함께 부르는 노래가 있다. 〈아니 마아민[ani ma'amin]〉이라는 노래인데, 이스라엘어로 '나는 믿는다'라는 뜻이다. 이 노래가 만들어진 곳은 아우슈비츠 포로수용소였다. 죽음의 수용소에 갇힌 유대인들이 언제 가스실로 끌려가게 될지 모르는 상황에서 하루하루 살아가며 불렀던 노래다.

우리도 쓰러진 바로 그 자리에서 다시 시작할 수 있어야 한다. 지금 어떠한 환경과 상황 가운데 있든지 좌절하거나 포기하지 말고, 다시 일어설 때 새로운 문이 열린다. 잊지 말아야 할 것은 하나의 문이 닫힐 때 반드시 새로운 문이 열린다는 점이다. 굳게 닫힌 문 앞을 떠나 새롭게 열린 문을 바라볼 때 잠재된 재능과 기회를 발견할 수 있다.

1930년대에 만든 영화라고는 믿어지지 않을 만큼 거대한 스케일과 섬세한 디테일이 살아있는 영화 〈바람과 함께 사라지다[Gone with the wind]〉는 영화사에 길이 남을 기념비적인 작품이다. 특히 석양을 배경으로 여주인공 스칼렛 오하라의 실루엣으로 마무리되는 엔딩 장면은 세월이 흘러도 영원토록 기억 속에 살아 있다.

석양을 비추던 카메라는 커다란 나무 아래에 서 있는 스칼렛 오하라를 클로즈업한다. 그녀는 아름다운 농장이 있던 '타라^{Tara}'를 바라보고 있다. 남북전쟁으로 인해 황폐해질 대로 황폐해진 '타라'는 그녀에게 삶의 터전이자 전부였다. 그곳을 바라보던 그녀는, 결별을 통보하고 떠난 레트 버틀러를 자신이 진심으로 사랑했음을 뒤늦게 깨닫는다. 이제 그녀 곁에는 아무것도 남아있지 않고 아무도 없다. 모든 것이 무너져내린 것만 같고 암울하게 느껴지는 그 순간, 그녀는 하늘을 쳐다보며 나지막하지만 단호한 목소리로 외친다.

"내일은 내일의 태양이 다시 뜰 거예요.^{After all, tomorrow is another day}"

그렇다. 내일은 내일의 태양이 다시 떠오른다. 어렵고 힘들다고 오늘의 좌절에 머물지 마라. 일어나 희망을 얘기하라. 닫힌 문 앞에 오래 서 있지 마라.

SELF DRIVE

- 불행과 시련이 닥쳤을 때 그 시간 속에 갇혀 있지 말고 인생을 크고 길게 봐야 한다.
- 사막에서 쓰러지는 이유는 더위나 갈증 때문이 아니라, 사막을 빨리 건너야 한다는 걱정과 조급함 때문이다.
- 우리도 쓰러진 바로 그 자리에서 다시 시작할 수 있어야 한다. 하나의 문이 닫힐 때 반드시 새로운 문이 열린다.

2부

당신의 삶을
D.R.I.V.E.
하라

자기성숙을 위한 D.R.I.V.E. 법칙

어느 가족이 오랜만에 바다로 여행을 떠나기로 했다. 며칠 전부터 바닷가에서 입을 옷과 신발, 선글라스를 챙기며 설레는 시간을 보낸다. 저녁놀을 배경으로 모래사장을 걷는 상상만 해도 행복했다. 출발 당일 무거운 짐을 트렁크에 가득 싣고 가족들 모두 들뜬 기분으로 차에 올라탔다. 모든 준비가 완벽했다. 그런데 차에 시동을 걸고 막 출발하려는 순간, 무언가를 깜박했다는 생각이 들었다. 다름 아닌 목적지였다. 동해인지, 서해인지, 아니면 남해로 갈 것인지 한 번도 생각해보지 않은 것이다. 푸른 바다와 멋진 풍광이 있는 곳으로 가고 싶다는 막연한 생각만 했을 뿐, 어디로 갈 건지 결정하지 않은 것이다. 그들은 한 발짝도 움직일 수 없었다. 결국 무거운 짐을 차에서 낑낑대며 빼고는 다시 집으로 들어갔다.

인생은 미지의 목적지를 향해 간다는 점에서 여행과 같으며, 특히 목적지에 다다르기 위해 많은 것들을 선택한다는 면에서 운전과 닮았다. 우리는 운전석에 앉는 순간부터 많은 것을 확인해야 한다. 날씨와 기온을 의식하고, 타이어 상태도 점검한다. 룸미러와 사이드미러, 브레이크의 압력 등을 살펴보고, 계기판에 뜨는 각종 정보를 확인한 후 이상이 없으면 시동을 건다. 그리고 브레이크에서 발을 떼고 기어를 넣는다. 차가 움직이면 다양하게 변하는 정보를 받아들이고 상황에 맞게 판단해야 한다. 도로 상태와 차량 흐름 등을 고려해 경로를 선택하고, 때로는 다른 자동차의 움직임에 대응하기도 한다. 차가 움직이는 모든 공간을 운전자가 책임져야 한다.

여기서 무엇보다 중요한 건 가고자 하는 목적지를 정확히 아는 것이다. 그렇지 못한 여행은 방황하는 여정이 되고 만다. 제아무리 훌륭한 차를 타고 뛰어난 운전 기술을 가졌다 하더라도 목적지를 알지 못하면 아무 소용이 없다. 그때 자동차는 한낱 무겁고 값비싼 고철 덩어리에 불과할 따름이다.

'자기성숙^{Self-maturing}'을 위한 'D.R.I.V.E. 법칙'도 목적지를 파악하고 현재 위치를 발견하는 것에서 시작한다. 그 여정은 그저 주어진 길을 따라 운전하는 데 있지 않다. 장애물과 역경 가운데 자신의 소명을 발견하고 새로운 가치를 부여할 때 인생의 진정한 의미를 발견하게 된다. 그러한 인생이 바로 '승리를 향한 삶'이고, '자기성숙'으로 나아가는 길이 된다.

마침내 목적지에 도달했다면 숨을 고르고 쉬어가도 좋다. 주변의 풍경을 만끽해도 좋다. 그러나 언젠가는 또다시 새로운 곳을 찾아 떠나야 한다. 나그네 같은 우리 인생에서 떠나지 않고는 그 무엇도 찾을 수 없기 때문이다. 다음 내용을 기억하며 자기성숙을 위한 드라이브를 시작해보자.

· D.R.I.V.E. 법칙 ·

- Discover: 현재 위치를 확인하라^{Discover your place before departure}
- Recognize: 최적경로를 인식하라^{Recognize optimal route to the destination}
- Inspect: 다양한 신호들을 주시하라^{Inspect signals inside and outside}
- Value: 장애물을 소중히 여기라^{Value unexpected obstacles on the roads}
- Extend: 새로운 출발선으로 나아가라^{Extend limit and move to new start line}

이제 차에 올라타야 한다. 운전대를 잡고 시동을 걸어야 한다.
출발선으로 나아가라! 당신의 삶을 D.R.I.V.E.하라!

5장

DISCOVER

Discover your place before departure

현재 위치를
확인하라

·

"우리는 자기결정을 위한
운명의 순간을 종종 뒤돌아보고서야
깨닫는다."

_파스칼 메르시어 Pascal Mercier

1. 다른 사람에게 운전대를 맡기지 마라

통제권을 갖고 있는가

어렸을 때는 차를 타고 어딘가로 가는 것 자체가 곤혹스러웠다. 승용차나 버스 할 것 없이 차만 타면 멀미를 했기 때문이다. 특히 장거리를 타고 갈 때는 메스꺼움으로 늘 비닐봉지를 준비해야 했다. 그런 증상은 성인이 되어서도 한동안 계속되어 주위 사람들 보기에 난처할 때도 많았다. 그런데 언제부턴가 멀미 증상이 감쪽같이 사라졌다. 정확히 알 수 없지만, 내가 자동차를 직접 운전하기 시작한 즈음부터였다. 처음으로 차를 샀다는 들뜬 마음에 장거리 여행을 자주 다녔는데, 한 번도 멀미를 한 적이 없었기 때문이었다.

운전을 직접 하면 여러 가지 상황을 스스로 통제할 수 있다. 가고 멈추는 것부터 시작해 어느 길로 접어들 것인지, 휴게소는 언제 들를 것인지를 본인이 결정하고 선택한다. 경치 좋은 곳을 지나갈 때 잠시 들를 것인지, 아니면 그냥 지나칠 것인지도 본인의 선택에 달려 있다. 즉 자신이 직접 운전을 하면 차의 움직임과 관계된 모든 것에 대한 통제권을 자신이 행사하게 된다.

통제권이 인간에게 얼마나 중요한지 알 수 있는 유명한 실험이 있다. 요양원 노인들을 두 그룹으로 나누어 실험을 했다. 화초를 똑같이 나눠주고 한 집단은 직접 화초를 돌보게 하고, 다른 집단은 담당 간호사가 돌볼 테니 신경 쓰지 말라고 했다. 1년 반 뒤에 조사해보니 화초를 정성 들여 직접 돌본 집단이 훨씬 건강하고 오래 살았다. 화초 가꾸기가 노인들의 단조로운 일상에 소중한 가치를 부여한 것이다. 이처럼 작은 일에 대한 통제감의 차이가 건강뿐만 아니라 기대수명까지 좌우한다.

또 다른 실험도 있다. 10명의 사람을 두 그룹으로 나누어 목공 작업을 하도록 했다. A그룹에는 옆방에서 큰 소음이 들릴 거라며 견디기 힘들 때 벽에 있는 버튼을 누르면 소음이 멈출 거라고 말했다. 그러나 그 버튼은 진짜가 아니었다. 어디에도 연결되어 있지 않았다. 반면 B그룹에는 아무런 얘기도 하지 않았다. 실험 결과는 인상적이었다. A그룹은 아무런 문제 없이 작업을 마쳤다. 생산성도 비슷했고, 가짜 버튼을 누를 만큼 힘들어하지도 않았다. 반면 B그룹은 소음으로 인해 스트레스를 받고 생산성도 현저하게 떨어졌다.

통제감 상실은 자기가 하고 싶은 대로 하지 못하고 누군가의 통제나 지휘 속에서 시키는 대로 살아야 함을 의미한다. 특히 위계질서가

강한 조직에서는 구성원들이 매일 통제감 상실을 경험하고, 그 경험이 스트레스를 유발시켜 정신 건강에도 해를 끼친다. 우리는 환경을 통제할 수 없다고 여길 때 스트레스를 받고 고통과 좌절을 겪지만, 반대로 환경을 통제할 수 있을 때는 인내하고 이겨내는 힘을 갖는다.

직장인이 직장을 그만두는 경우 대부분 일이 힘들거나 자기 노력에 비해 월급이 적기 때문이라고 말한다. 그런데 그들이 말하지 않는 진짜 이유는 따로 있다. 상사나 동료 때문이다. 경직된 조직문화에서 오는 스트레스, 위계질서에서 오는 자괴감, 통제당하며 느끼는 치욕감이 직장을 그만두게 하는 주요 원인이다. 심지어 원래 좋아하던 일도 그것이 해야만 하는 일로 바뀌는 순간 다르게 다가온다. 행동의 자유를 침해당했기 때문이다. 즐겁게 하던 일도 다른 사람이 시키면 싫어진다. 막 숙제를 하려는데 때마침 부모에게 숙제하라는 잔소리를 들으면, 그 순간 숙제하고 싶은 생각이 모두 사라지는 까닭은 내가 주도해서 자유롭게 하는 일이 아니기 때문이다.

리처드 바크^{Richard Bach}의 『갈매기의 꿈』에서 어머니 갈매기가 조나단 리빙스턴에게 이렇게 푸념한다.

"어째서 다른 갈매기들처럼 되는 게 그리도 힘들단 말이냐?"

그러나 조나단 리빙스턴은 굴하지 않았다. 자기 자신이 되는 자유, 진정한 자아가 될 자유가 얼마나 중요한지 이미 알고 있기 때문이다. 다른 갈매기들이 먹는 것을 위해 '수천 년 동안 물고기 대가리를 찾아 휘젓고' 다닐 때 조나단은 잘 나는 꿈을 좇는다. 마침내 조나단은 하늘을 멋지게 날아다니는 자유를 누린다. 이렇게 자유로운 삶을 위해서는 무엇보다 자신이 주도하는 인생을 살아야 한다.

당신만이 그 운전대를 잡을 권리가 있다

인생은 가끔 우리에게 피할 수 없는 선택을 요구한다. 바로 그때 자신이 주도하는 삶과 그렇지 못한 삶이 확연히 구별된다. 현재에 매몰된 삶은 그저 만족스럽지 못한 상황 속에 계속 머무르려 한다. 어쩔 수 없음을 인정하며 선택을 미루거나 회피한다. 선택을 망설이는 이유는 결과에 대해 책임지려 하지 않기 때문이다. 선택을 회피하는 가장 흔한 방식은 선택의 순간을 미루는 것이다. 더러는 아예 자신의 인생을 결정하는 선택권 자체를 다른 사람이나 우연에 맡겨 버린다.

우리는 어려서부터 다른 사람이 우리 인생을 결정해주는 방식에 익숙했다. 대학 전공을 정하고 진로와 직업을 결정할 때도, 심지어 배우자조차 부모 판단에 맡기는 일이 허다하다. 그러나 이러한 태도는 자기 삶을 책임지지 않겠다는 뜻이나 마찬가지다. 직장에서도 별반 다르지 않다. 내가 주도할 수 있는 것이 거의 없다. 온갖 사업보고서와 기획안, 각종 회의와 발표, 심지어 점심에 어디서 무엇을 먹을 것인지까지 타인의 판단에 영향을 받지 않는 것이 거의 없다. 자신도 모르게 그러한 것을 당연하게 받아들이며, 선택을 회피하곤 한다. 타인의 선택과 판단을 따르면 조금 편한 인생을 살 수 있는지 모르지만, 다른 사람에게 수동적으로 이끌려 사는 존재가 되고 만다. 결국 남의 인생을 살게 되는 것이다. 위험이 따르지 않는 선택은 없지만, 선택하지 않으면 위험이 반드시 따라온다는 것을 알지 못한다.

나는 늘 선택을 주저하며 달려왔다. 선택에 따른 책임을 지기가 싫었고, 선택함으로써 혹시나 잘못되지 않을까 하는 걱정이 앞섰기 때문이다. 그래서 누군가 대신 선택해주면 좋겠다고 생각했다. 다른 사람에게 내 삶의 중요한 선택권을 슬쩍 넘겨준 적도 있었다. 그러다 보니 그때는 몰랐지만 내가 선택하지 않은 길로 가야 할 때가 있었다. 가끔은 내가 직접 선택한 것 같은 착각에 빠졌지만, 아무리 걸어도 내가 걷는 그 길은 여전히 낯설었다. 맞지 않는 신발을 신은 것처럼 발이 아팠다. 자신이 선택하지도 않았는데 걸어가야 하는 길은 회한과 후회만 남는다. 인생에서 마주치는 수많은 결정이 결국 '자기 선택'에 의해 이루어져야 하는 까닭이다.

자동차 내비게이션은 GPS와의 연동을 통해 실시간으로 길을 안내해줌으로써 이제는 운전을 할 때 없어서는 안 되는 장치다. 기술의 발전으로 지금은 목적지를 알려줄 뿐만 아니라, 정체되는 도로를 파악하여 재빠르게 우회도로를 안내해주는 기민함과 영특함을 보여주기도 한다. 그러나 아무리 성능이 우수한 내비게이션 시스템이라 해도 어디까지나 운전 보조장치에 불과하다. 즉 운전자가 사용하지 않으면 그만이다. 실시간으로 막히지 않는 길을 안내해주더라도 운전자가 운전대를 돌려 그 길로 가지 않으면 무용지물이 되고 만다.

외국에 있을 때 서양 장기인 체스를 배운 적이 있다. 개별 말판들의 생김새와 호칭은 다르지만, 우리나라 장기와 크게 다르지 않다. 무엇보다 비슷한 것은 보잘것없는 '왕King'의 역할이다. 왕은 한 번에 한 칸씩밖에 움직이지 못한다. 자신을 보호하지도 못할뿐더러 상대를 공격하는데도 아무런 쓸모가 없다. 여왕Queen은커녕, 기사Knight와 일반 병사Bishop, Rook에도 능력이 한참 미치지 못한다. 어쩌면 가장 쓸모없는 말판인지도 모른다. 그럼에도 체스 게임에서 제일 중요한 말판은 왕이다. 체스는 상대방에게 '체크메이트Checkmate'를 하면 이기는 게임이다. 즉 왕을 빠져나가지 못하게 하면 제아무리 다른 말들이 많이 남아 있어도 게임은 끝나고 만다. 결국 다른 모든 말은 왕을 지키기 위해 존재하는 것이고, 왕을 보호하기 위해 움직이는 것이다.

그렇다. 내 인생에서 가장 중요한 사람도 '자기 자신'이다. 나 자신이 내 인생의 '왕'임을 잊지 말아야 한다. 때로 나라는 존재가 별 볼일 없어 보일 때도 있지만, 자신이 주인이라는 사실을 잃어버리면 모든 게임은 끝이 난다. 내가 직접 잡고 움직여야 할 내 인생의 운전대를 누군가에게 맡긴다면 그건 더 이상 나의 여행이 될 수 없다.

인생에는 오로지 두 가지 길이 있다. 자신이 선택한 길과 자신이 선택하지 않은 길이다. 자신이 선택해서 운전해가는 길만이 자신의 현실과 운명을 이룬다. 카를 구스타프 융Carl Gustav Jung은 "내면에서 벌어지는 일을 인식하지 못하면 외부에는 운명으로 비친다."라고 했다. 무기력함과 두려움을 운명 탓으로 돌려서는 안 된다. 다른 사람에게 운전대를 맡겨놓은 채 체념하는 인생을 살아서는 안 된다. 운명은 당신의 선택에 달려 있다.

지금 당신은 다른 사람에게 운전대를 맡기고 있지는 않은가? 운명의 운전대를 꼭 잡아라. 당신만이 그 운전대를 잡을 권리가 있다.

SELF DRIVE

- 직접 운전을 하면 차의 움직임과 관계된 모든 것에 대한 통제권을 자신이 행사하게 된다.
- 인생에서 마주치는 수많은 결정은 '자기 선택'에 의해 이루어져야 한다.
- 내가 직접 잡고 움직여야 할 내 인생의 운전대를 누군가에게 맡긴다면 그건 더 이상 나의 여행이 될 수 없다.

2. 현재 위치를
먼저 알아야 한다

지금 어디쯤 와 있는가?

여행을 떠나기 전 우리는 가고자 하는 곳을 내비게이션에 입력한다. 검색 버튼을 누름과 동시에 내비게이션은 인공위성을 통해 재빠르게 운전자가 있는 곳의 위치를 잡고, 그 정보를 토대로 목적지까지 가는 경로를 자세히 안내한다. 예컨대 자동차의 현재 위치가 좌표상 위도 37도 34분 선과 경도 126도 56분 선이 교차하는 지점이라는 사실만 파악되고 나면, 목적지에 대한 경로 탐색은 순식간에 이루어진다. 그러나 현재 위치를 잡을 수 없다면 내비게이션은 제대로 작동하지 않는다. 목적지를 아무리 정확하게 입력하더라도 출발하는 위치를 알 수 없다면 안내할 수 없다. 그러기에 "지금 어디에 있는가?"에 관한 질문은 "어디로 가고자 하는가?"에 관한 질문보다 항상 앞서야 한다. 서울로 가는 길이 부산에서 출발하느냐, 광주에서 출발하느냐에 따라 달라지듯, 목적지로 향하는 경로는 자신의 현 위치를 자각하는 것에서 시작되기 때문이다.

얼마 전 불현듯 바다를 보고 싶어 무작정 기차를 타고 강릉에 다녀왔다. 강릉에 도착할 때쯤 되니 여기저기서 핸드폰 소리가 들렸고, 내 의지와 상관없이 동승객들의 통화 내용을 듣게 되었다. 그런데 열차 객실의 모든 사람이 마치 동일한 사람과 통화하는 것 같은 착각이 들 정도로 질문과 대답이 엇비슷했다.

"강릉에 다 왔어?"

"응. 정동진을 막 지나고 있어."

"5분 후면 강릉에 도착할 것 같아."

누구나 끝없이 펼쳐져 있는 푸른 바다를 눈앞에 두면 마음이 들뜬다. 한결같이 상기된 표정과 설렘이 묻어나는 목소리로 상대방의 위치를 묻거나 자신의 위치를 이야기한다.

그런데 우리는 정작 인생에서 중요한 질문은 그냥 지나치거나 외면한다. 만약 "당신은 삶의 여정 가운데 어디쯤 와 있는가?"라는 질문을 받으면 어떻게 답할 것인가? 이 질문은 "강릉에 다 왔어?"라는 질문과 비교할 수 없을 만큼 중요하지만, "글쎄, 강릉역 근처 어디쯤인 것 같아."라는 대답보다도 훨씬 막연하고 두루뭉술한 답을 내놓는 자신을 발견할 것이다.

따라서 '나는 지금 어디에 있는가?'라는 지각은 곧 자기 자신을 더욱 잘 알고 자기 안의 목소리에 귀를 기울이는 것을 의미하기에 우리는 스스로 다음과 같은 질문을 던져야 한다.

- 내가 궁극적으로 하고 싶은 것은 무엇인가?

- 내가 하고 있는 일은 나에게 어떠한 의미가 있는가?

- 지금 내가 하는 고민은 과연 필요한 것인가?

- 나의 재능은 무엇인가?

특히 자신의 재능을 파악하는 것은 자신의 출발점과 현 위치를 알기 위해 매우 중요하다. 하지만 우리 대부분은 자신이 가진 재능을 외면한 채 오히려 남이 가진 재능을 부러워하며 남을 닮아가기 위해 많은 시간과 에너지를 쓴다. 근대 심리학의 창시자인 윌리엄 제임스William James는 사람은 자신이 가진 능력을 10%도 채 쓰지 못하는데, 이는 대부분 자신의 재능을 알지 못하기 때문이라고 이야기한다. 이 얘기는 나머지 90%, 즉 내면에 잠재된 능력은 끝내 빛을 보지 못하고 사라지고 만다는 뜻이다.

내 주변에도 이러한 일이 많다. 뛰어난 재능을 가지고 있음에도 자신이 속한 조직에서 성과를 내지 못하는 후배가 안타까웠는데, 그가 기획부서로 자리를 옮기고 나서 마치 날개를 단 듯 성과를 내고 인정받기 시작했다. 반면 회사에서 둘째가라면 서러워할 만큼 능력을 발휘하던 한 선배는 회사를 그만두고 사업을 시작했는데 얼마 가지 못해 실패했다. 여러 이유와 정황들이 있겠지만, 자신만의 강점을 사업에서 제대로 발휘하지 못한 탓이 분명해 보였다.

작가 조앤 롤링Joan Rowling은 여러 출판사에게 『해리포터』 원고를 거절당했지만 끝까지 포기하고 않고 노력한 끝에 세계적인 작가가 되었다. 그러나 그녀에게 글 쓰는 재능이 없었다면 아무리 많은 출판 사의 문을 두드렸다 해도 소용없었을 것이다. 배우 모건 프리먼Morgan Freeman에게 연기 재능이 없었다면 30년간 무명 시절을 거쳤다고 해도 오스카상을 받을 수 없었을 것이며, 화가 폴 고갱Paul Gauguin에게 그림 재능이 없었다면 윤택한 생활을 보장해주던 증권거래점 일을 포기하 고 그림에 전념했더라도 결실을 맺기가 어려웠을 것이다.

인생의 노선을 새롭게 전환하기 위해서는 무엇보다도 자신의 재 능을 정확하게 알아야 한다. 자기 능력을 분명하게 파악해야 한다. 하이에나가 사자를 성공 모델로 벤치마킹하여 사자처럼 되고자 의지 를 키워도 결국은 사자와 같아질 수 없다.

미국의 인사관리 컨설턴트 로저 앤더슨Roger Anderson에 따르면, 성공 한 사람의 99%는 자신의 성격에 맞는 직업에 종사하고 있는 반면, 실패한 사람은 자신의 성격에 적합하지 않은 분야에서 성공을 거두 려 한다고 한다. 미국 '갤럽'에서 조사한 결과는 더욱 고무적이다. 조 직의 관리자가 직원들의 강점에 주목할 때 직원들의 업무 몰입 비율 이 67%에 이르는 데 반해, 약점에 주목하는 관리자 밑에 있는 직원 들의 몰입 비율은 31%에 불과했다. 재능을 발견하고 강점을 인식하 는 것이 개인을 위해서도 중요하지만, 조직 성과에도 매우 긍정적인 영향을 미친다는 것을 알 수 있다.

재능을 발견해야 한다

남아프리카에는 머리 뒤에 난 깃털이 마치 비서가 귀에 펜을 꽂은 모습과 비슷하다고 해서 비서 새^{Secretary bird}라고 불리는 '뱀잡이수리'가 있다. 이 새는 2m나 되는 큰 날개로 높이 날다 뱀이나 두더지를 발견하면 쏜살같이 낚아채 그 자리에서 잡아먹는다. 그런데 먹이를 먹는데 몰두하다 다른 맹수의 습격을 받으면 당황한 나머지 날지 않고 달리기 시작한다. 그러나 제법 달린다고 해도 네 다리로 뛰는 동물을 당해낼 수는 없다. 결국 비서 새는 얼마 가지

뱀잡이수리(비서 새)

못해 잡아 먹히고 만다. 자신이 날 수 있다는 사실을, 자신의 재능을 잊어버린 탓이다. 많은 사람은 이 '뱀잡이수리'처럼 재능이 부족해서가 아니라 자기 재능을 발견하지 못해서 목적을 이루지 못한다.

아인슈타인^{Albert Einstein}은 1948년 이스라엘이 건국되고 나서 이스라엘 국회로부터 편지 한 통을 받았다. 그를 대통령으로 추대하겠다는 편지였다. 그는 조금의 망설임도 없이 그 제안을 거절했다.

"대통령을 할 만한 인물은 많습니다. 하지만 물리학을 가르칠 학자는 그리 많지 않습니다."

아인슈타인은 대통령직을 거절한 후 광양자설과 분자 크기 측정법, 브라운 운동이론, 특수상대성 이론 등을 연달아 발견하여 세상을

놀라게 했다. 그는 자신의 재능이 무엇인지 분명하게 알고 있었다. 가장 적합한 위치에서 가장 적합한 일을 함으로써 국가에 훌륭한 성과를 가져다준 것이다.

사람은 자기 안에 있는 가능성을 발견할 때 성장하지만, 문제는 그러한 가능성을 보지 못한다는 점이다. 그래서 자신을 발전시키고 싶은 열망이 없고, 변화와 성장을 포기해버린다. 자신의 재능이 무엇인지 분명하고 구체적으로 확인할수록 자기 안의 열정을 쏟아내기가 한결 수월해지지만 그렇지 못한다.

열정이라는 영어 단어 'Passion'은 '신에게 부름받음'이란 뜻의 그리스어 'Pathein'에서 유래됐다. 거꾸로 얘기하면 신은 우리가 자신만의 재능을 발견할 때 우리에게 열정을 선물로 준다는 것이다. 재능은 멀리서 찾으면 안 된다. 재능은 우리 손으로 늘 만지고 일하는 것에 있으며, 스스로 성취감을 맛보며 에너지가 샘솟게 하는 일이다. 자연스럽고 수월하게 할 수 있으며, 무엇보다 가슴이 뛰고 즐거움이 넘치게 한다. 자기만의 재능을 발견하기 위해서는 자신과 친밀한 시간을 가지고 자신을 관찰해야 한다. 때로는 명확하게 자신의 재능을 얘기하는 것이 어려울 수도 있다. 그러나 그건 타고난 재능을 자신도 모르게 항상 사용하고 있기 때문일 수도 있다. 자신의 재능을 찾기 위해서는 다음과 같은 질문을 수시로 던지며 스스로 관찰해야 한다.

- 나는 어떠한 일을 할 때 즐거운가?
- 무엇이 내게 열정과 보람을 가져다주는가?

- 별다른 노력을 하지 않아도 잘하는 일이 있는가?
- 무슨 일을 할 때 다른 사람에게 즐거움을 주는가?

만약 위 질문에 대한 답이 선뜻 떠오르지 않는다면, 자신 자신을 돌아보자. 특히 어렸을 때부터 막연히 좋아하거나 신나게 해온 일이 있는지를 생각해봐야 한다. 재능은 그 뿌리가 깊은 경우가 많기 때문이다.

나는 글로 무언가를 표현하는 것과 많은 사람 앞에서 말하는 것을 좋아한다. 글을 쓰고 말로 표현하는 행위는 언뜻 다른 것 같지만 모두 언어표현 능력과 관계된다. 나는 누가 시키지도 않아도 어렸을 때부터 일기를 꾸준히 썼고, 읽을 사람 없어도 혼자 글을 계속 끼적거렸다. 학교에서 발표할 때도 다른 친구들과는 다르게 그 시간을 즐기곤 했다. 이는 내 과거를 곰곰이 돌이켜 보았을 때 끄집어낼 수 있는 것이었다.

물론 잘하는 것과 좋아하는 것은 별개이다. 그러나 일단 자신이 좋아하는 일을 하는 것이 우선이다. 좋아하는 일은 결과보다 과정을 중시하기 때문에 가슴이 뛰고 열정이 생긴다. 그 과정에서 잠재력을 충분히 발휘하고, 어려운 일을 만나도 실망하지 않고 즐겁게 일할 수 있기 때문이다. 그러다 보면 어느 순간 좋아하는 일이 자기만의 재능으로 자리매김하기도 한다.

비즈니스의 주요 목표는 이익을 창출하고, 고객에게 새로운 가치를 만들어 제공하는 것이다. 하지만 인공지능^{AI} 시대의 경쟁력은 그

차원에서 머무르지 않는다. 지금 더욱 중요한 건 '창의성'과 '다양성'이다. 자기만의 색깔과 콘텐츠가 점점 더 주목받고 있다. 그것은 다름 아닌 개인의 재능으로부터 나온다. 따라서 개인의 재능을 융합하여 조직의 성과를 창출하는 것이 새로운 비즈니스의 목적이 되어가고 있다.

인간은 자신의 재능을 통해 사회에 기여하고 싶은 존재다. 자신이 쓸모 있는 존재임을 느낄 때, 나아가 자신의 재능이 조직과 사회에 기여하고 있다고 느낄 때 무한한 활력을 내뿜는다. "생의 마지막에 이르러 신 앞에 섰을 때 내게 남은 재능이라곤 하나도 없어서 이렇게 말하게 되길 간절히 소원한다. '주신 모든 것을 다 쓰고 왔습니다.'"라는 미국 작가 어마 봄벡Erma Bombeck의 말처럼 주어진 재능을 아름다운 일에 다 소진하는 것, 그것이 신이 인간에게 준 단 하나의 사명이다.

자신의 재능을 발견하고 자기 시선으로 세상을 살아야 한다. 남을 닮으려고 애쓰지 말고 자기답게 살아야 한다. 때로는 그 길이 외롭고, 순탄치 않을 수도 있다. 때로는 깊은 좌절에 빠질 수도 있다. 그렇지만 바라왔던 길을 애써 외면하지 말고 꿈꿔왔던 길을 향해 나아가야 한다. 담대한 희망을 안고 지금 자신이 서 있는 곳을 돌아보아야 한다. 자신의 재능을 분명히 알고, 현재 위치를 정확히 파악하는 것에서 삶의 여정이 시작되기 때문이다.

- "지금 어디에 있는가?"에 관한 질문은 "어디로 가고자 하는가?"에 관한 질문보다 항상 앞서야 한다.

- 인생의 노선을 새롭게 전환하기 위해서는 무엇보다도 자신의 재능을 정확하게 알아야 한다.

- 자신의 재능을 분명히 알고, 현재 위치를 정확히 파악하는 것에서 삶의 여정이 시작된다.

3. 일단
시동을 켜고
출발하라

완벽해지려 할수록 완벽과 멀어진다

아랍에미리트에서 근무할 때 지나치게 단 음식을 좋아하는 현지인들의 입맛 때문에 놀란 적이 한두 번이 아니었다. 달고 기름진 음식과 함께 당분이 많이 들어간 음료수와 디저트가 끼니마다 빠지는 법이 없었다. 그래서 아랍에미리트 정부는 높은 비만율과 성인병, 특히 전 국민의 약 1/4에 육박하는 당뇨병 질환 인구를 줄이기 위해 다각적인 노력을 기울인다. 나는 원래 단 음식이나 당분이 많이 든 음료수를 좋아하지 않지만, 가족력 탓인지 최근 혈당수치가 정상 범위를 상회하기 시작했다. 그래서 음식물 섭취에 유의하려고 노력하는데, 가끔 나도 모르게 달짝지근한 음식에 손이 갈 때면 왠지 모를 일종의 죄책감 비슷한 감정이 생기곤 한다. 그런데 스탠퍼드 대학교의 켈리 맥고니걸Kelly McGonigal 박사의 이야기를 접한 이후부터는 상황을 조금 편하게 받아들이기로 생각을 바꿨다.

"달콤한 과자를 끊는 좋은 방법은 10분만 참아보는 것입니다. 일단 시작하는 겁니다. 하지만 10분을 참아도 먹고 싶다면 그냥 드세요. 자신을 너무 몰아붙여서는 안 됩니다. 자신에 대해 관대해야 합니다."

우리는 일상 가운데 완벽해지려고 너무 많은 시간과 노력을 들인다. 처음부터 잘해야 하며, 잘못이나 실수는 어떤 상황에서도 인정할 수 없다. 더구나 반복해서 똑같은 실수를 저지르는 것은 더욱 용서되지 않는다. 그러나 너무 완벽해지려고 하면 할수록 완벽과 더욱더 멀어지는 법이다. 쉽게 지치고 앞으로 나가지 못하기 때문이다. 때로 철저하게 목표를 완수하거나 습관을 바꾸고자 할 때 오히려 일을 그르치는 경우마저 생긴다.

미국의 펜실베이니아 주립대학교에서 체조 선수들을 대상으로 연구한 결과, 뛰어난 선수들은 다음 두 가지 특징이 있었다.

첫째, 완벽주의자가 아니다.

둘째, 지나간 실수를 마음에 담아두지 않는다.

그런데 조금 더 생각해보면, 사실 두 번째 특징으로 꼽은 것도 첫 번째 특징과 크게 다르지 않다. 지나간 실수를 마음에 담아두지 않는다는 것 자체가 완벽주의자에게 불가능한 일이기 때문이다.

깊은 산골에 살면서 바다를 보는 것이 소원인 한 소년이 있었다. 마침내 소년은 용기를 내어 집을 떠났다. 오로지 바다를 보겠다는 일념으로 어렵고 힘겨운 고비들을 넘기며 계속 걷고 또 걸었다. 마침내 어느 커다란 산 앞에 도착했다. 이 산만 넘으면 바다가 있는 게 분명했다. 그런데 산을 앞에 두고 세 갈래로 갈라진 길 중 어느 길이 바다를 향하는지 알 수 없었다. 소년은 이 길, 저 길을 조금씩 가보았지만 확신할 수 없어서 매번 제자리로 되돌아오곤 했다.

소년은 어느덧 성인이 되었고, 가정도 꾸렸다. 그의 마음에는 여전히 푸른 파도가 넘실대고 있었다. 이따금 산 앞으로 가서 어느 길이 바다로 가는 길인지 고민하다 다시 마을로 돌아오곤 했다. 시간이 흘러 그도 늙어 갔다. 노인이 된 그는 처음이자 마지막이라는 생각으로 산을 오르기로 작정했다. 죽을힘을 다해 산 정상에 도착하니 사방이 훤히 내다보였다. 세 갈래 길은 산의 좌우로 갈라져 에둘러 뻗어나가다가 넓은 평원 위에서 하나로 합쳐졌다. 그리고 마침내 그 길끝에 그토록 바라던 푸른 물결의 바다가 보였다. 그는 자신도 모르게 눈물을 흘리며 중얼거렸다.

'어느 길이더라도 끝까지 갔더라면….'

그에겐 이제 산을 넘을 기력이 남아있지 않았다.

완벽한 때란 없다

완벽한 성향의 사람들은 무슨 일이든 최선을 다하기에, 조직 내에서 인정도 받고 승진도 한다. 문제는 그러한 점이 지나치다는 데에 있다. 모든 면에서 완벽해지려 하다 보니 항상 정신이 없고 여유도 없다. 너무 바빠서 새로운 생각과 시도를 하거나 삶을 돌아볼 여유가 부족해진다. 삶을 온전히 살아내느라 바쁜 것이 아니라 완벽해지고 싶어서 바쁘다.

나도 마찬가지였다. 일을 추진하는 데 작은 실수를 놓치지 않으려 하다 보니 항상 피곤하고 스트레스가 쌓였다. 굳이 신경 쓰지 않아도 될 만한 일들까지 일일이 챙겨야 직성이 풀렸다. 다른 사람들을 잘 믿지 못하다 보니, 모든 것을 혼자서 다 확인하고 점검해야 안심이 되었다. 때로는 남들이 보지 못하는 오류를 발견하거나 논리를 보완하는 경우도 있었지만, 내 마음과 몸은 그만큼 더 바빠지고 더 긴장되어 갔다.

그런데 곰곰이 생각해보니 완벽주의 성향은 어떤 상황이나 타인 때문이 아니라 자기 자신에서 비롯되었다. 내 안에 있는 깊은 열등감과 경쟁심으로부터 기인한 것이었다. 사실 완벽주의적인 태도에는 자기가 부족하다는 불안감이 자리 잡고 있다. 스스로를 사랑하지 못하기 때문에 자신을 채찍질해서라도 완벽해지려고 하는 것이다. 그러나 인정받고 싶고 많은 사람에게 박수받고 싶어서 완벽해지려 한다면, 그것은 피곤한 인생이다. 이는 행복하지 않은 삶이다.

카펫 중 가장 최상급으로 꼽는 것은 페르시아산, 즉 지금의 이란 지역에서 만들어진 것들이다. 예전부터 양모가 풍부하고 직조 기술이 발달했기 때문이다. 그런데 고대 페르시아에서는 카펫을 만들 때 의도적으로 흠을 하나 남겨놓았다고 한다. 이것을 '페르시아의 흠Persian flaw'이라고 하는데, 오직 신만이 완벽하며 인간은 불완전한 존재라고 믿기 때문이다. 여유를 갖고 완벽해지려 하지 않을 때 오히려 완벽한 결과를 가져온다는 것을 그들은 일찌감치 체득한 것이다.

낯선 일을 시도할 때는 설령 그 일이 자신의 강점을 발휘하는 일이라 해도 완전히 숙달되기 전까지는 어색하고 서툰 것이 당연하다. 그러기에 새로운 일을 시작할 때는 처음부터 완벽하게 하려 하지 말고 호기심을 가지고 익숙해지는 과정을 즐겨야 한다. 그리고 일단 작게 실험해보고 피드백을 받으며 발전시켜가는 것이 효과적이다.

피터 심스Peter Sims은 그의 책 『리틀 벳』에서 애플이나 아마존의 놀라운 혁신도 처음부터 완벽하게 출발한 것이 아니라 여러 차례 작은 시도를 하여 성공한 사례들이 대다수라는 사실을 강조했다.[45] 그러나 현실에서는 지나치게 많이 준비하다가 정작 행동해야 할 순간에 행동하지 못하는 경우가 발생한다. 꿀 한 숟가락을 모으기 위해서는 벌이 4,200번가량 꽃을 왕복해야 한다고 한다. 만일 벌이 즉각적인 행동에 옮기지 않고 '어떻게 하면 꿀을 딸까?' 하는 생각만 하고 있다면 꿀을 모으기가 어렵다.

생각을 바꾸면 인생 경험 자체가 달라진다. 그 출발점은 바로 용기 있게 무언가를 행하는 것이다. 과거의 나와 다른 사람이 되기 위해서 반드시 삶 전체를 몽땅 바꿔야 하는 것은 아니다. 지금 닥친 상황이나 시련 때문에 움츠러들 필요도 없다. 지금 그 자리에서 그저 한 걸음을 떼어 예전에는 상상하지 못했던 행동을 시도하면 예기치 못한 성과가 만들어지기도 한다. 스탠퍼드 대학교의 존 크럼볼츠John D. Krumboltz가 말하는 '계획적 우발성 이론Planned Happenstance Theory'에 따르면

커리어의 80% 이상은 예상치 못한 사건이나 우연한 만남에 의해 좌우된다. 그러니 모든 것을 완벽하게 계획하고 주도한다고 해도 그건 애초부터 20%에 국한된 얘기일 뿐이다.

〈화양연화〉, 〈중경삼림〉 등을 만든 홍콩 영화감독 왕가위는 완성된 시나리오 없이 촬영을 시작하는 것으로 유명하다. 촬영이 길어지면서 배우들이 스케줄 문제로 애를 먹는 경우가 한두 번이 아니었다. 그래서 어느 기자가 "왜 좀 더 완벽하게 준비해놓고 시작하지 않습니까?"라고 물었더니 왕가위가 이렇게 말했다.

"무언가를 시작하기에 충분할 만큼 완벽한 때라는 것은 없기 때문입니다."

일단 시동을 켜야 차가 움직인다. 움직이지 않는 차는 차가 아니다. 아무리 멋진 스포츠카라고 해도, 아무리 훌륭한 베테랑 운전자라고 해도, 시동을 걸 수 없는 차라면 그건 그저 값비싼 모형에 불과하다. 아직 시작되지 않았다고 생각해도 그 일은 이미 시작됐을 가능성이 높다. 먼저 행동하는 게 중요하다. 시작하면서 준비해도 된다. 처음부터 완벽하게 이루어지는 인생은 없다. 완벽하지 않더라도 지금의 작은 발걸음, 작은 변화가 결국 완전히 다른 방향으로 이끈다. 설령 도중에 경로를 수없이 수정해야 하더라도 지금 시작하는 것, 지금 행동을 취하는 것이 중요하다.

지금 당신의 삶을 변화시키기 위해 내디뎌야 할 첫걸음은 무엇인가? 해가 지기 전에 시동을 켜고 출발해야 한다. "태양이 있을 때 건초를 만들어야 한다."라는 세르반테스의 말은 여전히 유효하다.

- 너무 완벽해지려고 하면 할수록 완벽과 더욱더 멀어진다. 쉽게 지치고 앞으로 나가지 못하기 때문이다.

- 여유를 갖고 완벽해지려 하지 않을 때 오히려 완벽한 결과를 가져온다.

- 새로운 일을 시작할 때는 처음부터 완벽하게 하려 하지 말고 호기심을 가지고 익숙해지는 과정을 즐겨야 한다.

RECOGNIZE

Recognize optimal route to the destination

최적경로를
인식하라

·

"가장 중요한 것은
자신만의 길을 만들어내는 것이다.
아무도 가지 않은 길,
측량되지 않고 수량화되지 않은 길을 찾아내야 한다.
우리는 그토록 매번 누군가 어느 길로 가라고
정확하게 지시해주기만 바랐다.
하지만 그런 길은 대부분 잘못된 길이었다."

_세스 고딘 Seth Godin

1. 가장 빠른 길이 아닌 최적경로를 찾아라

최단 코스는 직선이 아니다

아부다비에서 근무할 때 가장 흔하게 보던 나무가 야자수와 맹그로브였다. 우리에게 생소한 맹그로브는 열대지방 바닷가나 갯벌에서 흔히 볼 수 있는 나무로, 뿌리가 수면 위로 노출된 것이 특징이다. 뜨거운 중동의 열기에도 꿋꿋하게 버티는 맹그로브는 물고기의 산란 장소와 은신처가 되어주고, 해안지반을 지지해줌으로써 태풍이 왔을 때 막아주는 유용한 식물이다. 실제 맹그로브의 뿌리는 마치 머리카락을 풀어 헤친 듯 서로 얽혀있고, 그 뿌리 사이 사이에는 작은 게들과 어린 치어들로 가득하다. 그런데 붉은 뿌리가 여기저기 튀어나와 있는 모습이 영 아름답지 않을뿐더러, 엄청난 악취가 나서 많은 나라들이 벌채를 추진했고, 그 결과 맹그로브 숲은

뜨거운 중동의 열기에도 꿋꿋하게 버티는 맹그로브는 물고기의 산란 장소가 되어주고, 태풍이 왔을 때 막아주는 등 아름답지 못한 겉모습에 비해 아주 유용한 나무이다.

상당 부분 사라지고 말았다.

그런 맹그로브 나무가 소나무에 비해 3배 높은 이산화탄소 흡수량을 가지고 있다고 한다. 전 세계에 있는 맹그로브 숲이 연간 약 2,280만 톤의 이산화탄소를 흡수한다는 사실도 새롭게 밝혀졌다. 또한 맹그로브 손실로 배출된 탄소량은 산림 벌채로 배출된 전 세계 총 탄소 배출량의 약 5분의 1이나 차지하고, 연간 약 220억 달러의 경제적 손실을 초래한다는 조사 결과도 나왔다. 더구나 맹그로브 숲을 복원했더니 어획량이 극적으로 늘었으며, 해일 예방에도 큰 효과가 있다는 연구 결과가 연달아 발표되면서 중동과 아프리카 동부 해안에서는 다시 맹그로브 숲을 복원하는 작업이 추진되었다. 보기에 흉측하고 아무짝에 쓸모없는 맹그로브를 없애는 것이 문제를 해결하는 길이라고 생각했지만, 단순히 없애는 것만이 '최적의 방법'은 아니었다.

얼마 전, KTX를 타고 부산에 다녀왔다. 나는 기차가 서울역에 도착할 때가 되자 재빨리 좌석에서 일어나 통로 중앙에 섰다. 기차 출입문이 어느 쪽으로 열릴지를 알아보기 위해서였다. 내가 서 있는 반대쪽 문이 먼저 열려서 뒷사람이 나보다 먼저 내리는 것을 보고 싶지 않았기 때문이었다. 다른 사람보다 먼저 역을 빠져나가고 싶었다. 별것 아닌 일에 남들보다 더 빨리, 가장 먼저 해야 한다는 무의식적인 행동이 나오자 나 자신도 어이가 없었다. 나는 어려서부터 항상 첫 번째가 되기 위해, 먼저가 되기 위해 살아왔다. 그것은 내 삶을 힘들고 지치게 했고, 끊임없는 열등감에 사로잡히게 했다.

아이가 가장 먼저 배우는 단어 중 하나가 "싫어."이고 그다음은 "내 거야."와 "빨리 줘."라고 한다. 아이들도 마음대로 살고 싶은 욕망이 꿈틀거린다. 부모에게 보호와 제재를 받는 그들은 어떻게든 빨리 어른이 되고 싶어 한다. 어른이 되면 마음대로 살 수 있는 줄 알기 때문이다. 그러나 정말 그럴까?

〈토끼와 거북이〉는 진정한 승자가 되기 위해서는 거북이처럼 느리지만 묵묵히 앞으로 나아가야 한다는 교훈을 주는 이야기이다. 그런데 이런 의문이 생긴다. 거북이는 처음부터 토끼를 이길 수 없다는 사실을 알면서도 경기를 시작한 것은 아닐까? 애초에 거북이는 토끼를 이기는 데 목표를 둔 것이 아니라, 자신과의 싸움을 통해 정상에 도달하는 것을 목표로 정한 것일 수도 있다. 토끼가 중간에 잠을 자든 말든, 쉬든 안 쉬든 그런 문제는 애초부터 중요한 고려사항이 아니었을 수도 있다. 경쟁에서 이기는 것보다 자신만의 길을 걷는 것이 거북이에게 더 중요한 일이 아니었을까?

나는 줄곧 '토끼의 시간대'에서 살아왔다. 회사에서 인정받고, 직장에서 성공하는 것이 삶의 전부였고, 누구보다도 빨리 목적지에 도착하는 것이 지상 과제였다. 가장 먼저 목표를 달성해야 직성이 풀렸다. 프로젝트는 반드시 마감 시한 훨씬 이전에 끝내야 했고, 보고서는 완벽하게 만들어야만 했다. 그러다 보니 항상 스트레스와 조바심에 사로잡혀 살았다.

두 점 사이의 최단 거리는 직선이다. 그러나 인생에서 직선 코스란 없다. 오히려 멀리 돌아가야 할 때 목적지에 더 빨리 도달한다는 사실을 나이가 들수록 깨닫는다. 꼬불꼬불 험한 길로 돌아가는 것이 나중에 보면 한 단계 더 도약하기 위한 최단 코스였음을 뒤늦게 알게 된다. 우리는 시련과 역경을 겪을수록 단단해지며 더 성장하게 된다. 길을 잃거나 좌절할수록 삶은 성숙해진다.

남들이 다 가는 길은 쉬운 만큼 얻는 것도 없다. 대신 남이 안 가는 길은 대체로 낯설고 어렵지만, 성취의 기쁨은 훨씬 크다. 새롭고 어려운 길, 남들이 가지 않아서 두려운 길을 묵묵히 걸어갈 때 미래는 자신의 것이 되고 그 길은 자기만의 지름길이 된다.

딜레마로부터의 자유

의학 전문지 〈란셋The Lancet〉에 따르면 2000년 이후에 태어난 사람의 절반 이상은 기대수명이 100세를 넘을 거라고 한다. 그런데 2021년 우리나라 직장인의 평균 퇴직 연령은 49세에 불과하다. 자발적 퇴사이든 해고이든, 퇴직 후 50년을 더 살아야 하는 시대가 열린 셈이다. 그런 관점에서 보면 조직에서 하루라도 빨리 높은 자리에 올라가고자 하는 것은 보장된 성공이 아니다. 산을 올라갔다면 언젠가는 내려와야 한다. 빨리 올라가면 그만큼 빨리 내려와야 한다. 하물며 산 정상에 오래 머물 수도 없다. 그러므로 이제는 빨리 승진하는 것보다 퇴직 후 50년을 어떻게 살아가야 하는지에 대한 심도 있는 고민이 더 필요하다.

자동차의 경로를 검색할 때, 가장 빠른 길보다 '최적경로'를 검색해야 하는 이유가 바로 여기에 있다. 내비게이션에서 목적지를 검색하면 잠시 후 '빠른 길', '무료 도로', '최단 거리' 등 여러 경로를 다양하게 안내받는다.

'빠른 길'은 거리와 관계없이 단순히 빠르게 도착하는 것만 우선시하기에 주유비와 통행료 등 경제적 비용 측면이 무시된다. '무료 도로'는 경제적 비용 측면만을 고려함으로써 목적지까지 멀리 우회하거나 상태가 좋지 않은 도로를 이용해야 한다. '최단 거리' 경로는 목적지까지의 거리만 고려하기에 시간이나 경제적 측면은 반영되지 않는 한계가 있다.

그러나 더 이상 그런 고민을 할 필요가 없는 까닭은 바로 '최적경로'가 있기 때문이다. 내비게이션은 거리와 시간, 경제적 비용 등 모든 조건을 종합적으로 판단하여 가장 적합한 코스인 '최적경로'를 보여준다. 오븐에 빵을 구울 때 가장 적합한 오븐 온도와 시간, 반죽 상태, 이스트의 양이 적절하게 배합되고 균형을 맞출 때 가장 맛있는 빵이 나오는 것처럼, 시간과 거리, 경제적 비용뿐만 아니라 도로 상태와 장애물, 정체 현상 등을 모두 고려하는 최적경로는 말 그대로 최적의 경로이다.

살다 보면 어려운 선택을 해야 할 때가 있다. 이러지도 저러지도 못하는 상황, 우리는 그것을 딜레마^{Dilemma} 부른다. 한 가지 선택을 강요당한다는 것 자체가 고통스럽지만, 선택하지 않을 수 없기에 딜레마가 되는 것이다. 메릴 스트립^{Meryl Streep}의 연기가 빛났던 영화 〈소피의 선택〉에서 주인공 소피는 자신의 어린 아들과 딸 중에 한 명은 무조건 가스실로 들어가야 한다는 나치의 잔인한 선택을 강요받는다. 도저히 선택할 수 없는 상황이지만, 선택할 수밖에 없다. 당연히 한 명이라도 살리는 것이 낫기 때문이다. 누구를 선택하더라도 온전치 못한 선택이지만, 그녀는 누구를 선택할 것인가 하는 딜레마를 피할 수 없다.

'최적경로'는 경로를 탐색할 때 딜레마로부터 자유로워지는 경험을 선사한다. 빠른 길, 최단 거리, 편안한 길, 무료 도로 등을 개별적으로 선택할 수도 있지만, 그러한 것들을 종합해 최선의 선택지를 알아서 제공해주는 최적경로는 우리가 어떠한 경로로 운전할 것인가

하는 선택의 수고를 덜어준다.

인생에도 최적경로가 있다. 인생의 최적경로를 알기 위해서는 무엇보다 자기 자신에 대해 먼저 알아야 한다. "나는 누구인가?", "나는 어디로 가고 있는가?"와 같은 질문을 끊임없이 던져야 한다. 최적경로는 자기 안에 내재된 이유와 동기를 깊이 들여다볼 때 알 수 있다. 무엇이 나를 앞으로 나아가도록 하는지, 마음속 깊은 곳에 숨어 있는 나만의 욕구는 무엇인지, 내면의 동기는 어떤 것인지를 알아야 한다.

삶은 표지판도 없는 낯선 길을 걷는 것과 같다. 이 길 위에서 우리가 해야 할 일은 목적지에 빠르게 도달하는 것이 아니다. 빨리 가는 것이 인생의 목적이 되는 순간, 많은 것을 놓친다. 방향이 잘못될 수도 있고 페이스를 잃고 흔들릴 수도 있다. 생각지도 못한 벽에 가로막히기도 하고 장애물에 걸려 넘어지기도 하며 생채기도 생긴다. 그때 우리에게 필요한 건 수없이 돌부리에 걸려 넘어져도 다시 일어나는 것이고, 오르막과 내리막이 연속되는 길 위에서 방향을 잡고 목적지를 향해 걸어가는 것이다.

좀 늦게 가더라도 상관없다. 빨리 도달하는 것이 최선이 아니다. 시간이 걸려도 칼날을 제대로 갈아서 칼질을 하는 게 진정한 무림의 고수가 되는 유일한 길이다. 여행은 목적지에 도착하는 것보다 그 여정 가운데 더 큰 기쁨을 가져다주는 경우가 훨씬 많다. 빨리 도착하면 중간에 볼 수 있는 아름다운 경치와 길에서 만날 수 있는 따뜻하고 훈훈한 사연들을 저버리는 것이나 마찬가지다. 진정한 여행은 목적지에서 시작하는 것이 아니라, 목적지까지 가는 길 위에서 만들어지는 법이다.

속도에 관한 조급함을 내려놓은 채 자기 안의 동기를 파악하고 자신만의 재능을 살리는 것이 최적경로를 선택해서 운전해가는 일이다. 바로 그때 목적지에 무사히 다다를 수 있으며, 요원해 보이기만 하던 '자기성숙Self-maturing의 길'이 이루어진다.

SELF DRIVE

- 두 점 사이의 최단 거리는 직선이다. 그러나 인생에서 직선 코스란 없다.
- 진정한 여행은 목적지에서 시작하는 것이 아니라, 목적지까지 가는 길 위에서 만들어진다.
- 자기 안의 동기를 파악하고 자신만의 재능을 살리는 것이 최적경로로 삶을 운전해가는 일이다.

2. 정확한
목적지를
파악하라

가고자 하는 곳을 정확히 알아야 한다

루이스 캐럴Lewis Carrol의 『이상한 나라의 앨리스』
에서 앨리스와 체셔 고양이가 나눈 대화를 들어보자.

"여기서 어느 길로 가야 하는지 알려줄래?"

"그건 어딜 가고 싶은지에 따라 달라지는데." 고양이가 답했다.

"어딜 가고 싶은지는 아직 생각해보지 않았는데…." 앨리스가 말했다.

"그럼 어느 길로 가든 상관없네."

"왜?" 앨리스가 묻자 고양이가 대답했다.

"어디로 가야 할지 모른다면 넌 어디도 가지 못할 테니까."[46]

둘의 대화는 오늘날 목적지를 잃고 살아가는 우리에게 스스로 목표를 정하지 않고 살아가는 인생은 한낱 목적지 없이 방황하는 여행이 된다는 것을 일깨워준다. 그건 마치 여행사에 가서 여행사 직원이 정해주는 아무 곳으로 여행을 떠나는 것과 같다. 비행기가 착륙한 후에 이런 곳은 오고 싶지 않았노라고 불만을 토로해도 이미 늦은 뒤다. 운전할 때도 마찬가지다. 목적지를 정확히 알지 못하면 길을 잃거나 잘못된 길로 빠져들고 만다.

한 남자가 지방 출장을 가기 위해 고속도로를 지나고 있었다. 그런데 그날따라 모든 사람이 차선을 거꾸로 달리는 것이 아닌가! 그는 몇 번이나 정면에서 오는 차들과 충돌할 뻔하면서 아슬아슬하게 차를 몰았다. 그 순간 그의 핸드폰이 울렸다. 아내의 전화였다.

"여보, 조심하세요! 지금 텔레비전을 보고 있는데 당신이 가는 방향으로 어떤 미친 사람 하나가 고속도로에서 거꾸로 달리고 있어요."

이 남자는 급하게 말하며 전화를 끊었다.

"지금 미친 사람이 한둘이 아니야! 위험하니까 얼른 전화 끊어!"

그가 자신이 가는 곳을 정확히 인지하고 있었다면 이런 위험천만한 일은 일어나지 않았을 것이다. 얼마나 빨리 가느냐 하는 것은 그리 중요한 문제가 아니다. 그보다는 가고자 하는 방향을 정확하게 파악하는 것이 훨씬 중요하다. 목적지만 정확히 알고 있다면 그곳에 도달하는 길을 찾는 것은 문제가 되지 않기 때문이다. 방향을 알지 못한 채 무조건 빨리 가려고 하면 고속도로를 역주행하는 위험한 장면이 바로 우리의 모습이 될 수도 있다.

히말라야에 사는 고산족들은 산양을 사고팔 때 시장이 아니라 산비탈로 향한다고 한다. 산양이 산비탈 위로 풀을 뜯으러 올라가면 아무리 작고 마른 산양이라도 몸값이 오르고, 비탈 아래로 내려가면 몸이 크고 살이 쪘다 해도 몸값이 내려간다고 한다. 위로 올라가는 산양은 넓은 산허리의 풀들을 먹으며 건강하게 자랄 미래가 있지만, 자꾸만 아래로 내려가는 산양은 협곡 바닥으로 향하므로 결국 굶주려 죽을 확률이 높기 때문이란다.

여정을 시작하기에 앞서 자신이 나아갈 방향을 분명히 해야 한다. 떠나기 전 반드시 목표를 세우고 방향을 정해야 한다. 목표가 없는 사람은 발전할 수 없고, 발전하지 않는 사람은 목표를 이룰 수 없다. 앞으로 어떤 인생을 살지 어떠한 목표를 선택하느냐에 따라 달라진다. 어떤 사람은 "목표가 없어도 지금까지 잘 살아왔는데."라며 아예 목표를 생각하지 않거나 일부러 외면하기도 한다. 어떤 사람은 무거운 부담 때문에 목표를 정하지 못하기도 하고, 또 다른 사람은 목표가 지나치게 많아서 선뜻 결정하지 못한다. 그렇게 스스로를 합리화하거나 미래에 대한 목표를 놓치고 살아가는 동안, 어느덧 협곡 바닥으로 내려와 버린 산양의 모습을 자기 안에서 발견하게 된다.

구체적인 목표를 세우되, 상위 목표를 잊지 마라

목표를 설정할 때는 가능한 구체적인 것이 좋

다. 구체적이고 자세할수록 목표가 생생하게 다가오기 때문이다. 내비게이션 시스템에 목적지를 입력할 때 구체적인 지명을 입력해야 하는 것과 마찬가지다. 예컨대 목적지를 '남쪽 지방 경치 좋은 곳'이라거나 '충청도 방향'이라고 입력하는 사람은 아무도 없다. 우리 인생의 목표도 마찬가지다. 막연한 목적지가 아니라, 구체적인 도로명이나 지번을 넣는 것처럼 구체적인 목표를 설정할 때 그 목표는 현실로 다가오게 된다.

또한 구체적인 목표를 세움과 동시에 작은 목표들을 아우르는 상위 목표가 필요하다. 우리가 미처 의식하지 못하는 사이 하루 일과는 수많은 목표로 가득 차 있다. 그러한 개별적인 목표에 집중하다 보면 어느덧 중요한 목표를 놓치고 마는 경우가 생긴다. 따라서 작은 목표들이 같은 방향을 지향하게 만드는 고차원의 목표가 존재해야 한다. 예를 들어, 아침밥을 챙기는 것, 프로젝트를 데드라인에 맞춰 끝내는 것, 수영을 하는 것 모두 각 단계마다 이루어야 할 작은 목표지만, 이러한 목표들은 '행복하고 건강한 삶'이라는 궁극적인 인생의 목표를 향해 있다. 작은 목표에 집착하느라 훨씬 근본적인 상위 목표를 잊으면 안 된다. 행복하고 건강해지기 위해 아침밥도 먹고 수영도 하며 일과도 합리적으로 마감하는 것이다.

그러기에 "지금 이루려는 작은 목표가 궁극적인 목표와 어떻게 맞닿아 있는가?"와 같은 질문을 수시로 점검해야 한다. "5년 후, 10년 후 인생에서 이루고자 하는 것이 무엇인가?"와 같은 질문을 자신에게 던져야 한다. 다만 다른 사람의 목표를 자신의 목표로 착각해서는 안 된다. 더구나 잘못된 목표를 달성하고자 애를 쓰고 노력을 다하는 건, 돌이킬 수 없는 결과를 가져오기에 더욱 위험한 일이다.

2004년 아테네 올림픽에서 해프닝이 일어났다. 남자 사격 50m 소총 3자세 결승전, 유력한 금메달 후보인 미국의 매슈 에먼스^{Matthew D.Emmons}는 총 10발의 탄환 중 마지막 한 발을 남겨둔 상황이었다. 그는 9발째까지 2위 중국의 지아장보를 무려 3.0점 차이로 저만치 앞서 달려가고 있었다. 마지막 한 발을 남겨놓았을 때 모든 관중의 시선이 그의 손가락 끝에 집중되었고, 잠시 후 '탕' 하는 소리와 함께 총알은 보기 좋게 과녁 한복판을 뚫었다. 10점! 예상대로였다. 그는 자리에서 벌떡 일어나 팔을 높이 올려 승리를 확신했다.

그런데 전광판에 점수가 나오지 않았다. 심판들이 모여들었고, 관중이 웅성거리기 시작했다. 잠시 후 심판의 깃발이 올라갔고, 전광판에는 0점이 표시되었다. 흥분한 에먼스는 심판에게 점수가 잘못되었다며 따져 물었고, 심판은 고개를 갸우뚱거리며 "당신 총알은 당신의 표적이 아닌 옆자리 크리스티안 플라너의 표적을 맞혔다."라고 대답했다. 에먼스가 겨눈 것은 자신의 과녁이 아니었다. 그의 성적은 1등에서 순식간에 꼴찌인 8위로 바뀌었다.

온전한 휴식을 취하고 싶다면 서울은 적합한 도시가 아니다. 지방의 공기 좋고 아름다운 풍광이 있는 작은 도시가 더 낫다. 그러나 문화를 즐기거나 쇼핑을 하고 싶다면 얘기가 달라진다. 따라서 목적지를 향해 달려가는 것보다 더 중요한 건 수시로 그 목적지를 점검하는 일이다. 가고자 했던 방향이 원래 원하던 의도와 목적에 부합하는지를 확인하는 절차가 반드시 필요하다. 시간이 흐르면서 조건과 환경이 달라질 수 있기 때문이다. 때때로 다른 사람의 과녁을 맞히려 안간힘을 쓰고 있는 것은 아닌지 확인해보자.

어느 날 문득 내가 갖고 있던 계획과 꿈이 모두 어디로 사라졌는지 궁금해진 적이 있다. 그 순간 나를 둘러싸고 있는 모든 것들이 새삼 낯설게 느껴졌고, 원래의 목적지와 다른 삶을 사는 자신을 발견했다. 그건 성공이라는 목표 지점을 정해놓고 무조건 달려오면서 주변을 돌아보지 않았기 때문이었다. 시간의 흐름 속에서 수시로 목적지를 점검하지 않고 그저 관성에 의해 살아온 탓이었다.

그러기에 우리는 목표에 대해 "나는 그것을 정말 원하는가?", "내가 가고자 하는 그곳은 나에게 어떤 의미인가?"와 같은 질문을 통해 끊임없이 점검해야 한다. 만약 목적지가 원하던 의도와 맞지 않는다는 것을 알아차렸다면, 주저하지 말고 당장 목적지를 수정해야 한다. 사소한 오류를 발견하고 즉시 정정하지 않으면 목적지로 가는 길은 요원해질뿐더러 돌이킬 수 없는 실패로 남게 된다.

뉴욕 양키스의 전설적인 포수 요기 베라^{Yogi Berra}는 "어디로 가고 있는지 모른다면 당신은 결국 가고 싶지 않은 곳으로 가게 된다."라고 말했다. 뒤집어 말하면, 가고 싶은 곳으로 가기 위해서는 반드시 어디로 가고 있는지 알아야 한다는 것이다. "내가 이 길을 계속 가고 싶어 하는가?", "이 길은 어디로 이어지는가?"라는 질문 없이 그저 지금 가고 있는 길만 계속 가고자 한다면, 훗날 그 길의 끝에서 그 길이 막다른 골목으로 향하고 있음을 뒤늦게 깨달을지도 모른다. 어디로 가고 있는지를 알아채는 건 '남'이 아닌 '나'로부터 출발해야 한다. 방향을 가리키는 나침반의 바늘은 이미 자기 안에 있기 때문이다. 당신의 목적지는 어디인가? 그 목적지를 가기 위해 당신은 어디를 바라보고 있는가?

SELF DRIVE

- 목적지만 정확히 알고 있다면 그곳에 도달하는 길을 찾는 것은 어렵지 않다.
- 구체적으로 목표를 세우되, 작은 목표들을 아우르는 상위 목표를 함께 점검해야 한다.
- 목적지를 향해 달려가는 것보다 더 중요한 건 수시로 그 목적지를 점검하고 수정하는 일이다.

3. 연료를
가득 채우지
마라

불필요한 짐을 짊어지고 있다면

얼마 전 여권 유효기간이 만료 예정이라 갱신이 필요하다는 통보를 받았다. 이미 만료된 기존 여권들을 버리지 않고 기념으로 간직하고 있는 터라, 이참에 여행했던 나라들의 출입국 도장들을 살펴보며 잠시 추억에 잠겼다. 그동안 적지 않은 국가들을 여행하면서 다양한 여행자들을 마주쳤는데, 어느덧 한눈에 그들이 여행 베테랑인지 초보자인지 가늠이 되었다. 커다란 캐리어와 배낭, 그리고 보조 가방까지 끌고 가는 사람들은 십중팔구 여행 초보자다. 여행을 많이 해본 사람은 짐이 많지 않다. 그들은 짐이 많으면 여행이 힘들어진다는 것을 알기에, 여행의 목적과 본질에 집중하기 위해 짐을 최소한으로 꾸린다.

뮤지컬 영화 〈지붕 위의 바이올린〉에서 주인공 테비에는 러시아 혁명으로 느닷없이 고향을 떠나라는 명령을 받고는 이렇게 말한다.

"왜 항상 머리에 모자를 쓰고 있냐고요? 그것은 우리가 늘 떠날 준비를 하기 때문이지요."

우리는 어떠한가? 나룻배를 타고 강을 건넌 뒤에도 다시 그 나룻배를 짊어지며 가고 있지 않은가? 다음 여정이 강이 아닌 산인데도 그 무거운 나룻배를 내려놓지 못한다. 때로는 과거에 대한 후회와 미래에 대한 걱정에 짓눌리며, 가끔은 인생에서 상실한 것들, 즉 한때는 우리 것이었으나 지금은 잃어버린 것 때문에 절망한다. 그래서 다른 것들도 놓칠까 봐 불필요한 짐을 잔뜩 짊어지고 걸어간다.

에리히 프롬Erich Fromm이 『소유냐, 존재냐』에서 말한 것처럼, 소유는 절대로 존재를 보장해주지 못한다. 지나치게 많은 돈은 신의 축복이 아니라, 악마의 저주일 수 있다는 사실을 이따금 뉴스를 통해 접하기도 한다.

미국 버몬트 숲에서 자급자족하는 삶을 살았던 작가 헬렌 니어링 Helen Nearing은 아름다운 인생을 살기 위한 단 하나의 법칙을 이야기한다.[47] 바로 덜 갖고 더 많이 존재하는 것이다. 삶에서 중요한 것은 자신의 소유물이 아니라 "나는 누구인가?" 하는 질문이라는 것이다. 그녀는 인생의 진정한 가치를 결정짓는 것은 "우리가 가지고 있는 것이 아니라, 그것으로 우리가 어떤 일을 하는가."라며 행복한 삶이 무엇인지를 몸소 보여주었다.

예전에 터키로 여행을 갔다가 돌아오는 비행기를 놓칠 뻔한 적이 있다. 아침 일찍 출발하는 비행기라 전날 미리 짐을 싸놓아야 했는데 늑장을 부렸기 때문이다. 하지만 더 근본적인 원인은 짐이 너무 많은 데 있었다. 짐이 그렇게 많다는 사실을 짐을 싸면서 알게 되었으니 시간이 지체될 수밖에 없었다. 현지에서 늘어난 짐도 꽤 있었지만, 한국에서 출발할 때부터 짐이 많았다. 그중 대부분은 현지에서 한 번도 사용하지 않은 것들이었다.

짐이 많을수록 여행이 힘들어진다. 인생이라는 여행의 본질에 다가서기 위해서는 짐을 줄여야 한다. 필요 없는 짐 때문에 자신에게 가장 소중한 것을 놓치고 있는 것은 아닌지 생각해보아야 한다. 그러한 고민을 통해 자유로운 삶으로 다가설 수 있다. 자유로운 삶을 살기 위해서는 일단 무겁게 짊어지고 있던 자기 가방을 내려놓아야 한다. 그 안에 있던 것들을 모두 꺼내 바닥에 펼쳐놓고, 그것이 꼭 필요한 것인지를 다시 한번 생각해야 한다. 그런 다음에 없어서는 안 되는 것만 다시 가방 안에 넣는다. 그것이 전부다. 이때 가방 안에 들어가지 못한 것들에 눈길도 주지 않는 게 중요하다.

소유한 물건들만 정리하고 버려야 한다는 뜻이 아니다. 이는 일상에서 만나는 현실적인 문제에도 적용된다. 예컨대 많은 사람이 관심을 두는 다이어트를 예로 들어보자. 독일의 전 외무부 장관 요쉬카 피셔Joschka Fischer는 한때 112kg까지 달했던 사람이다.[48] 식탐 가득했던 그는 달리기와 식이요법으로 무려 35kg을 감량했다. 이후 그는 독일에서 가장 유명한 아마추어 마라토너가 되었고, 세계의 많은 사람에게 달리기가 얼마나 중요한지 알렸다. 외무장관 시절 우리나라 남산

6장: Recognize 최적경로를 인식하라

221

을 달리면서 언론을 통해 본인의 달리기 사랑을 알린 적도 있다.

나도 작년에 10kg을 감량했다. 최근 다시 2kg가 쪘지만 더 이상 늘지 않는다. 불현듯 다이어트를 한 까닭은 짊어지고 있는 짐을 덜기 위해서는 몸부터 덜어내야겠다는 생각 때문이었다. 재작년 처음 책을 쓰면서 아무래도 책상에 오래 앉아 있는 시간이 많다 보니 이곳저곳에 군살이 많이 붙었다. 요쉬카 피셔^{Joschka Fischer}가 『나는 달린다』에서 살을 뺀다는 것은 단지 저울의 바늘을 낮추는 것만을 의미하지 않는다고 말한 것처럼, 나 역시 새로운 자신을 만들기 위해서는 짐부터 덜어야겠다고 생각했다.

파도에 대처하는 자세

대학원 때 지도교수가 수업 시간에 뜬금없이 생수병을 들고 물었다. "이 병을 1시간 동안 내리지 않고 들 수 있을까?" 아무런 대답이 없자, 다시 물었다. "그러면 힘들 때마다 내렸다가 다시 들면 어떨까?" 논문과 연구과제 준비로 힘들어하는 우리에게 여유를 갖고 완급을 조절하라는 뜻으로 말한 듯하다.

많은 사람이 왜 자신만 무거운 짐을 들고 살아야 하느냐고 불만을 토로한다. 사실 그것의 가볍고 무거움은 삶이 힘든 것과는 관계가 별로 없다. 가벼워도 힘든 이유는 틈틈이 내려놓지 않아서이고, 무거워도 힘들지 않은 이유는 가끔씩 내려놓기 때문이다. 틈틈이 짐을 내려놓아야 한다. 그것이 가볍게 살 수 있는 비결이다. 인생의 우선순위를 점검하고 바람직한 삶의 조건을 바꾸는 법을 찾을 때, 무거운 짐을 버리고 집착에 시달리지 않는 가벼운 마음을 갖게 된다. 양손에 가득 쥐고 있는데 어떻게 중요한 것을 움켜쥘 수 있겠는가. 중요한 것은 쥐고 아닌 것은 놓아야 한다.

톨스토이 Leo Tolstoy의 단편 「사람에게는 얼마만큼의 땅이 필요한가?」는 우리의 욕심과 집착이 얼마나 어리석은 것인지를 잘 보여준다.[49] 평범한 농부 바흠은 어떤 지방에서 땅을 헐값에 판다는 말을 듣고 땅 주인에게 달려간다. 땅 주인이 땅을 파는 방식은 대단히 독특했는데, 출발점을 떠나 하루 동안 밟고 돌아오기만 하면 그 땅을 모두 주겠다는 것이다. 다만 해가 지기 전에 출발점으로 돌아와야 한다는 조건이 있었다. 다음 날 아침 일찍 출발점을 떠난 바흠은 어느 때보다도 힘차게 달려 나갔고, 부자가 된다는 꿈에 부풀어 밥을 먹지 않아도 배고픈 줄 몰랐다.

어느덧 해가 기울기 시작하고, 반환점을 돌아야 할 시간이 되었다. 하지만 그는 자기 앞에 있는 땅들이 더 비옥하고 탐스럽게 보여 걸음을 멈출 수가 없었다. 결국 바흠은 해가 지평선 아래로 숨어들 때야 발걸음을 돌려 출발점으로 달리기 시작했다. 해가 질까 봐 마음이 급했다. 땀을 비 오듯 흘리며 혼신을 다해 내달렸다. 드디어 간신히 출발점에 도착했지만, 그는 그만 정신을 잃고 쓰러지고 말았다. 그리고 다시는 일어나지 못했다. 안타깝게 여긴 땅 주인은 그를 묻어주기로 했다. 결국 그가 가진 땅은 자신이 묻힐 반 평 크기가 전부였다.

러시아와 관련된 얘기를 더 해보자. 러시아 제2의 도시 상트페테르부르크에는 루브르 박물관과 대영 박물관에 견줄 만한 에르미타주 The State Hermitage라는 걸출한 미술관이 있다. 그 명성에 가려 빛을 보지는 못하지만, 그곳에서 멀지 않은 '국립 러시아 미술관' 또한 러시아 화가들의 훌륭한 작품들이 전시된 곳으로 유명하다. 그곳에는 러시아에서 가장 아름다운 작품 중 하나로 손꼽히는 이반 아이바좁스키 Ivan Aivazovsky의 〈9번째 파도〉라는 그림이 있다.

이반 아이바좁스키, 〈9번째 파도〉, 1850

그림에는 폭풍 속에 난파되어 온갖 역경을 뚫고 뗏목에 살아남은 자들이 있다. 그런데 그 앞에 다시금 시커멓고 거대한 파도가 밀려온다. 그 파도는 8번째 파도이다. 그리고 더 큰 파도가 멀리서부터 서서히 다가온다. 뗏목 위에는 이미 아무것도 없다. 폭풍우를 만났을 때 살아남기 위해서는 무엇보다 짐을 버려 배를 가볍게 해야 한다. 목숨이 왔다 갔다 하는 위기의 상황 속에서 값비싼 향신료와 장신구는 아무짝에도 쓸모없다.

무게를 가볍게 해야 하는 건 비단 폭풍우를 만난 배에만 해당하는 것이 아니다. 도로 위를 달리는 자동차도 마찬가지다. 자동차의 연비는 차체 무게와 밀접한 관계가 있다. 자동차부품연구원의 〈연비 향상을 위한 자동차 경량화 동향〉 보고서에 따르면, 1,500kg 승용차를 10% 경량화하면 연비 성능이 4~6% 향상된다고 한다. 국내 굴지의 자동차 제조사의 공식 미디어 채널에 따르면, 자동차 연료 소비의 약 23%는 차량의 중량과 관련이 있으며, 자동차 연료를 가득 채우는 것보다 절반 정도만을 반복해서 채우는 것이 연비를 2~3% 높이는 방법이라고 한다.

새가 몸이 너무 무거우면 하늘을 날 수 없듯이, 자유롭게 날려면 미련 없이 짐을 버릴 수 있어야 한다. 피카소Pablo Picasso에게 그림을 그린다는 것은 무언가를 더하는 게 아니라 빼는 일이며, 가브리엘 샤넬 Gabrielle Chanel에게 패션이란 옷에 온갖 액세서리를 붙인 후에 필요한 것만 남을 때까지 뺄 때 비로소 완성된다.

- 연료를 가득 채운 채 주행하고 있지 않은가?
- 불필요한 짐을 싣고 다니고 있지 않은가?
- 짐을 필요 이상으로 많이 가방에 넣어 다니고 있지 않은가?

이러한 질문에 답을 하는 것이 인생이라는 여행의 본질에 다가서는 방법이다. 그것이 멀리서 다가오는 9번째 파도에 대처하는 보이지 않는 힘이다.

- 짐을 줄여야 한다. 필요 없는 짐 때문에 자신에게 가장 소중한 것을 놓치고 있는 것은 아닌지 점검하라.
- 가브리엘 샤넬에게 패션이란 옷에 온갖 액세서리를 붙인 후에 필요한 것만 남을 때까지 뺄 때 비로소 완성된다.
- 불필요한 짐을 줄이는 것은 멀리서 다가오는 9번째 파도에 대처하는 보이지 않는 힘이다.

7장

INSPECT

Inspect signals inside and outside

신호를
주시하라

·

"가장 애석한 점은 사람들이
대부분 완전히 태어나기도 전에
눈을 감는다는 것이다."

_에리히 프롬 Erich Fromm

1. 사각지대Blind-spot를 조심하라

보이지 않는 것이 더 중요하다

프랑스인들은 해가 기울기 시작해 땅거미가 내리는 석양 무렵을 '개와 늑대의 시간'이라고 부른다. 빛과 어둠이 뒤섞이면 저 언덕 너머 실루엣으로 다가오는 짐승이 내가 기르는 개인지, 나를 해치러 오는 늑대인지 분간할 수 없는 시간이라는 뜻이다. 통계에 따르면 교통사고는 컴컴한 한밤중보다 '개와 늑대의 시간'에 빈번하게 발생한다. 아예 보이지 않을 때보다 어렴풋이 보일 때, 사물의 윤곽만 얼핏 보일 때 예기치 않은 사고가 일어나는 법이다.

운전을 할 때 우리는 종종 사각지대를 경험한다. 안전 운전은 그러한 사각지대를 놓치지 않는다는 뜻이고, 전후방을 주의 깊게 살피며 운전한다는 의미다. 안전장치들이 나날이 발전하고 있지만, 그 어떤 첨단 장치보다 여전히 중요한 것이 바로 '미러'다. 룸미러와 사이드미러 등 육안으로 직접 확인할 수 있는 거울인 '미러'는 안전 운전을 위한 가장 원천적이고도 중요한 장치이다. 미러를 잘 본다는 건 그만큼 운전이 숙달되어 있다는 걸 의미한다. 초보 운전자라고 해도 전방을 주시하는 건 숙련된 운전자와 크게 다를 바 없지만, 룸미러와 사이드미러를 확인하는 건 숙련된 운전자와 차이가 날 수밖에 없다. 얼마 전 출근을 하다 재치 있는 문구를 붙이고 다니는 차를 보고 웃었던 적이 있었다. 그 차는 '초보운전'이라는 구태의연한 문구 대신 '지금 3일째 직진 중입니다.'라는 문구를 뒷 유리창에 붙여놓았다. 한편 이 말은 미러를 통해 좌우를 돌아보는 일이 초보 운전자에게는 쉽지 않음을 의미한다.

모든 자동차의 사이드미러에는 '사물이 보이는 것보다 가까이 있습니다.'라는 문구가 적혀 있다. 볼록한 미러는 후방 시야를 넓게 확보해주긴 하지만 사물이 멀리 있는 것 같은 착각을 일으키기 때문에 그러한 주의사항을 표시해놓은 것이다. 결국 거울을 통해 보이는 것은 실제와 차이가 있고, 보이는 게 전부가 아니라는 얘기다.

우리는 자신이 만든 거울로 세상을 들여다본다. 거울 안에 세상을 가져다 붙여놓고 그 세상을 보면서 살고 있다. 문제는 그 거울 안의 세상이 실제 세상과 다르다는 점이다. 자신의 주관에 의해 형성되었다기보다는 부모나 선생 같은 타인들에 의해 만들어진 거울에 갇혀서 실제 세상을 정확히 보지 못한다. 바로 그곳에 사각지대가 존재한다. 그러한 사각지대를 놓치는 순간, 우리는 심각한 부작용을 경험한다. 자신이 가진 무언가보다 남이 가진 것을 더 중요하게 여기고, 가까이 있는 사람보다 멀리 있는 사람을 더 소중하게 생각한다. 받은 사랑보다 받은 상처를 더 오래 간직하고, 남을 늘 부러워하며 자신과 비교한다. 이 세상에서 가장 중요한 일은 가시적인 성공과 돈 또는 명예를 얻는 것이라 착각하고, 눈에 보이지 않는 것들은 하찮게 여긴다.

이것은 세상을 바로 보는 자세가 아니다. 눈에 보이지 않는 것이 보이는 것보다 훨씬 중요하고 소중할 때가 많다. 스티븐 호킹Stephen Hawking 박사의 말대로, 온 우주는 물질로 채워져 있지만, 그중 97%가 빈 곳이다. 즉 우리 눈에 보이는 우주가 허상이고 참 실재가 아닌 것처럼, 보이지 않는 것을 빼놓고는 완벽하게 설명할 수 없다. 그런데도 우리는 세상을 보고 싶은 대로 봐야 직성이 풀리고, 모든 걸 숫자로 환산해야 안도한다. 하지만 '보이는 것'을 쫓아가면 '보이지 않는 것'은 멀리 도망가버릴 뿐, '보이는 것'마저 얻을 수 없다.

생텍쥐페리가 쓴 『어린 왕자』에서 여우가 어린 왕자에게 이렇게 말한다.

"내 비밀은 이런 거야. 매우 간단한 거지. 오로지 마음으로 보아야만 정확하게 볼 수 있다는 거야. 가장 중요한 것은 눈에는 보이지 않는 법이야."[50]

사실 시각적으로 사물을 판단하는 건 그리 믿을 만한 것이 못 된다. 사물을 바라보는 시간과 장소, 또는 전체와 일부분에 따라 달라질 수밖에 없기 때문이다. 그런 차원에서 인상파 화가 폴 고갱Paul Gauguin의 "나는 보기 위해 눈을 감는다I shut my eyes in order to see."라는 말은 눈이 아닌 마음으로 보아야 분명하게 볼 수 있다는 것을 의미한다. 보이는 것을 정확하게 그려내는 것이 미술이라는 생각의 틀을 과감히 깬 사람들이 바로 인상파 화가였다. 보이는 대로 그리지 않고, 느낀 대로 그린다는 것은 당시로는 받아들이기 힘든 일이었다. 그러나 인상파 화가들은 외부 사물을 본 느낌, 즉 자신의 내면세계를 담아내야 본질에 가까워진다고 생각했다. 그것이 바로 고갱이 '눈을 감은 이유'였다. '보이는 것으로부터의 자유'를 위해서였다.

인상파 화가 폴 세잔Paul Cézanne은 한 발 더 나아가, 여러 시점에서 보이는 장면을 조합해 자유롭게 재해석한 그림을 그렸다. 그는 눈에 보이는 사과를 있는 그대로 그리는 것이 잘 그리는 것인지 의문을 가졌다. 지금은 사과가 싱싱하지만, 시간이 지나면 썩고 말 것을 잘 알고 있기 때문이었다. 그는 대상의 표면적인 모습을 넘어 그 '본질'을 그리고 싶었기에 굳이 사과의 모습을 눈에 보이는 대로 그릴 필요가 없었다.

사각지대를 볼 수 있는 눈

눈에 보이지 않는 것을 상상하는 믿음은 역경과 어려움을 극복하는 원동력이 되기도 한다. 1952년 미국 독립기념일인 7월 4일, 여자 수영선수 플로렌스 채드윅Florence Chadwick은 35km 떨어진 카타리나 섬에서 캘리포니아 해변까지 건너는 데 도전하였다.

결과는 실패였다. 원인은 차가운 수온이나 근육 경련 때문이 아니었다. 자주 출몰하는 상어 때문도 아니었다. 16시간 동안 먹지도, 마시지도 못한 채 헤엄하느라 지쳤기 때문도 아니었다. 그녀가 포기한 이유는 다름 아닌 '안개' 때문이었다. 짙은 안개가 몰려와 해변이 보이지 않자 극심한 불안과 두려움에 휩싸였고 탈진하고 말았다.

그녀는 도전을 포기한 뒤, 배에 오르고 나서야 해변이 불과 800m밖에 남지 않았음을 알게 되었다. 다음날 기자회견에서 그녀는 이렇게 말한다.

"눈에 보이는 것은 자욱한 안개뿐이었어요. 만일 캘리포니아 해변이 보였더라면 저는 충분히 완주할 수 있었을 겁니다."

두 달 뒤 그녀는 다시 도전장을 내밀었다. 이번에도 역시 짙은 안개가 시야를 가렸다. 하지만 이전과 달리 문제가 되지 않았고, 마침내 그녀는 카타리나 해협을 건넌 최초의 여성이 되었다. 그것도 남자가 세운 기록을 2시간이나 단축했다. 그녀는 그때 이렇게 얘기한다.

"눈에는 보이지 않았지만, 안개 뒤편 어딘가에 육지가 있는 것을 계속 상상했습니다. 그래서 끝까지 헤엄을 칠 수 있었고 목적지에 다다를 수 있었습니다."

화가 폴 호건Paul Hogan이 "자신만의 세계를 창조하지 못하면 다른 사람이 묘사한 세계에 머무를 수밖에 없다. 그렇게 되면 자기 자신의 눈이 아닌 다른 사람의 눈으로 실재를 보게 된다."라고 말했듯, 육체의 눈으로 보는 건 한계가 있을 수밖에 없다. 따라서 통찰력을 갖춘 마음의 눈을 계발해야 한다.

카타리나 해협을 건넌 최초의 여성, 수영선수 플로렌스 채드윅의 모습.

우리는 눈에 보이지 않는 것보다 눈에 보이는 것을 선호한다. 돈과 권력은 눈으로 확인할 수 있기에 중요하게 여기지만, 용기나 도전, 삶의 의미를 찾기 위한 노력처럼 보이지 않는 가치들은 후순위로 밀려나곤 한다. 사랑도 마찬가지다. 눈에 보이는 것이 전부가 아님에도 적지 않은 사람들이 조건만 중시하다 보니 진정한 사랑을 하지 못한다. 조건을 보고 결혼을 하면 그 조건이 변함에 따라 사랑도 따라 변하게 된다. 자신이 품었던 기대가 무너지듯이 상대방에게 지녔던 기대도 무너진다. 눈에 보이지 않는 사랑이 눈에 보이는 조건 때문에 변하게 되는 것이다.

만약 눈에 보이는 것이 전부라 여겨진다면, 또는 그런 세상에서 살고 있다는 생각이 든다면 지금 잠시 멈추어야 한다. 그리고 보이지 않는 내면을 바라보는 새로운 눈을 가져야 한다. 내가 무엇을 좋아하고 싫어하는지, 나는 어떠한 사람인지, 내가 하고 싶은 일이 진정 무엇인지 자기 성찰의 시간을 가져야 한다. 그러한 시간을 통해 삶의 본질적인 역할과 목적을 정립하고, 새로운 자극을 위한 에너지를 창조해야 한다.

살다 보면 안개가 밀려와 해변이 보이지 않을 때가 있다. 그때마다 우리는 눈에 보이지 않는다고 포기하고 만다. 하지만 눈에 보이지 않는다고 좌절하지 말자. 눈에 보이는 것만이 전부가 아니기 때문이다. 이제는 한 발짝 뒤로 물러서 지나온 길을 되짚어보며, 자기 삶과 행동 방식에 존재하는 크고 작은 사각지대를 들여다보는 지혜가 필요하다. 그동안 놓치며 살았던 사각지대를 볼 수 있는 눈을 새로 뜨는 것, 그것이야말로 세상을 온전히 바라보는 출발점이 된다. 바로 그때 더 이상 '개와 늑대의 시간'에 머물러 있지 않게 된다.

SELF DRIVE

- 타인들에 의해 만들어진 거울에 갇혀서 실제 세상을 정확히 보지 못한다. 바로 그곳에 사각지대가 존재한다.
- '보이는 것'을 쫓아가면 '보이지 않는 것'은 멀리 도망가버릴 뿐, '보이는 것'마저 얻을 수 없다.
- 사각지대를 볼 수 있는 눈을 새로 뜨는 것이야말로 세상을 온전히 바라보는 출발점이 된다.

2. 엔진 소리를
감지하라

본질을 꿰뚫는 통찰력

1963년 8월 28일 링컨 기념관 발코니에서 "나에게는 꿈이 있습니다I have a dream."로 시작되는 마틴 루서 킹Martin Luther King 목사의 연설은 인류 역사에서 회자되는 명연설로 남아있다. 적절한 비유와 생생한 수사, 힘이 실려있는 내용은 지금까지도 연설문의 전형으로 여겨진다. 그런데 마틴 루서 킹이 그 연설을 할 때 원고를 읽지 않고 즉석에서 바꾸었다는 사실은 사람들이 잘 알지 못한다. 그가 며칠 동안 밤을 새워 준비했던 원고는 미국 헌법을 약속어음으로 비유하는 은유로 시작되는 것이었다. 원고를 읽어 내려간 지 8분가량이 지날 무렵, 그는 자신이 써온 내용이 청중을 감명시키지 못한다고 판단했다. 그 순간 그는 준비했던 연설문 대신 자신이 담임하던 교회에서 사용하던 단어와 문장들로 대체해 연설했다. 무모하면서도 대담했던 시도였지만, 결과는 대성공이었다. 그에게 부러운 점은 탁월한 연설보다 상황의 변화와 반응을 재빨리 감지하고 유연하게 대처하는 능력이다. 이는 본질을 꿰뚫는 통찰력이 있기에 가능한 일이었다.

우리는 운전을 하면서 많은 정보를 접하며 그에 맞는 상황 판단을 한다. 특히 차량의 계기판은 다양한 신호와 정보를 보여주며, 운전자는 연료량과 엔진오일, 배터리와 타이어 공기압 상태 등에 대한 정보들을 통해 차량의 이상 유무를 점검할 수 있다. 약 2만 개가 넘는 자동차 부품 가운데 필요하지 않은 부품은 하나도 없지만, 그중 가장 중요한 부품 중 하나가 엔진이다. 자동차의 심장과도 같은 엔진은 실린더의 흡입과 배기를 통해 열에너지를 기계 에너지로 전환하며 차체를 움직이는 힘을 발휘한다.

우리 몸도 구석구석에 혈액을 보내는 심장이 멈추면 생명이 끝나듯이, 자동차도 엔진이 멈추면 끝난다. 그러기에 엔진의 이상 여부를 판단하는 건 매우 근원적이고도 중요한 일이다. 따라서 시동을 켜자마자 들리는 엔진 소리와 엔진의 떨림 정도는 명확하게 눈에 보이지는 않지만 차량의 상태를 판단하는 중요한 기준이 된다. 베테랑 정비사는 엔진 소리만 듣고도 차의 연식을 어림짐작 맞힌다고 한다. 만약 잡음이 들리거나 평상시와 다르게 느껴진다면, 엔진에 문제가 생겼을 가능성이 크다.

2009년 1월 15일 라과디아 공항, 승객 155명을 태운 에어버스 국내선이 뉴욕에서 이륙을 시작했다. 이륙한 지 얼마 되지 않아 여객기는 한 무리의 새 떼를 만난다. 새 떼의 일부가 조종석 창문에 부딪히는 것까지는 괜찮았다. 그런데 새들이 양쪽 엔진에 빨려 들어가는 불상사가 발생했다. 순식간에 엔진이 꺼졌다. 더구나 이러한 사항을 대비하기 위해 장착된 비상 엔진마저 고장이 나고 말았다. 눈 깜짝할 사이에 일어난 일이었다. 그로부터 정확히 208초 후, 항공기는 공항이 아닌 허드슨강에 비상착륙 했다. 승무원들은 물속에서 비상구를 열어 승객들을 탈출시켰고, 다행히 승객 155명 전원이 구조되었다. 사람들은 이를 두고 '허드슨강의 기적'이라 부르며 연일 언론에서 앞다투어 사건을 다루었다.

이 기적의 중심에는 기장이 있었다. 초대형 참사가 일어날 뻔한 상황에서 발휘된 기장의 침착함과 판단력으로 승객과 승무원 모두의 생명을 구할 수 있었다. 그 기장의 이름은 설리라고 불리는 체슬리 설렌버거Chesley Sullenberger, 42년 경력의 베테랑 조종사이다.

그는 당시 비행기 엔진이 꺼지자 고층 빌딩이 밀집한 맨해튼을 우회해서 허드슨강으로 비행기를 몰았다. 관제소는 인근 공항에 착륙하라고 했지만, 그곳까지 가는 도중 끔찍한 사고로 이어질 거라 판단하고 강물 위에 내리기로 한 것이다. 그는 어느 인터뷰에서 "침착하게 대응할 수 있었던 건 무엇보다 엔진 이상을 재빨리 감지할 수 있었기 때문이다. 엔진 소리가 평상시와 달랐다."라고 말했다. 비록 보이진 않지만, 가장 본질적인 것을 놓치지 않은 설렌버거로 인해 피해를 최소화할 수 있었다. 이 사건은 2016년 영화로도 만들어져서 국내에서도 상영되었는데 클린트 이스트우드Clint Eastwood 감독, 톰 행크스^{Tom Hanks} 주연의 〈설리〉가 바로 그것이다.

나심 탈레브^{Nassim Nicholas Taleb}는 그의 책 『스킨 인 더 게임』에서 눈에 보이지 않지만, 본질에 집중하는 것이 중요하다는 점을 재미있는 사례를 들어 설명한다.[51]

종합병원에 두 명의 외과 의사가 있다. 말도 침착하고 단정한 헤어스타일의 첫 번째 의사의 사무실 벽에는 아이비리그 학위증서가 걸려 있다. 반면 우락부락하고 못생긴 두 번째 의사의 사무실에는 아무런 증빙도 걸려있지 않다. 이때 두 명의 의사 중 선택을 해야 한다면 망설임 없이 두 번째 의사를 골라야 한다는 것이다. 왜냐하면 외형이나 배경이 뛰어나지 않은 의사일수록 그 자리에 오기까지 분명 많은 장애물을 극복했을 것이기 때문이라고 한다.

깨어 있어야 한다

루마니아 작가 콘스탄틴 브랑쿠시^{Constantin Brancusi}가 1923년에 제작한 〈공간 속의 새〉는 청동 조각 작품으로 현재 뉴욕 현대미술관에 소장되어 있다. 이 조각상은 허공을 날아가는 새의 모습을 표현했다고 하지만, 전혀 새를 닮지 않았다. 날개와 부리는 없고 오히려 촛불 모양을 닮았다. 그런데 가만히 보고 있으면 날렵한 곡선은 깃털을 연상시키고 투명에 가까운 광택과 반짝이는 모습은 마치 한 마리 새가 공중으로 솟구쳐 비상하는 느낌을 준다. 작가

는 '본질의 중요성'에 대해 다음과 같이
말했다.

"물고기를 보면서 우리는 비늘을
생각하지 않습니다. 하지만 물고기가
움직일 때마다 발산하는 빛과 날쌘
동작에는 시선을 빼앗깁니다. 제가
표현하고자 하는 것도 그렇습니다.
바로 본질입니다. 외형이 아니라 핵
심 말입니다. 저는 새의 퍼덕이는 날
갯짓과 깃털을 통해 속도감을 표현했
습니다."

콘스탄틴 브랑쿠시, 〈공간 속의 새〉, 1923

미술가에게 눈은 생명이다. 그러나 눈에 보이는 것만이 전부는 아
니다. 눈에 보이지 않지만, 그 자체로 존재하는 것, 그것이 본질이다.
새의 외형이 아니라 본질을 바라보는 건, 마틴 루서 킹이 청중의 반응
에 따라 연설문을 즉석에서 바꾸고, 설리가 엔진 소리를 감지하고 비
상착륙을 했던 것과 닮아 있다. 중요한 것은 '본질'을 바라보기 위해
무엇보다 깨어 있어야 한다는 점이다. 아무리 각종 신호와 반응들이
있다 한들 그것을 알아챌 수 없으면 소용이 없기 때문이다.

일본 NHK 방송 중에 〈치코짱에게 혼나요〉라는 프로그램이 있다.
커다란 인형을 뒤집어쓴 5세 아이 '치코'라는 캐릭터가 출연자에게
질문을 던진다. 그런데 그 질문이란 것이 5세 아이의 시선에서 바라
본 것들이기에, 평소 너무 당연시 여겨 의문을 품지 않았던 것들이

대부분이다. 질문을 받고 당황해 말을 더듬거나 묵묵부답인 어른들의 모습이 바로 웃음 포인트다. 결국 아무런 대답을 하지 못하면 5세 치코가 "멍 때리면서 살면 안 돼!"라며 어른들을 야단친다. 이 방송의 세트 뒤에는 'Don't Sleep through life'라는 문구를 늘 걸어놓는데 여러 생각을 하게 만든다. 이 말을 굳이 번역하자면 '평생 잠을 자지 말라.'는 직역보다는 '늘 깨어 있어야 한다.'가 훨씬 자연스럽다. 흔들리지 않는 기준을 붙들고 본질을 바라보는 건 깨어 있을 때 가능하다는 뜻이다.

영화 〈설리〉 얘기를 마저 하면, 영화는 설리 기장이 긴 시간 동안 조사를 받은 뒤 힘없는 목소리로 아내에게 전화하는 장면으로 시작된다. 사고 조사팀은 라과디아 공항이나 테터보로 공항으로 안전하게 회항할 수 있었는데 왜 굳이 허드슨강에 불시착하여 승객들을 위험에 빠뜨렸느냐고 그를 추궁한다. 조사팀의 자체 시뮬레이션 결과로는 엔진이 고장 났을 때 즉각 회항했더라면 인근 공항에 안전하게 도착할 수 있었기 때문이다.

그러자 설리 기장은 "인간은 위급한 상황에서 기계처럼 행동할 수 없으며, 155명의 생명을 지키기 위해서는 여러 변수를 감안해서 판단해야만 했다."라고 일관되게 주장한다. 결국 조사팀은 설리의 주장을 수용하였고, 35초의 추가 판단 시간을 감안하여 다시 시뮬레이션을 돌렸다. 그 결과, 허드슨강에 착수하지 않았더라면 시내 빌딩에 추락하거나 대서양에 빠지는 끔찍한 결과가 도출되었다.

우리는 인공지능 시대에 살고 있다. 자동차에는 예전에는 상상도 못할 편의장치들로 가득하다. 최근엔 모바일을 이용해 원격으로 자동차 상태를 점검하고 확인하는 일도 가능해졌다. 그러다 보니 인간의 경험이나 직관보다 기계장치 시스템과 매뉴얼을 더 신뢰하는 세상이 되었다. 그러나 설리의 주장처럼 인간은 기계와 다르다. 기계가 대체할 수 없는, 즉 인간만이 할 수 있는 영역이 존재한다. 아무리 대단하고 정밀한 기계도 보이지 않는 것을 완벽하게 걸러낼 수는 없다. 그러나 인간에게는 보이지 않는 본질을 알아챌 수 있는 능력이 있다.

본질을 보는 눈을 뜨기 위해 깨어 있어야 한다. 그리고 내면의 목소리에 집중해야 한다. 본질에 가까워질 때 우리는 보다 더 자유로워지기 마련이다.

SELF DRIVE

- '본질'을 바라보기 위해 무엇보다 깨어 있어야 한다. 아무리 각종 신호와 반응들이 있다 한들 그것을 알아챌 수 없으면 소용이 없기 때문이다.
- 본질에 가까워질 때 보다 자유로워진다.
- 인간에게는 보이지 않는 본질을 알아챌 수 있는 능력이 있다.

3. 자신만의
속도로
나아가라

뭔가에 쫓기듯 여유 없이 살아가는

이따금 마라톤 경기를 볼 때마다 새삼 느끼는 건, 처음에 선두에 나서는 선수들이 마지막까지 선두로 남는 경우가 거의 없다는 점이다. 출발과 동시에 쏜살같이 선두 그룹을 형성하던 선수들 대부분은 30km 지점을 통과할 때쯤이면 남아있지 않다. 오히려 그때까지 뒤에 처져있던 선수들이 치고 나가기 시작한다. 35km 지점을 지날 때면 어느 정도 선두 그룹의 윤곽이 결정되면서, 그들 중 한 명이 결승점을 가장 먼저 통과한다. 결국 최후의 승자는 다른 선수들의 속도에 연연해하지 않고, 자신만의 페이스대로 달리는 사람이다.

중국의 한 농부가 벼를 심어놓고 흐뭇한 마음으로 아침저녁으로 지켜보다가 벼가 좀 더 빨리 자랐으면 좋겠다는 마음이 들었다. 그래서 벼를 조금씩 위로 당겨놓았더니 꽤 많이 자란 것처럼 보였다. 그러나 다음 날 아침 논에 나가보니 벼들이 모두 시들어 죽어 있었다. '조장助長'이라는 말에 얽힌 고사다.

온종일 뭔가에 쫓기듯 여유 없이 살아가는 사람들이 있다. 쉬는 날도 거르고 계획한 일을 완벽하게 처리해야 직성이 풀린다. 하지만 인생의 문제는 오히려 점점 더 쌓여만 간다. 열심히 사는데 왜 삶은 점점 여유가 없어지는 걸까? 거기에는 다른 사람의 속도에 맞춰 살아가는 우리의 현실이 있다. 초반부터 자기 스피드를 과신하는 마라톤 선수나 벼를 위로 당겨놓고 좋아하는 사람처럼 자신만의 속도를 정확히 알지 못하는 데에 그 원인이 있다. 만약 열심히 바쁘게 사는 대가로 문제가 사라진다면 누구나 기꺼이 바쁘게 살아갈 것이다.

우리는 타인의 속도에 맞추어 살아가는 사람을 매우 성실하고 뛰어난 사람으로 보는 경향이 있다. 물론 함께 어울려 살아가는 조직사회에서 타인을 배려하고 따르는 행동은 칭찬받을 만한 일이다. 그러나 무조건 타인의 속도를 따라가는 것은 전혀 다른 얘기다. 그러한 삶은 끊임없이 바쁜 일상생활에 휩쓸릴 뿐만 아니라, 타인에게 모든 걸 맞추다 보니 자기감정을 숨기거나 억제하면서 발생하는 어려움을 겪게 된다. 다른 사람의 시선으로 자신의 인생을 바라보기에 지금 자신에게 소중한 것은 무엇인지, 어떠한 삶을 살아가고 싶은지에 대한 고민을 애써 회피하고 만다. 결국 시간이 흐를수록 많은 것을 놓치게 되고, 허망해질 수밖에 없다.

사실 우리가 겪는 대부분의 스트레스와 불안은 다른 사람의 기준과 판단에 자기 삶을 맞추는 데에서 기인한다. 타인의 속도에 맞추다 보니 조급함이 지나쳐 때로는 강박증마저 생길 정도다. 다른 사람보다 뒤처지는 것은 아닌가 하는 걱정으로 잠을 이루지 못한다. 옳은 방향으로 나아가기보다 빨리 어딘가에 도착하기만을 바라기 때문이다.

그러나 결코 늦은 시간이란 없다. 가장 위대한 프랑스 작가로 꼽히는 빅토르 위고Victor Hugo가 『레미제라블』을 발표하였을 때가 60세였다. 영화로도 크게 히트한 『반지의 제왕』은 톨킨J.R.Tolkien이 62세에 발표한 작품이다. 소설가 박완서는 40세에 문단에 등단했으며, 밀크셰이크용 믹서 외판원이었던 레이 크록Ray Kroc은 53세에 맥도날드를 창업했다.

"하나님은 내가 너무 젊은 나이에 유명해지는 걸 바라지 않으셨나 봅니다."

재즈피아니스트이자 작곡가인 듀크 엘링턴Duke Ellington이 66세에 퓰리처상 후보로 올랐지만 수상에 실패하자 남긴 말이다.

한편 미국 뉴욕의 시간은 로스앤젤레스보다 3시간 빠르다. 러시아 블라디보스토크는 모스크바보다 무려 7시간이나 빠르다. 그렇다고 로스앤젤레스가 뉴욕보다 뒤처지고, 모스크바가 블라디보스토크보다 뒤처졌다고 생각하는 사람이 어디 있는가?

때로 주변 사람들이 당신을 앞서가는 것처럼 느껴지기도 하고, 혹은 당신보다 많이 뒤처졌다는 생각이 들기도 한다. 하지만 모두 자기 시간에 맞춰 자신만의 경주를 하는 중이다. 우리는 모두 각자 자기만의 시간대에 서 있을 뿐이다.

각자의 시간대로 살아가는 법

그렇다면 자기만의 속도로 나아가기 위해 어떻게 해야 할까?

첫 번째, 매사에 질문을 던져야 한다. 우리는 어린 시절부터 문제에 답변하는 훈련만 받았다. 수업 방식과 숙제가 그러했으며, 시험도 마찬가지였다. 정해진 시간에 얼마나 문제를 많이 맞히느냐로 늘 능력이 결정됐다. 그러다 보니 우리는 질문하는 것보다 답변하는 것에 훨씬 익숙하다. 그러나 세상은 질문하는 자들이 이끌고 간다. 그들은 끊임없이 생각하고 고민하며 새로운 문제를 세상에 던진다. 세상 사람들은 그들이 던진 문제를 해결하기 위해 끙끙거리며 밤을 새운다. 최고의 수재는 답을 하지만, 천재는 질문을 던진다.

특히 질문을 스스로에게 던질 줄 알아야 한다. "과연 이것은 내가 가고자 하는 방향에 부합하는가?", "이것을 통해 어떠한 만족과 경험을 얻을 것인가?", "나는 이것을 간절히 원하는가?"와 같은 질문을 스스로 던져야 한다. 이러한 질문은 타인의 기준을 만족시키는 것에서 벗어나, 자기 선택으로 자기 인생을 살아가게 한다. 그뿐만 아니라, 스스로 묻고 답변하는 그 자체만으로도 자아를 알아가는 만족감과 충족감을 얻을 수 있다.

두 번째, 감정을 있는 그대로 흘러가게 해야 한다. 타인에게 자신이 느끼는 감정을 표현하지 못하면 그러한 감정을 억제하면서 생기는 어려움을 겪게 되고, 이는 결국 타인의 속도에 맞춰 살게 되는 결과를 초래한다. 자신에게 솔직해질 때 다른 사람에게도 관대해지고 상대방의 감정도 잘 이해할 수 있기 때문이다. 미국의 심리학자 폴 에크먼Paul Ekman에 따르면, 사람의 얼굴에는 42개의 근육이 있다고 한다. 이들 근육이 조합해낼 수 있는 표정은 1만 개가 넘고, 그중 3천 개는 감정과 관련이 있다.[52] 애초 사람이란 존재는 풍부한 감정을 표현하도록 만들어졌다. 그러기에 감정을 속에 담아 두면 인간관계에 지장이 올 수밖에 없고, 타인에게 오해와 편견을 갖게끔 만든다.

분명 세상은 과거보다 더 풍요로워지고 화려해졌지만, 감정은 반대로 더욱 메말라가고 있다. 감정 표현을 도외시하다 보니 어느 순간 감정을 표현하는 방법조차 상실해버렸다. 감사한 일이 있어도 고마워하지 않으며, 슬퍼도 눈물조차 나오지 않는다. 모두 덤덤한 일상 가운데 겉으로는 아무 일 없이 사는 것 같지만, 실은 감정을 표출할 출구를 찾지 못해 안으로는 곪고 있다.

마지막으로 가장 중요한 건, 비교하지 않는 것이다. 다른 사람의 인생을 눈여겨보는 것은 타인의 기대와 희망에 의지한 채 살아가는 것이다. 남들로부터 인정과 박수갈채를 받아 부러움의 대상이 되고자 하는 욕망은 남들과 끊임없이 비교하고 경쟁하게 만든다. 우리는 그러한 비교를 통해 성취감을 느낄 수 있다고 자신을 세뇌한다. 더 안타까운 일은 타인과의 비교를 통해 자신을 압박하고는, 정작 자유롭게 살지 못한다고 한탄하는 것이다.

아부다비에서 일할 때 운전하다 보면 현지 차들의 주행 속도에 깜짝깜짝 놀라곤 했다. 시내의 일반 도로에서도 100km를 넘는 속도로 주행하는 건 매우 흔했다. 제한속도 기준 자체가 높은 것이 주된 원인이지만, 산유국이자 사막지대라는 특성상 배기량이 큰 차들이 대부분인 탓도 있다. 문제는 그런 차들과 함께 달리다 보면 나도 모르게 다른 차들의 속도를 따라가게 된다는 점이다. 그때는 다른 차들과 보조를 맞춰야 할 것만 같은 생각이 들었고, 실상은 뒤처지기가 싫었다. 그런데 내 차 배기량의 두 배 가까이 되는 커다란 차들을 쫓아가다 보니 차에 무리가 따를 수밖에 없었다. 어느 날은 차량이 과열되어 열이 식을 때까지 도로에서 기다린 적도 있었다. 뜨거운 중동의 열기도 원인이었겠지만, 내 차의 배기량을 넘어서는 가혹한 운전 습관 탓이 더 컸다.

남의 발자국을 따라가지 마라

타인의 기대와 바람에 따라 살면 바람 앞에 선 나뭇가지처럼 흔들리는 인생을 살 수밖에 없다. 남들의 말 한마디 한마디에 신경 쓰느라 중요한 자기 일에 집중할 수가 없기 때문이다. 그런데 정작 자신의 얘기를 들어주는 사람은 없다. 사람들은 겉으로는 듣는 척해도 듣고 싶은 말만 골라 듣는다. 누구나 자신이 필요한 부분만 취하며 다른 사람의 말을 온전히 들으려 하지 않는다. 그러니 다른 사람들의 말에 마음 쓸 필요가 전혀 없다. 오히려 타인에 대한 기대를 내려놓고 자기 길을 묵묵히 걸어갈 때 자유로움을 경험할 수 있다.

요즘 출시되는 차량에는 각종 편의장치가 들어간다. 특히 '어댑티브 크루즈' 또는 '스마트 크루즈'라 불리는 기능은 운전자의 피로도를 현격히 낮추어주는 편리한 시스템이다. 기존 단순한 크루즈 기능에서 한층 진일보한 이 기능은 속도와 전방 차량의 거리를 설정하면 차량이 앞차에 맞춰 스스로 속도를 조절하며 주행한다. 앞차 속도가 느려지면 스스로 속도를 늦추고, 앞차가 빨라지면 원래 설정 속도로 다시 가속된다. 도로가 정체되거나 고속도로에서 일정한 속도로 주행할 때 매우 유용한 편의장치다. 그런데 이러한 스마트 크루즈 기능에도 한계가 있는데, 그건 반드시 앞차가 존재해야 한다는 점이다. 정지 신호를 받고 차선의 맨 앞에 정지하면 스마트 크루즈 기능은 자동으로 해제되고 만다. 아무리 편리하고 똑똑한 기능이라 하더라도 기준으로 삼을 수 있는 차가 앞에 없다면 무용지물이 되고 마는 것이다.

더구나 위급한 상황에서 자동 편의장치는 별로 믿을 만한 것이 못된다. 그 장치만 믿고 운전하다간 낭패를 입게 되므로 위험할 때는 운전자 판단에 따라 직접 조작해야 한다. 따라서 모든 차량의 매뉴얼에는 '모든 편의장치는 보조적인 도움만 준다.'는 사실이 강조되어 있다. 결국 차의 속도는 운전대를 잡고 있는 운전자가 가장 잘 알아야 하며, 자신의 통제하에 두어야 한다.

독일의 시인 빌헬름 부쉬Wilhelm Busch가 "남의 발자국을 따라가면 아무 발자국도 남기지 못한다."라고 말한 것은 자신만의 속도로 자신만의 길을 만들어 나아가라는 뜻이다. 우리는 멈추는 것을 두려워한다. 어떻게든 쉬지 않고 달려야만 도태되지 않는다고 생각한다. 그러나 그보다 더 경계해야 할 점은 다른 사람의 발자국만을 보고 따라가는 것이다. 앞사람의 발자취를 좇는 것이 안전하게 보일지는 모르지만, 어디로 향하고 있는지 알지 못하기에 더욱 위험하다. 오히려 돌이킬 수 없는 잘못된 길로 갈 수 있기 때문이다.

차량의 배기량이 다르듯 우리 각자의 '그릇'도 다 다르다. 이건 누구의 능력이 더 뛰어나고 훌륭한가를 말하는 것이 아니라, 그릇의 생김새가 제각각인 것처럼 저마다의 능력과 쓰임이 다르다는 말이다. 운동신경이 발달되어 있는 사람도 있고, 학습 능력이 뛰어난 이도 있으며, 다른 사람에게 공감하는 능력이 월등한 사람도 있다. 모두 각자가 가진 그릇의 모양과 깊이가 다르다. 그러기에 그것을 비교할 필요가 없으며, 그렇게 해서도 안 된다. 다만 자기 자신의 '그릇'을 정확히 알고, 누구나 그릇이 다르다는 사실을 인정하는 것에서 타인과 비교하지 않고 자유롭게 살아가는 삶이 시작된다.

스스로 고민하고 선택하면 시간이 좀 더 걸리더라도 오롯이 나만의 것이 된다. 그러기에 다른 사람보다 뒤처진다는 두려움을 내려놓아야 한다. 나의 길에는 나만 존재할 뿐이다. 어깨에 힘을 빼고 천천히 자신의 속도로 나아가야 한다. 그것이 앞사람의 시간대와는 다른 시간대를 살아가는 자의 방식이다.

- 우리가 겪는 대부분의 스트레스와 불안은 다른 사람의 기준과 판단에 자기 삶을 맞추는 데에서 기인한다.
- 우리는 자기 시간에 맞춰 자신만의 경주를 하는 중이다. 자기만의 시간대에 서 있다.
- 세상은 질문하는 자들이 이끌고 간다. 그들은 끊임없이 생각하고 고민하며 새로운 문제를 세상에 던진다.

8장

VALUE
Value unexpected obstacles on the roads

장애물을
소중히 여기라

·

"삶이란 우리의 인생 앞에
어떤 일이 생기느냐에 따라 결정되는 것이 아니라,
우리가 어떤 태도를 취하느냐에 따라
결정되는 것이다."

_존 호머 밀스 John Homer Mills

1. 과속방지턱을
만나면
감사하라

브레이크를 걸 줄 알아야 한다

갑자기 급한 일정이 생겨 약속 장소까지 차를 몰고 갈 때 평소보다 차가 더 막힐 때가 있다. 늦으면 안 되는 약속이라 마음은 급한데 신호등은 도통 바뀌지 않는다. 더구나 그날따라 도로에 과속방지턱은 왜 이렇게 많은지. 과속방지턱 앞에서 속도를 줄여야 할 때마다 마음이 더 급해진다. 어쩌다 과속방지턱을 놓쳐 속도를 줄이지 못하면 쿵 하는 소리와 함께 차체에 충격이 그대로 전해진다. 과속방지턱은 특정 구간에서 운전자가 속도를 줄이게 하기 위한 목적으로 만든 안전장치다. 어린이 보호구역이나 교통사고가 빈번하게 일어나는 도로구간에 설치되는 과속방지턱은 차량의 속도를 낮춤으로써 보행자뿐만 아니라 운전자의 안전도 지켜준다. 운전자의 의지와 관계없이 반강제로 속도를 줄이게 함으로써 큰 사고를 미리 방지하는 것이 과속방지턱을 설치하는 목적이다.

우리는 실패는 나와 먼 이야기고, 불행은 절대 일어나지 않을 것이며 내 뜻대로 일이 풀릴 거라고 막연하게 생각하며 살아간다. 하지만 인생은 우리 뜻과 무관하게 실패와 마주하게 만든다. 그러기에 인생의 여정에서 장애물을 만나면 속도를 줄여야 한다. 뜻대로 되지 않는 것에 너무 안달복달하지 않는 것이 지혜로운 삶의 태도이다.

누구에게나 메고 다니는 운명의 자루가 있고, 그 속에는 똑같은 수의 검은 돌과 흰 돌이 들어 있다고 한다. 검은 돌은 불행, 흰 돌은 행복을 상징하는데 우리가 살아가는 일은 이 돌들을 하나씩 꺼내는 과정이다. 그래서 어떨 때는 예기치 못한 불행에 좌절하여 넘어지고, 또 어떨 때는 힘을 얻고 다시 일어선다. 하지만 자루 안에 있는 돌의 색깔은 자루 안에서만이다. 자루 밖으로 나오는 순간, 햇빛이나 바람에 의해서 혹은 누군가의 손길로 색깔이 바뀌기도 한다. 지나고 보면 나쁜 일이 자신에게 이득이 되는 경우가 있고, 좋은 일이 실패로 다가오는 경우도 있다. 그러기에 행복에 집착하거나 불행에 괴로워할 필요가 없다.

돼지는 머리를 젖히지 못하는 독특한 신체 구조로 되어 있다. 그래서 15도 이상 고개를 들 수가 없다. 이런 돼지가 유일하게 하늘을 볼 수 있는 때가 있는데, 바로 넘어져서 뒤집혔을 때다. 넘어져 뒤집힌 돼지는 땅뿐만이 아니라 하늘이 있다는 것을 처음 알게 된다. 넘어지는 경험이 새로운 세계를 보는 축복의 순간이 되는 것이다.

사람이 결정적으로 변할 때가 있다. 바로 큰 시련을 만났을 때이다. 그토록 변하지 않던 존재가 결정적으로 변하는 티핑 포인트는 위기의 때인 경우가 많다. 고난을 겪고 나서야 본질을 볼 수 있기 때문이다. 깊은 고통과 아픔의 시간 속에서 영원한 것과 헛된 것을 구별할 수 있는 눈이 비로소 떠지기 때문이다.

돌이켜보면 나에게도 최악이라 여겨지는 몇 차례의 상황이 있었다. 그러나 시간이 흐르자 그 덕분에 생각지도 못했던 새로운 도전을 할 수 있었고, 그것이 전화위복 되어 삶을 더 풍부하게 해주었다. 이와는 반대로 인정받고 박수받았던 순간이 나중에는 누군가의 시기와 간섭으로 이어지는 등 좋지 않은 결과로 변하기도 했다.

세상의 불빛이 꺼지고 우리의 삶 가운데 밤이 찾아올 때 그 어둠 속에서 우리는 전에 보지 못했던 것을 본다. 환한 빛이 비칠 때보다 오히려 더 많은 것을 어둠 속에서 볼 수 있게 된다. 어둠이 있기에 빛은 더욱 빛나고, 밤이 있기에 우리는 비로소 쉴 수 있다. 그러나 우리는 밤을 누리지 못하고 휴식을 알지 못한다. 휴식의 시간을 아까워하며 아무것도 하지 않는 시간을 불안해한다. 무엇을 잃어버리기 전까지는 그것의 소중함을 깨닫지 못하듯 휴식의 시간도 마찬가지다. 파란불이 채 들어오기도 전에 차를 출발하고, 파란불이 깜빡대도 몇 초만 남아있으면 곧장 건널목을 뛰어간다.

차가 최대한의 속도를 내고 질주할 수 있는 이유는 브레이크가 있기 때문이다. 이는 언제든지 차를 멈출 수 있다는 확신이 있기에 달릴 수 있음을 의미한다. 멈출 수 있기에 달릴 수 있고, 언제든지 달릴 수 있기에 멈추는 것을 두려워하지 않는 것이다. 이제 그 분주함을 내려놓고 삶에 브레이크를 걸 줄 알아야 한다. 그래야만 더 오랜 시간, 더 멀리 나아갈 수 있다. 휴식은 결코 멈춤이 아니다. 누구도 가속페달만 달린 차를 타려 하지 않기 때문이다. "인간의 모든 불행은 단 한 가지, 고요한 방에 들어앉아 휴식할 줄 모르는 데서 비롯된다."라는 파스칼 Blaise Pascal의 말은 오늘을 살아가는 우리에게 여전히 울림을 준다.

감사의 반대말

삶이 외부에 의해 어쩔 수 없이 잠시 멈추어야 하는 순간이 온다면 크게 감사해야 한다. 물론 멈춰야 하는 그 순간은 쉽지 않지만, 과속방지턱 때문에 큰 사고를 미리 막을 수 있듯이 보다 큰 위기와 시련을 피할 수 있는 기회가 되기 때문이다. '삶의 브레이크'는 지금 있는 자리에서 감사하는 데서 시작된다. 돌이켜보면 내게 가장 결핍된 것도 바로 감사하는 마음이었다. 여태껏 내 삶은 항상 부족하고 채워지지 않아 고달팠다. 채워도 채워지지 않는 결핍은 나로부터 감사를 앗아갔고, 나는 그것을 알기까지 많은 시간을 에둘러 돌아와야만 했다.

미국 캘리포니아 대학교 로버트 에몬스Robert Emmons 교수는 감사일기를 쓰는 사람과 그렇지 않은 사람이 어떻게 다른지 실험을 진행했다. 그 결과 감사일기를 쓰는 사람이 그렇지 않은 사람에 비해 행복지수가 높게 나타났다. 감사일기를 쓰면 심장박동과 뇌의 주파수가 공명되어 안정적인 상태로 접어들며, 엔도르핀 분비가 활성화되어 면역력이 증대한다는 것이다. 그런데 우리는 감사는커녕 자신에게 없는 것을 구하는 것에 더 익숙하다. 자신에게 있는 것을 즐기고 누리기보다 항상 없는 것 때문에 절망하고 남을 부러워한다. 여행가들은 항상 자기가 있는 곳을 이야기하지 않고 다른 곳을 이야기하는 습성이 있다고 한다. 미국에 가면 인도를 이야기하고, 인도에 가면 호주를 이야기한다.

어떤 사람들은 외국을 동경한다. 되는 일도 없는데 이민이나 가야겠다고 입버릇처럼 말한다. 반면 외국에 사는 사람들은 반대로 고국을 그리워한다. 동경이나 그리움이 나쁜 것은 아니지만, 중요한 것은 지금 있는 곳에서 즐겁게 사는 것이다. 지금 그 자리에서 즐기지 못하면 다른 곳으로 옮겨도 그리 즐겁지 않다. 지금 감사할 줄 모르고 지금 기뻐할 수 없는 사람은 언제 어디서 무엇을 해도 불행하다.

우리 일상의 행복은 아주 얇은 얼음판 위에 세워져 있다. 그 얼음판은 약간의 가난, 약간의 불편, 약간의 시기와 같은 것들로 금방 깨지고 만다. 그러면서 우리는 점점 그런 하찮은 것들에 마음을 빼앗겨 버리고 만다. 그리고 인생의 좋은 순간들을 제대로 즐기지 못하면서 그저 시무룩하게 그 좋은 장면들을 놓쳐버린다. 그 이유는 성취가 부족한 것이 아니라 감사가 모자라기 때문이다. 감사가 부족하면 지금 서 있는 땅에 발을 디디고 설 수도 없고 삶을 즐길 수 없으며, 행복해질 수도 없다.

감사의 반대말은 감사하지 않는 것이 아니라 '당연하게 여기는 것'

이다. 누리는 모든 것들을 당연하게 여기는 순간 불만이 생기고 감사의 삶과 멀어진다. 행복은 내가 갖지 못한 것을 가졌을 때가 아니라 내가 갖고 있는 것을 감사하게 여길 때 찾아오는 법이다. 넬슨 만델라 Nelson Mandela는 감옥에서 억울한 27년의 수감생활을 마치고 난 후, 감옥의 간수들을 대통령 관사로 초청하여 이렇게 말했다.

"저는 여러분에게 너무나 감사합니다. 여러분들을 통해 제 감정을 억제하는 법을 배울 수 있었습니다. 당신들이 없었다면 저는 분노로 인해 벌써 죽었을 것입니다."

감사할 수 없는 상황을 감사로 받아들이는 것이 성숙한 인간의 자세이다.

한 남자가 중고 세탁기를 사러 어느 집을 찾아갔다. 크고 좋은 집에 사는 주인 내외가 세탁기를 내왔고, 그들은 잠깐 대화를 주고받았다. 세탁기를 사러 간 남자는 경제적인 여유가 없어 중고 세탁기를 사러 왔다며, 두 아들이 너무 개구쟁이라 신발이 금방 닳아 걱정이라고 덧붙였다. 그러자 갑자기 부인이 고개를 숙이면서 방으로 들어가 버렸다. 남편이 몹시 당황해하는 그에게 말했다.

"저희에겐 딸 하나가 있습니다. 우리 아이는 12년 동안 단 한 걸음도 걸어본 적이 없답니다. 아내가 당신 아이들 얘기를 들으면서 슬픔이 북받친 것 같네요."

집에 돌아온 그는 현관에 놓여 있는 아이들의 낡은 운동화를 물끄러미 바라보았다. 우리는 누군가의 간절한 소원을 다 이루며 살고 있다. 누군가가 간절히 기다리는 기적이 우리에게는 날마다 일상처럼 일어나고 있는 셈이다.

감옥과 수도원은 모두 외딴곳에 있다. 철저한 규율과 제한된 만남, 소박한 음식을 먹어야 한다는 점에서 매우 유사하다. 그러나 두 곳은 그 안에 있는 사람들의 마음에서 극명하게 차이가 난다. 한쪽은 자신의 처지를 불평하고 세상을 원망하지만, 다른 한쪽은 세상에 감사하는 마음으로 다른 사람을 섬기며 봉사하길 원한다.

결국 삶이란 외적 조건보다는 어떤 마음을 먹느냐에 달려있다. 때로 나의 의지와 관계없이 멈추어야 한다면 바로 그 자리에서 감사해야 한다. 멈출 수 있을 때 삶은 공허해지지 않는다. 오히려 기대하지도 않았는데 성과가 나거나 혹은 생각보다 잘 풀리는 것을 경계해야 한다. 꽃길만 걷는 것이 좋은 것이 아니다. 장애물을 만나 고생도 하고 시련 앞에서 좌절도 하면서 이를 극복해나갈 때, 그 경험이 축적되어 더 어려운 상황을 만나도 의연하게 대처할 수 있다. 과속방지턱을 만났을 때 감사해야 하는 이유이다.

SELF DRIVE

- 삶의 분주함을 내려놓고 삶에 브레이크를 걸 줄 알아야 한다. 그래야만 더 오랜 시간, 더 멀리 나아갈 수 있다.
- 지금 그 자리에서 즐기지 못하면 다른 곳으로 옮겨도 그리 즐겁지 않다. 지금 감사할 줄 모르면 언제 어디서 무엇을 해도 불행하다.
- 감사할 수 없는 상황을 감사로 받아들이는 것이 성숙한 인간의 자세이다.

2. 교통체증을
선물로
받아들여라

기다림을 못 참는 현실

러시아에 갔을 때의 일이다. 건물 엘리베이터를 혼자 탔는데 엘리베이터 문이 한동안 닫히지 않았다. 문 닫힘 버튼을 찾았지만 보이지 않았다. 고장인 것 같아 내리려는 찰나, 문이 자동으로 닫혔다. 며칠 후 다른 도시로 이동해 대학교를 방문했는데 이번에도 엘리베이터의 문 닫힘 버튼이 보이지 않았다. 나중에 건물을 나오면서 직원에게 엘리베이터 문 닫힘 버튼이 고장 난 것 같다고 온화한 미소를 지으며 얘기했다. 글로벌한 의식을 지닌 선진 한국인으로서 해야 할 도리(?)라고 생각하며. 그러나 돌아오는 대답에 내 귀를 잠시 의심했다.

"원래 문 닫힘 버튼이 없습니다. 자동으로 닫히는데 왜 문 닫힘 버튼이 필요합니까?"

그때 나는 답변이 궁색해졌는데, 생각해보니 틀린 말이 아니었기 때문이다.

러시아에서 돌아와 집에 도착할 때까지 공항과 잠깐 들른 관공서에서, 그리고 짐을 들고 아파트에 올라갈 때도 자연스레 엘리베이터를 탔다. 그런데 전에는 신경 쓰지 않던 모습이 눈에 들어왔다. 누가 시키지도 않았는데 매번 문에 가장 가까이 서 있는 사람이 문 닫힘 버튼을 누르고 있었다. 그것도 한 번만 누르는 것이 아니라 여러 번. 마치 엘리베이터 문 앞에 있는 사람에게 부여된 암묵적인 사회 규율처럼 여겨질 정도였다.

차를 마실 때 우리는 찻잔 속에 든 티백을 가만두지 않는다. 연신 들었다 났다 한다. 조금이라도 빨리 찻물을 우려낼 요량이다. 커피 자판기는 어떠한가? 커피가 다 채워지기도 전에 이미 종이컵에 손을 대고 있다. 조금이라도 지체되면 안 된다. 물이 다 나오기도 전에 성급히 컵을 꺼낸다. 잰걸음으로 종종거리며 조급하게 서두르며 살아가는 우리 모습이다. 정작 바쁘지 않은 상황이 되면 불안해진다. 수시로 스마트폰을 통해 각종 뉴스와 정보를 수시로 확인한다. 누군가와 대화하면서도 또 다른 누군가와 SNS로 소통한다. 어쩌다 스마트폰이 주변에 없을 때는 손을 어디에 둬야 할지 모를 정도다.

흔히 우리는 바쁜 일에 치여 정작 중요한 일을 나중으로 미뤄도 된다고 착각한다. 하지만 바쁜 일과 중요한 일은 서로 비교할 수 없는 다른 차원의 것이다. 즉 바쁜 일은 양적인 시간과 관련이 있고, 중요한 일은 질적인 내용과 관련이 있다. 그러나 바쁜 일이 중요한 일에 영향을 주기에 다른 두 차원의 일이 서로 부딪치게 된다. 바쁨을 경계해야 하는 이유는 바쁘다는 것 자체가 주도적인 삶을 살지 못하고 있다는 방증이기 때문이다.

"기다리는 것도 일이니라, 일이란 꼭 눈에 띄게 움직이는 것만이 아니지. 이런 일이 조급히 군다고 되는 일이겠는가. 반개한 꽃봉오리를 억지로 피우려고 화덕을 들이대랴, 손으로 벌리랴, 순리가 있는 것을."

이는 최명희의 『혼불』 1권에 나오는 얘기이다.[53]

곶감으로 유명한 경북 상주에서 잠깐 근무했을 때, 곶감 영농조합에서 관계자의 설명을 들은 적이 있었다.

"곶감은 떫은 감을 따서 찬 이슬이 맺힌다는 한로부터 서리가 내리기 시작하는 상강 사이에 때를 기다려서 껍질을 벗겨 말려야 합니다. 이때 주의할 것은 너무 빨리 껍질을 벗기면 안 된다는 겁니다. 10도 이상이 되면 홍시가 되어 떨어져 버리기 때문입니다. 그 후 45일 동안 맨몸뚱이로 추운 시간을 보내고 나서야 마침내 곶감이 됩니다."

기다린다는 것은 쉽지 않은 일이다. 누군가를 하염없이 기다리거나, 특정 목표를 꿈꾸며 기다리는 것 자체가 힘든 일이다. 그것은 자신의 이익에 반하는 일이기 때문이다. 자신의 계획과 욕심을 자신의 통제 안에 들여놓지 못하기 때문이다. 그러나 더 힘든 것은 기다림의 끝을 알 수 없을 때다. 얼마나 더 기다려야 하는지, 이 기다림이 어떻게 끝나게 될지 모를 때 힘들어진다. 기약이 없는 기다림은 고통을 가중한다.

군대에 입대하는 청년은 입대와 동시에 제대만을 손꼽아 기다린다. 아무리 군 생활이 힘들더라도 참고 기다릴 수 있는 이유는 18개월만 참고 견디면 제대할 수 있다는 사실을 이미 알고 있기 때문이다. 10년 형을 받고 감옥 생활을 하는 사람은 10년만 참고 견디면 그곳에서 나갈 수 있다는 희망이 있다. 하지만 무기징역을 받은 사람은 다르다. 평생을 감옥에 있어야만 한다. 설사 감형을 받는다고 하더라도 언제 나갈 수 있을지 알 수가 없다. 그런 사람들에게 기다림은 고문이다.

9시 기차를 타려고 아침 일찍 서둘러 8시에 역에 도착했다면 1시간만 기다리면 된다. 늑장을 부려 기차가 떠났더라도 자신의 게으름이 원망스럽겠지만 다음 기차를 기다리면 될 일이다. 그러나 인생에서 기다림은 그렇게 찾아오지 않는다. 인생의 기차는 언제 올지 모른다. 영영 오지 않을지도 모른다. 그래도 기다려야 한다. 그러기에 기다린다는 것은 결코 낭만도 아니고, 애틋한 설렘도 아니다. 고통스러운 인고의 시간이다.

고통스러운 기다림을 축복의 기회로 만들라

마부위침磨斧爲針은 끊임없는 노력과 끈기 있는 인내로 큰일을 이룰 수 있다는 사자성어로, 도끼를 갈아 바늘을 만든다는 뜻이다. 공부에 싫증 난 이백이 공부를 그만두기 위해 산에서 내려오다 바늘을 만들려고 도끼를 가는 노파를 보고 마음을 돌려 큰 학문을 닦았다는 유래에서 비롯되었다. 비단 이백뿐만이 아니다. 시련과 고통을 참고 견디며 큰일을 거둔 사람들을 곳곳에서 만날 수 있다. 우리는 시간을 통해 성숙해진다. 기다림의 고통을 통해 진정한 자신을 마주할 수 있다. 자기 뜻대로 되지 않기에 역설적으로 세상으로부터 자유로워진다. 그래서 인고의 기다림은 축복이 되며, 목적 있는 인내는 선물이 된다.

고통스러운 기다림의 시간을 축복과 선물의 기회로 만들고자 한다면 우선 세상을 바라보는 시선을 변화시켜야 한다. '많아야 한다. 높아져야 한다. 올라가야 한다. 나부터 대접받아야 한다.'라는 세상의 이치로부터 '적어도 좋다. 낮아져도 좋다. 내려가도 좋다. 내가 먼저가 아니어도 좋다.'라는 생각으로 바꿔야 한다. 이러한 시선으로 세상을 볼 때 기다림은 더 이상 고통스러운 시간이 아니다. 내 뜻대로 되지 않는 기다림의 시간이 오히려 나를 성숙하게 만든다. 새로운 소망이 생겨나며, 올바른 삶의 방향을 찾아갈 수 있게 된다.

때로는 후퇴를 받아들일 수 있을 때 기다림의 시간이 의미 있게 다가온다. 인생은 일직선이 아니다. 삶은 평탄하고 곧은 아스팔트 대로라기보다는 꾸불꾸불하고 경사가 있는 오솔길과 닮았다. 오르막이 있으면 내리막이 있고, 내리막이 있으면 어느덧 다시 오르막이 시작된다. 그런데도 우리는 소위 '탄탄대로'만을 걸으려 한다. 인생 앞에 '꽃길'만 펼쳐지길 원한다. 하지만 실패 없이 계속 성공하기만 하는 것을 두려워해야 한다. 후퇴가 없으면 자칫 교만해지며, 그 교만은 도저히 회복할 수 없는 나락으로 떨어지게 하기 때문이다.

후퇴를 받아들이는 것은 개인만의 문제가 아니다. 끝없이 성장하는 듯한 기업도 굴곡을 겪는다. 시간이 지나고 보니 후퇴가 없어 보일 뿐이다. 불황이라는 단어가 무색해 보이는 '스타벅스Starbucks'도 한때 매장을 300개나 철수했고 직원을 6,700명이나 내보냈다. 당시 2년간 영업이익은 후퇴했고 주가도 많이 내려갔다. 패스트 패션의 대명사 '자라Zara'도 어려운 시간을 보냈다. 후발 주자들의 적극적인 마케팅으로 오프라인 매장의 고객이 줄어들었고, 결국 1,200개나 되는 매장을 폐쇄할 수밖에 없었다. 당시 많은 사람들이 다시 회복될 수 없을 거라고 예상했지만, 현재 자라는 영업이익이 훨씬 증가했다.

기다림을 가치 있는 시간으로 변모시키기 위해 가장 중요한 건 무엇보다 적극적이고 긍정적인 태도이다. 똑같은 사실을 어떻게 받아들이냐에 따라, 그리고 마음을 어떻게 먹느냐에 따라 결과는 사뭇 달라진다.

신발 시장을 개척하라는 사명을 띠고 두 사람이 아프리카 오지에 도착했다. 한 사람은 도착한 날 본사로 메일을 보냈다.

"현지인은 모두 맨발입니다. 여기서는 신발이 팔릴 가능성이 전혀 없습니다."

다른 한 사람도 즉시 메일을 보냈다.

"지금 당장 신발 5만 켤레를 보내주십시오. 이곳은 엄청난 가능성이 있습니다. 현지인이 모두 맨발입니다."

두 번째 사람 같은 적극적이고 긍정적인 태도는 직접적인 삶의 변화를 가져온다.

하버드 대학교 심리학과에서 호텔 미화원으로 일하는 여성을 대상으로 실험을 했다. 일이 힘들고 어렵다고 생각하는 집단과 일이 가치 있다고 생각하는 집단으로 구분해, 그들 모두에게 "당신 일은 매일 1시간씩 운동하는 효과와 같다."고 알려주었다. 6개월 후 일이 힘들고 어렵다고 생각하는 집단은 운동 효과가 거의 없었지만, 자기 일에 보람을 느끼는 집단은 체질량 지수가 훨씬 줄어들었다. 즉 마음과 태도에서 시작된 다짐이나 의지가 삶의 변화를 가져오고 인생을 발전시키는 계기가 되었다.

나는 평소 운전하는 것을 즐겨하지 않는다. 장거리 운전은 더욱 고역이다. 허리가 좋지 않은 탓도 있지만, 가장 큰 이유는 길이 막히는 걸 참지 못하기 때문이다. 예전엔 차가 막히면 마음이 조급해지고 길거리에 버리는 그 시간이 너무 아까워 어쩔 줄을 몰라 했다. 앞차가 잠시만 지체해도 경적을 울리기 일쑤였고, 조금이라도 통행이 원활해 보이는 옆 차선으로 이리저리 운전대를 꺾곤 했다. 하지만 그렇게 해도 단 1분도 빨리 가지 못했다.

이제 나는 차가 막힐 때면 오히려 그 시간을 즐기려고 노력한다. 좋아하는 음악을 들으며 되도록 먼 곳을 주시한다. 산이 보이면 산을 보고 하늘이 보이면 하늘을 바라본다. 음악과 풍경 속에 나를 던져놓고 오롯이 사색에 잠긴다. 물론 여전히 눈은 따갑고 허리는 쑤시지만, 그 시간을 내게 주어진 귀중한 시간으로 받아들인다. 그 시간에 쓸 만한 아이디어나 미래에 대한 계획도 떠올린다. 이는 낡은 옷을 버리고 새 옷으로 갈아입는 시간이다. 새 옷을 갈아입음으로써 새로운 힘을 얻을 수 있다. 여유를 갖고 자신을 돌아봄으로써 잘못과 허물을 살펴볼 수 있고 미래의 방향을 찾아갈 수 있게 된다.

교통체증을 받아들여라. 차가 꼼짝달싹하지 않으면 더욱 좋다. 그 어쩔 수 없는 시간을 여유로운 자유시간으로 활용하라. 그 시간을 기대하지 않았던 선물이라고 생각하라.

나는 이제 찻잔의 티백이 저절로 우러나기를 기다린다. 커피 자판기에서 마지막 한 방울이 떨어질 때까지 컵에 손을 대지 않는다. 엘리베이터를 타면 문 닫힘 버튼을 구태여 찾지 않는다. 그냥 서 있는다. 아무것도 하지 않는다. 아무것도 하지 않는 시간이 선물이다.

———————— SELF DRIVE ————————

- 내 뜻대로 되지 않는 기다림의 시간이 오히려 나를 성숙하게 만든다.
- 우리는 인생 앞에 '꽃길'만 펼쳐지길 원한다. 하지만 실패 없이 계속 성공하기만 하는 것을 더 두려워해야 한다.
- 기다림을 가치 있는 시간으로 바꾸기 위해 가장 중요한 것은 긍정적인 태도이다.

3. 안락지대에서
안전지대로
이동하라

안전지대와 안락지대

운전을 하다 보면 도로에 흰색이나 노란색으로 빗금 쳐있는 구역이 보인다. 도로를 횡단하는 보행자의 안전을 위해 표시해둔 곳으로, 보통 차로가 분리되는 곳이나 차로가 만나는 지점이다. 바로 '안전지대Safety zone'다. 이곳은 보행자가 횡단 중 대기하는 장소로 사용되는 곳으로, 어떤 상황에서도 차량 진입이 금지된다.

일전에 나는 이 안전지대 인근에 잠시 주차했다가 과태료를 냈다. 안전지대에 주차한 것도 아닌데 무엇이 문제였을까? 나중에 알게 된 사실은 안전지대로부터 10m 이내 주 · 정차한 모든 차량이 과태료 대상이 된다는 것이었다. 말 그대로 안전지대는 보행자를 위한 특별한 안전을 보장받는 곳이다.

지루한 일상에서 벗어나기 위해 우리는 때로 긴장감을 즐긴다. 공포 영화를 보기도 하고 놀이기구를 타러 가기도 한다. 놀이기구는 두려움을 더 느끼게 할수록 인기다. 나로서는 쳐다만 봐도 아찔한 놀이기구를 타는 것을 이해할 수 없거니와 더구나 돈까지 지불한다는 건 더더욱 이해하기 어렵지만, 오늘도 많은 사람이 그 앞에 길게 줄을 선다. 그들은 일시적인 긴장감과 짜릿함을 느끼기 위해 기다리고 있다. 일상에서 오는 스트레스를 해소하기 위한 순간적인 모험이다. 아무도 롤러코스터와 같은 삶을 살기 원하는 사람은 없으며, 최대한 편안하고 안락하게 살아가길 바란다.

'안락지대$^{Comport\ zone}$'는 이렇듯 익숙한 환경 속에서 친밀함을 느끼는 사람들과 함께 편하게 일하는 공간을 의미한다. 스펜서 존슨$^{Spencer\ Johnson}$의 『누가 내 치즈를 옮겼을까』에 나오는 생쥐는 은신처에서는 잘 지내다가도 밖으로만 나가면 공포와 무력감에 시달려 외출을 꺼린다.[54] 이 생쥐에게는 이 은신처가 바로 안락지대인 것이다.

켄 시게마츠$^{Ken\ Shigematsu}$의 『예수를 입는 시간』에는 미국 공영 라디오에서 테일러 로즈라는 젊은 여성을 인터뷰한 내용이 나온다.[55] 기업 연구원으로 안정적인 직장에 다니고 있던 그녀는 〈마스 원$^{Mars\ One}$〉이라는 리얼리티 프로그램에 신청해서 선발되었고, 다른 세 참가자와 함께 화성행 로켓에 오를 계획이었다. 그 여정은 텔레비전으로 중계되고, 그녀는 곧 유명 인사가 될 참이었다. 단, 그 프로그램에는 한 가지 조건이 있었다. 편도 티켓만 주어진다는 점이었다. 즉 화성에 갈 수는 있지만 돌아올 수는 없다는 말이다. 라디오 진행자는 로즈에게 화성에 도착했는데 화성이 정말 별로라면 어떻게 할 거냐고 물었다. 그러자 로즈가 대답했다.

"물론 싫겠죠. 하지만 태어나서 그냥 뼈 빠지게 일만 하다가 죽는 것보다는 낫지 않겠어요?"

억만장자이자 버진그룹의 창업자 리처드 브랜슨^{Richard Branson}은 난독증에다 고등학교 중퇴자이다. 그는 엄청난 성공을 했음에도 안정된 삶을 거부하며, 안락과 안주는 자신을 후퇴하게 만드는 가장 나쁜 독약이라고 말한다.

"나는 안주하는 것을 참지 못합니다. 카리브해에서 죽을 때까지 술이나 마시면서 산다면 그것은 내가 직접 찾아낸 멋진 자리를 날려버리는 짓이라고 생각합니다."

2021년 7월, 그는 자신의 우주 관광 회사 버진 갤럭틱의 우주선 '유니티' 호에 탑승하여 마침내 우주비행에 성공하였다. 71세의 나이였다.

우리는 별다른 문제가 없는 평온한 상태를 원한다. 그냥 그대로 머물러 있고 싶어 한다. 특별히 즐겁거나 설레는 일도 없지만, 그렇다고 고생이나 노력이 필요하지도 않은 상태에서 안정감을 느끼기 때문이다. 아무 문제 없이 흘러가는 것이 안전하기에 새롭고 의미 있는 방식으로 삶을 확장하거나 변화시키려는 시도를 피하기도 한다. 이렇듯 보통 사람은 안락지대에서 벗어나지 않으려고 한다. 그럼 왜 테일러 로즈나 리처드 브랜슨 같은 사람들은 어려운 일에 기꺼이 도전하는 걸까?

스탠퍼드 대학교 심리학과 교수 캐럴 드웩Carol Dweck은 이러한 현상을 각자의 마인드셋과 능력을 바라보는 관점이 다르기 때문이라고 주장한다. 그는 자신의 책『마인드셋』에서 마인드셋을 고정형과 성장형으로 나누었다.

'고정형'은 능력이 불변하는 것으로 생각하기에 조금이라도 하기 어려워 보이는 일이면 아예 도전하지 않는다. 이에 비해 '성장형'은 자기 능력이 발전될 수 있다고 생각하는 태도다. 성장형은 과정에서 더 많은 경험을 누리고 피드백을 받기 때문에 노하우도 많고 역경에 대한 회복력도 강하다. 자신이 하고 있는 일을 평가받기 위한 대상이 아니라 스스로 성장을 일궈가는 과정으로 인식하기에 어려운 문제가 주어져도 자신이 성장할 기회라 생각하고 도전에 나선다는 것이다. 캐롤 드웩은 어떠한 마인드셋을 선택하느냐에 따라 삶의 질이 달라지지만, 고정형에 비해 성장형 마인드셋을 가진 사람들이 훨씬 더 행복한 삶을 영위한다고 말한다.

이스라엘의 국부國父라고 칭송받는 시몬 페레스Shimon Peres가『작은 꿈을 위한 방은 없다』에서 위대한 것들은 쉽게 얻어지지 않기에 큰 꿈을 좇으며 그 대가를 치르든지, 아니면 평범해지기 위해 안락한 삶을 살아가든지 둘 중 하나를 선택해야 한다고 얘기한 것도 결국 고정형과 성장형의 마인드셋과 같은 맥락으로 볼 수 있다.[56]

분명한 사실은 안락함 속에서 꿈을 이룰 수 있는 길은 없다는 것이다. 인생의 비극은 대부분 실패가 아닌 현실 안주에서 비롯된다. 어쩌면 우리는 능력 이상으로 사는 것이 아니라 능력 이하로 살기 때문에 불행한 것인시도 모른다.

편안함을 추구하면 삶이 더 위험해진다

그렇다면 "평범하고 안락하게 사는 삶은 안전하긴 한 걸까?" 하는 의문이 생긴다. 세계적인 작가이자 마케터인 세스 고딘Seth Godin은 그렇지 않다고 단언한다. 그는 『이카루스 이야기』에서 편안하게 사는 건 전혀 안전하지 않고, 오히려 두려움을 떨치고 경험해보지 않은 일에 도전하는 것이 안전한 삶이라고 말한다.[57] 안락지대에 머무르려 할수록 안전한 미래를 차지할 가능성은 점점 사라지며, 편안함을 추구하면 추구할수록 삶은 더 위험해질 뿐이라는 것이다.

내 경우에도 편안하고 안락했던 시기에 오히려 알 수 없는 미래에 대한 불안과 두려움이 가득했고, 새롭고 도전적인 환경에 놓여 있을 때 걱정과 불안이 상대적으로 적었다. 사실 당면한 문제 해결을 하느라 잠재적 불안과 두려움을 돌볼 시간조차 없었다.

무리 짓기는 동물들의 생존본능이다. 동물은 약할수록 무리를 짓는다. 무리를 지으면 상대적으로 안락하고 안정적으로 살 수 있기 때문이다. 그러나 무리에서 살아가는 것 자체가 반드시 안전한 것은 아니다.

북아메리카의 인디언들이 버펄로를 사냥하는 방법 중 '버펄로 점프'라 불리는 것이 있다. 인디언들은 말을 달리며 버펄로 떼를 빠르게 몰아붙여 절벽으로 몰고 간다. 맨 앞줄에서 달려가던 버펄로가 이내 절벽에 다다르면 뒤에 오는 동료들에게 정지하라고 울부짖기 시작한다. 그러나 이미 때는 늦었다. 제일 앞의 버펄로들은 멈출 틈도 없이 뒤에서 달려오는 무리에 밀려서 절벽 밑으로 떨어진다. 한편 바로 그 뒤에 따라오던 무리는 절벽을 보지 못해 제 발로 뛰어내린다. 그러면 인디언들은 절벽 아래서 기다리고 있다가 떨어져 죽은 버펄로들을 가지고 돌아간다. 사냥은 그렇게 끝이 난다. 무리를 지으면 더 안전할 줄 알았는데 그렇지도 않은 것이다.

많은 사람들이 무리의 일부로 편입되면 두려움과 안락함을 보장받을 수 있을 거라 생각한다. 그래서 학연, 혈연, 지연 등을 통해 무리를 이루고, 취향과 선호도를 바탕으로 '그들만의 리그'를 만들어 그곳에 편입하려 애쓴다. 이에 대해 니체Friedrich Nietzsche는 이렇게 충고한다. "인생을 쉽게, 그리고 안락하게 보내고 싶은가? 그렇다면 무리 짓지 않고서는 한시도 견디지 못하는 사람들 속에 섞여 있으면 된다. 언제나 군중과 함께 있으면서 끝내 자신이라는 존재를 잊고 살아가면 된다."[58]

하버드 대학교 교수 탈 벤 샤하르Tal Ben Shahar 또한 안락한 삶을 추구하는 것에 대해 비판을 가한다. 사람들 대부분은 안락지대에 머물고, 또 그곳에서 편안함을 느끼지만, 줄곧 안락지대에만 머문다면 성장의 기회 역시 사라진다는 사실을 알아야 한다는 것이다.

우리는 많은 시간 동안 안락지대와 안전지대를 혼돈해왔다. 지금

272

까지 울타리 안에 가만히 있으면 안전하다고 배웠다. 그 울타리를 벗어나면 늑대와 사자가 우글거리는 곳이라고 생각했다. 세상은 위험한 곳이기에 그저 울타리 안에서 주어진 일을 열심히 하는 것이 최선이라는 논리에 자연스레 길들여졌다. 그러다 보니 자신이라는 존재를 잊은 채 다람쥐 쳇바퀴 돌듯 살아가는 안락한 삶을 최고의 가치로 여겼고, 자기도 모르게 안락지대를 안전지대라고 착각했다. 심지어 무언가 새로운 일을 시도하고자 하는 사람에게는 적당히 살면 편하고 안락하게 살 수 있는데 왜 그런 위험을 굳이 떠안느냐고 질책하기까지 한다.

인생에서 가장 큰 위험은 위험을 전혀 감수하지 않는 것이라는 말이 있다. 항상 해왔던 것을 하면 항상 얻어왔던 결과를 얻을 수밖에 없다. 아무리 수많은 교육과 세미나에서 좋은 강연을 듣고 다양한 책을 읽어도 삶이 변하지 않는 이유는 여전히 안락지대에 머물려 하는 습성 때문이다. 과거에 했던 습관과 행동을 답습하려는 태도는 어떠한 노력도 한계에 부딪히게 만든다. 안락지대를 떠나 안전지대로 이동하기 위해서는 나를 둘러싸고 있는 울타리를 벗어나는 것이 가장 좋겠지만, 그것이 현실적으로 어렵다면 우선 자신을 불편하게 하는 일들을 마주할 필요가 있다. 자신에게 불친절한 상황들을 피하지 말고 자주 맞닥뜨리는 것부터 시작해야 한다.

삶은 변화의 연속이다. 편안함에 익숙해지면 나중에 아무 일도 이룰 수 없지만 지금의 편안함을 과감히 포기하면 새로운 기회와 예기치 못한 선물을 맛볼 수 있게 된다. 편하고 안정된 삶이 아닌 새롭고 도전적인 삶을 갈망하며, 항상 익숙하게 해오던 방식에서 벗어나 새로운 시각으로 접근하고 위험을 기꺼이 감수하고자 할 때 우리는 『누가 내 치즈를 옮겼을까』에서 생쥐가 그토록 갈망하던 '달콤하고 신선한 치즈'를 마주할 수 있다. 그 순간 그곳이 안전지대가 된다.

SELF DRIVE

- 안락함 속에서 꿈을 이룰 수 있는 길은 없다.
- 인생에서 가장 큰 위험은 위험을 전혀 감수하지 않는 것이다.
- 지금의 편안함을 과감히 포기하면 새로운 기회와 예기치 못한 선물을 맛볼 수 있다.

4. 위기를 만나면 가장 먼저 비상등을 켜라

누구에게나 위기가 찾아온다

중동에서 근무할 때 시간이 나면 사막에 자주 갔다. 사막에 가는 게 당연한 일은 아니었다. 그곳에서 어느 정도 생활하면 사막은 더 이상 낯설지 않은 일상으로 다가오기 때문이다. 서울 사람이 한강유람선을 타러 가지 않고, 파리지앵들이 에펠탑에 오르지 않는 것처럼 말이다. 그럼에도 내가 사막에 갔던 이유는 단 하나, 밤하늘의 별을 보기 위해서였다. 별에게 위로받고 싶은 마음이었다. 별을 보고 있노라면 잠시나마 고민을 잊어버리고 마음의 위안을 얻을 수 있었다.

불빛 하나 없는 컴컴한 사막의 깊숙한 곳으로 들어가 얇은 매트를 깔고는 가져간 점퍼를 꺼내어 걸치고 자리에 눕는다. 이내 밤하늘에 별들이 한가득 쏟아지고, 화폭과 같은 밤하늘의 저 언저리엔 은하수가 흐른다. 별들은 머리 위 가까이 손만 뻗으면 잡을 수 있을 법한 거리까지 점점 다가온다. 현실적이지 않은 장면이었다. 그렇게 넋을 놓고 있다 보면 어느덧 한기가 느껴진다. 사막의 밤은 한여름에도 춥다. 저 멀리 어디선가 모닥불의 불길이 올라왔다. 모닥불에 별빛이 아른대던 밤, 그 아름다움에 나는 숨이 멎을 듯했다.

그때 나는 인생의 위기를 맞고 있었다. 뜻대로 되는 것 하나 없고, 사람들의 따가운 시선과 배척으로 힘들었던 시기였다. 잠을 이룰 수 없는 시간이었다. 그러던 어느 날 공황장애가 찾아왔다. '왜 내게 그런 일이?'라는 생각이 들었지만, 아무것도 할 수 없었다. 건물이 무너져 내릴까 봐 두려웠고 사람을 만나는 것이 겁났다. 침대에서 떨어질까 봐 침대에 누울 수도 없었다. 누구나 인생에 그런 사막이 펼쳐진다. 이 세상 누구에게나 세상의 불빛이 꺼지고 영혼의 밤이 찾아온다.

그러나 고통의 시간이 저주가 아닌 까닭은, 그러한 시간을 통해 성숙해질 수 있기 때문이다. 시련은 그 안에서 의미를 찾는 순간 더 이상 시련이 아니라 기쁨이 되고 위안이 된다. 진정한 의미의 저주는 모든 것이 순조롭고 평탄한 때이다. 잠시 소유하고 누리고 편안해질 수 있지만 그때 삶은 더욱 비루해진다.

우리는 태어나는 순간 '인생'이라는 예쁜 리본으로 묶인 상자를 선물 받는다. 어떤 사람은 그 상자를 열어보기는커녕 리본을 풀 생각도 하지 않는다. 그저 어딘가 혼자만 알 수 있는 곳에 깊숙이 모셔둔다. 그것이 상자를 최대한 소중히 여기는 거라고 생각하지만, 시간이 흐를수록 먼지만 쌓여갈 뿐이다. 반면, 어떤 사람은 상자 안에 기쁨과 환희만 가득할 거라 생각한다. 기대감으로 상자를 열고는 고통과 절망, 외로움이 훨씬 많이 들어 있는 것을 발견하고 실망한다. 그래서 다시 뚜껑을 덮고 어딘가에 처박아놓는다. 그들은 고통과 절망이 때로는 더 큰 기쁨과 환희가 될 수 있다는 사실을 알지 못한다.

돌아보면 인생이 내게 소중하게 다가왔던 시간은 평안할 때가 아니었다. 고통과 절망의 시간일 때였다. 시련이 없다면 현재에 충실할 수 없고, 감사할 수도 없다. 소중함을 알 수도 없다. 마치 먼지를 뒤집어쓴 채 한 번도 뚜껑이 열리는 않았거나 어딘가에 함부로 던져진 상자처럼.

시련을 이겨내길 원한다면 먼저 시련을 대하는 마음가짐부터 바꿔야 한다. 힘들어하고 자신의 처지를 원망하는 대신, 담담하게 받아들이고 성숙해지기 위한 밑거름으로 삼아야 한다. 타인과 비교하며 비참해질 필요도 없고, 모두에게 변명하고 이해받으려 애쓸 필요도 없다. 인생에서 그저 지나가는 사람들에게 상처받지 말아야 한다. 무엇보다 그러한 시련이 자신만의 문제라고 생각하지 말아야 한다. 나 혼자만 시련을 겪는 것이 아님을 알아야 한다. 생텍쥐페리는 『인간의 대지』에서 다음과 같이 얘기한다.[59]

"간혹 폭우나 안개, 눈 같은 게 자네의 앞길을 막을 때도 있겠지. 그러면 자네에 앞서 모든 조종사가 그와 같은 상황을 겪었다는 사실을 생각하게나. 그리고 스스로에게 그냥 이렇게 말하게. 다른 사람이 해냈다면 내가 해낼 가능성도 언제나 열려있다고 말일세."

두드리지 않으면 문은 열리지 않는다

운전중에 갑자기 쏟아지는 비로 인해 한 치 앞도 보이지 않던 때가 있는가? 내리막길에서 브레이크가 말을 안 들어 낭패를 당한 적이 있는가? 자동차가 도로 한가운데에서 갑자기 멈춘 경험이 있는가? 그때 가장 먼저 해야 할 일은 차량의 비상등을 켜는 일이다. 보험회사나 지인의 전화번호를 찾기 전에 비상등부터 켜야 한다. 비상등을 켜는 데에는 두 가지 뜻이 함축되어 있다. 내 차에 문제가 생겼으니 조심하라고 알려주고, 지금 위기를 만났으니 도와달라는 뜻이다.

비상등을 켜야 하는 건 인생의 위기를 만나는 경우에도 마찬가지다. 주변 사람들에게 그러한 사실과 위기를 알려야 한다. 혼자 절망과 좌절 가운데 있는 것이 아니라 자신의 상황을 알리고 적극적으로 주위의 도움을 받아야 한다. "표현하지 않으면 침체에 빠지고 만다."라는 말은 틀린 얘기가 아니다. 문제는 그것이 쉽지 않다는 점이다. 우리 대부분은 상대방이 자신을 먼저 알아주길 바란다. 표현하지 않아도 그들이 알아채주길 원한다. 때로는 "그것을 말해야 아느냐?"라고 반문한다. 심지어 "그걸 내 입으로 꼭 얘기해야겠느냐?"라고 화를 내기도 한다. 그러나 착각해서는 안 된다. 내 마음을 표현하지 않으면 상대방은 절대로 알 수 없다. 말하지도 않았는데 상대방이 내 마음을 알아준다면 그것이 오히려 이상한 일이다.

한번은 동네 인근 마트에서 뭔가를 찾고 있었는데 도저히 찾을 수가 없었다. 그때 마트 직원이 선반에 물건을 쌓고 있는 것이 눈에 들어왔다. 하지만 나는 그와 눈이 마주치지 않으려고 다른 쪽으로 몸을 돌렸다. 도움이 필요한 나를 드러내고 싶지 않았기 때문이다. 소소한 일에 도움을 요청하기 위해 다가가는 것이 왠지 껄끄러웠다. 우리가 도움을 청하지 않는 데는 여러 이유가 있지만, 그중 하나는 문제가 있는 사람처럼 보이고 싶지 않기 때문이다. 남들에게 자신의 문제를 스스로 해결하지 못할 만큼 무능하거나 똑똑하지 않은 사람으로 보이고 싶지 않은 것이다.

아마존의 CEO, 제프 베조스^{Jeff Bezos}는 '더 나은 의견이나 정보가 나타났을 때 예전 생각과 행동을 바꾸는 사람'이 가장 똑똑한 사람이라고 했다. 누구나 잘못된 판단을 할 수 있기에 오판을 했다면 스스로 돌이키고 정정하면 된다. 그런데 왜 그것이 어려울까? 자존심이 상하기 때문이다. 과거의 결정이 잘못되었다고 스스로 인정하는 꼴이 되기 때문이다. 도움을 요청하는 자체를 부끄러워하거나 자존심 상하는 일이라고 생각하기 때문이다. 우리는 누군가에게 도움을 청하는 일을 두려워하지만, 반대로 누군가 도움을 청하면 기꺼이 도와준다. 스티브 잡스^{Steve Jobs}는 이렇게 얘기한다.[60]

"누군가의 도움을 받고 싶으면 일단 전화번호부에서 그 사람의 번호를 찾아내세요. 그리고 전화를 걸어 도와달라고 하세요. 내가 도움이 필요하다고 말했을 때 이를 거절한 사람은 단 한 명도 없었습니다. 그런데 사람들은 전화를 걸지 않아요. 사람들은 대부분 요구하거나 요청하려 하지 않지요. 그것이 무언가를 이루어내는 사람과 그저 꿈만 꾸는 사람의 차이이기도 합니다."

도움을 요청할 때 한가지 잊지 말아야 할 것은 자기 안에 있는 연약한 모습을 솔직하게 인정해야 한다는 점이다. 누구나 다른 사람들 앞에서 멋있고 훌륭하게 보이길 원한다. 하지만 우리 모두에게는 감추고 싶은 연약한 부분이 있다. 이 사실을 인정해야 한다. 우리가 쓰고 있는 '완벽'이라는 가면을 벗고 진실함에 다가설 때 '가식'이라는 늪에서 벗어날 수 있고, 다른 사람들과 깊은 공감대를 형성할 수 있다. 만약 자신의 연약한 부분을 인정하지 않고 도움만을 요청한다면 무례하고 이기적이라며 외면당할 수도 있다.

만약 예기치 못한 사고로 인해 차가 움직이지 않으면 가던 길을 멈출 수밖에 없다. 내게 일어난 사고든 주변에서 파급된 사고든, 내 잘못이든 다른 사람의 잘못이든, 사고가 나면 일단 멈추어야 한다. 피할 수 없는 사고가 일어나서 멈추게 되었다는 건 자신이 잘못된 목표를 향해 달려왔다는 것을 보여주는 신호일 수 있다. 기존의 목적지를 변경하고 방향을 바꾸라는 일종의 시그널인지 모른다. 그때 우리에게 필요한 건 사고를 수습하고, 자신의 방향과 목적지를 다시 한번 생각하며 곱씹어보는 것이다. 그리고 다음과 같은 질문을 해야 한다.

- 내가 본래 가고자 하던 길이 맞는가?

- 나는 무엇을 위해 달리고 있는가?

- 지금 당장 돌아가라는 신호를 간과하고 있지는 않은가?

만약 잘못된 목적지와 경로를 향해 가고 있다면 방향을 변경하고 길을 갈아타기만 하면 된다. 문제는 그러한 질문조차 던지지 않는 것이다. 방향과 목적지에 대한 질문과 고민을 끊임없이 할 때 시련과 위기는 마침내 축복이 되고 선물이 된다.

얼마 전 늦은 밤 라디오를 틀어놓고 글을 쓰고 있었다. 마침 어느 라디오 PD가 출연해 이야기를 나누고 있었다. 자신이 연출하는 지방 라디오 프로그램에 문자로 실시간 사연을 소개하는 코너가 있는데 최근 특이한 사연이 왔다고 했다.

"비지스의 〈홀리데이〉를 틀어주세요. 마지막으로 이 노래를 듣고 싶어요."

순간 이상한 낌새를 느낀 그 라디오 PD는 '왜 이 노래를 좋아하는지 얘기해달라.'는 답장과 함께 '왜 마지막이라는 표현을 썼는지 알려주면 좋겠다.'라는 문자를 보냈다. 동시에 경찰에 '극단적 선택을 하려는 사람이 있는 것 같은데 위치 추적을 해달라.'라며 도움을 요청했다. 경찰이 도착했을 때 그 청취자는 차 안에서 의식을 잃어가고 있었고, 곧바로 병원으로 옮겨져 다행히 목숨을 건졌다고 한다. 그 PD는 30년간 라디오를 진행하면서 가장 기억에 남는 순간이었다며 이렇게 말했다.

"그때 그 사람의 메시지가 도와달라는 뜻으로 보였어요."

그 청취자는 자신만의 방법으로 비상등을 켰던 것이다.

위기를 만나면 제일 먼저 비상등을 켜야 한다. 적극적으로 위험을 알리고, 도와달라고 말하는 것을 주저하지 않아야 한다. 구하지 않으면 받을 수 없고, 찾지 않으면 발견할 수 없으며, 두드리지 않으면 문이 열리지 않는다. 그건 변하지 않는 진리다.

─────────── SELF DRIVE ───────────

- 다른 사람에게 도움을 청하지 않는 이유는 문제 있는 사람처럼 보이고 싶지 않기 때문이다.
- 도움을 요청할 때는 자기 안에 있는 연약한 모습을 솔직하게 인정해야 한다.
- 위기를 만나면 제일 먼저 비상등을 켜야 한다. 적극적으로 위험을 알리고, 도와달라고 말해야 한다.

9장

EXTEND

Extend limit and move to new start line

새로운
출발선에 서라

·

"앞일은 누구에게나 미지의 영역일세.
지도는 없어.
다음 모퉁이를 돌았을 때 무엇이 기다리고 있는지,
그 모퉁이를 돌아보지 않고는 알 수 없어.
짐작도 못 하지."

_무라카미 하루키 Murakami Haruki

1. 창문을 내리고
깊게 숨을
들이쉬라

언젠가 행복해질 거라는 착각

"나는 마들렌 조각이 녹아든 홍차 한 숟가락을 기계적으로 입에 가져갔다. 그런데 과자 조각이 섞인 홍차 한 모금이 내 입천장에 닿는 순간, 나는 깜짝 놀라 내 몸에서 뭔가 특별한 일이 일어나고 있다는 사실에 주목했다. 이유를 알 수 없는 어떤 감미로운 기쁨이 나를 사로잡으며 고립시켰다."[61]

마르셀 프루스트Marcel Proust의 소설 『잃어버린 시간을 찾아서』에서 주인공 마르셀은 홍차에 적신 마들렌을 맛보면서 옛날의 기억을 떠올린다.

한때 마들렌 조각과 홍차 한 모금에 기쁨을 느꼈다는 주인공의 고백을 사치스러운 일이라 여겼다. 우리 현실이 녹록지 않기 때문이다.

오늘도 이 땅의 청춘들은 경쟁에서 낙오되지 않기 위해 이를 악물고 학점과 스펙 쌓기에 목숨을 걸고, 대기업 취직을 위해 수십 번 이력서를 쓰고 수백 번 면접을 본다. 매일 한 움큼씩의 영양제와 함께.

그러나 어렵게 치열한 경쟁을 뚫고 그토록 원하던 목표를 이루었어도 행복한 시간은 잠깐 주어질 뿐이다. 일은 해도 해도 줄지 않고 오히려 강도가 더 세지며, 때로는 이게 진정 내가 원하는 삶인가 하는 회의감에 잠도 오지 않는다. 머릿속에 온갖 근심이 가득하다 보니 지치고 피곤하다. 이러한 현상은 객관적인 통계자료를 통해서 명확하게 드러난다. 2022년 기준 한국은 국내총생산^{GDP} 세계 10위의 경제 대국이지만, 한국인의 행복 지수는 146개국 중 59위에 불과하다.

정년퇴직을 앞둔 회사 선배가 퇴직하고 나면 너무 행복할 거라 줄곧 얘기하곤 했다. 출근 대신 자신이 좋아하는 산을 오르고 사우나에 매일 갈 수 있기 때문이란다. 퇴직 후 그는 바람대로 뒷산을 매일 오르고 사우나에서 오전 내내 여유를 즐겼다. 퇴직 후 1년 가까이 지나서 선배를 다시 만났는데 안색이 별로 좋지 않았다. 그토록 갈망하던 삶을 사는데 행복하지 않느냐고 물어보자 기다렸다는 듯 대답이 돌아왔다.

"처음엔 좋았는데 한 석 달쯤 지나니까 지겨워지더라고. 매일 가니까 지겨워서 못 가겠어. 이제는 산도 싫고 사우나도 싫어."

우리는 특정 행동을 하거나 어떠한 변화를 주면 행복해질 거라고 착각한다. 그러나 행복은 인위적인 노력이 아니라 자연스러운 흐름 속에서 편안하고 즐기는 자세로 다가설 때 풍성한 열매를 맺을 수 있다. 이를 악문다고 행복이 이루어지는 것도 아니며, 마치 시험문제의 정답을 풀 듯이 행복에 접근한다고 행복해질 수 없기 때문이다. 때로 과거 속에서 헤어나지 못하는 삶을 사는 사람을 만날 때가 있다. "예전에는 잘나갔는데."라는 한탄으로 가득하거나, 묻지도 않은 자신의 자랑스러운 과거를 지나치게 상세히 설명하는 사람도 있다. 하지만 오늘이라는 현실은 조금도 바뀌지 않는다. 오히려 불만, 불평으로 가득하거나 끊임없이 다른 삶을 동경하는 것은 흐름을 역행하는 일이다. 이러한 삶은 마치 물결을 거슬러 올라가는 물고기처럼 곱절의 힘이 든다.

신학자 데이비드 깁슨David Gibson은 『인생, 전도서를 읽다』에서 '삶은 바람의 속삭임 같다. 연기와 같다. 바람과 연기는 잡으려 하면 비켜 간다. 우리가 삶을 통제하려 애쓸 때 우리의 통제력은 비켜 간다.'라고 했다.[62] 그의 말처럼 언젠가 행복해질 거라는 생각을 멈추고 지금 존재하는 삶을 살아야 한다. 작은 일에 웃고 기뻐하며 살아야 한다. 무엇을 얻고 이루는 것에 대한 감사가 아니라, 그저 일상 자체에 대한 감사로 바뀌어야 한다. 이러한 감사는 현재를 소중히 여기는 마음가짐에서 시작된다. 현재를 소중히 여긴다는 것은 모든 지혜와 열정을 다해 이 순간의 삶을 받아들이고 경험한다는 의미다. 미래에 무슨 일이 생길 것인가 하는 근심을 버리고 과거에 이미 일어난 일에 연연해하지 않는 것이다.

현대인들은 한꺼번에 여러 일을 하는 데 익숙하다. 텔레비전을 시청하면서 식사하고, 대화하고, 통화를 한다. 컴퓨터 모니터에 여러 개의 창을 열어놓고 작업을 하듯이, 삶에서도 여러 개의 창을 열어놓고 바쁘게 살아간다. 우리는 이렇게 여러 가지 일을 동시에 처리하는 것을 '멀티 태스킹Multi-tasking'이라는 특별한 능력으로 간주하고, 그것을 부러워한다. 그러나 사실 멀티 태스킹은 효율이 그리 높지 않다. 두 마리 토끼를 잡으려 하지만, 결국 한 마리도 잡지 못하는 격이다.[63] 만약 한 가지 일에 집중했다면 그 일에 성과를 낼 수 있을 텐데, 이도 저도 아닌 경우가 많다.

순간을 마음껏 만끽하라

열일곱 살의 스티브 잡스Steve Jobs는 선생님에게 책을 한 권 선물 받았다. 책 안에 적혀 있던 문구 하나가 그의 운명을 바꿨다. 그때부터 그는 매일 아침 거울을 보며 그 문구를 스스로에게 질문했다고 한다.

"오늘이 생애의 마지막 날이라면 당신은 원래 하려고 한 일을 계속하겠는가?"

어느 날 잡스는 대학에 강의하러 갔다가 한 여인에게 마음을 빼앗겼다. 얼마 뒤, 여인과 함께 처음으로 저녁 식사를 하기로 한 날, 그에게 중요한 비즈니스 회의가 갑작스레 생겨 그녀를 두고 다시 회사로 들어가야만 했다. 잡스는 차의 시동을 걸고 나서 잠시 눈을 감고 자신의 좌우명을 다시 한번 되뇌었다. 잠시 후 그는 차에서 내려 여자가 있는 곳으로 돌아갔다. 나중에 잡스는 다음과 같이 말했다.

"그날 제 운명이 바뀌었습니다. 오늘을 마지막 날이라고 여긴 것이 전부였습니다."

그녀는 잡스의 부인이 된 로렌 파월 잡스였다.

매일을 처음처럼, 오늘을 마지막처럼 여기고 살다 보면 소소한 일상에서 감사한 것들을 만나게 된다. 이렇게 현재의 즐거움을 만끽하는 것, 작은 것도 귀하게 여기는 삶의 기술을 심리학에서는 '음미하기savoring'라고 한다. 삶을 음미하는 습관을 통해 감사함과 즐거움을 느끼게 되고, 이것이 행복한 삶으로 이끄는 열쇠가 된다. 그러나 빠르게 변하는 현실 속에서 우리는 '음미하는 능력'을 잃어버리고 말았다. 세상의 속도를 따라가다 보니 우리 감각과 인식은 소외될 수밖에 없었고, 음미하는 능력을 잃어버리자 행복을 그저 지나치는 것이 일상이 되었다.

오늘날 우리들의 공허함은 그러한 소외의 일상에서 만들어진다. 경쟁적으로 강요받은 일을 해내기도 바쁘지만, 성취를 어렵게 이루더라도 그 만족감을 오랫동안 지속시키지 못한다. 주어진 일들을 해내느라 바쁘기에 우리는 천천히 느끼고 빠져보는 감각이 어떤 것이었는지 기억나지 않는다. 행복이 바로 눈앞에 있는데도 그 행복을 누릴 수 없는 건 음미할 수 없기 때문이다. 그러다 보니 아무리 행복해지려고 노력해도 행복할 수가 없다.

미국 로욜라 대학교 프레드 브라이언트Fred Bryant 교수는 음미하는 것의 중요성을 강조한 『인생을 향유하기』를 펴냈다. 그는 행복했던 순간을 음미하는 사람들과 아무 기억도 음미하지 않는 사람들을 나누어 행복도를 측정했다. 실험 결과 기억을 음미하는 사람들의 행복도가 그렇지 않은 사람들보다 훨씬 높았다. 그는 적극적으로 음미하는 사람은 긍정적인 경험에 주의를 기울이고 가치를 부여하며 긍정성을 확장하려는 사람들이라고 말했다. 한 마디로 얘기하자면, 음미하는 사람들이 행복을 느끼는 사람이라는 것이다.[64]

음미하는 순간에 느끼는 가치가 바로 내가 존재하는 가치가 된다. 아침 출근길에 맡아보는 신선한 바깥공기, 차가운 손을 녹여주는 커피 한 잔과 미소 짓는 동료들, 우연히 고개를 들어 바라본 노을에 물든 하늘, 바로 그 순간 우리는 퍽퍽하게 밀려다니는 순간에도 여유를 만들어 현실을 밀고 나갈 힘을 만들어낸다. 이런 소소한 것들에 잠시 발걸음을 멈추고 음미하는 자세가 필요하다.

도로 위에서도 그러한 순간을 마주칠 때가 있다. 구름 사이 저 멀리 보이는 높다란 산에 가슴이 확 트일 때도 있고, 아름다운 풍광에 숨이 멎을 뻔하기도 한다. 지난봄, 어느 길 위에서 차 유리 위로 흩날려 쏟아지던 벚꽃을 봤을 때가 그러했다. 우리는 붉게 물든 가로수 단풍길을 지나갈 때 문득 옛 생각에 빠져들기도 하고, 소나무에 내려앉은 하얀 눈송이에 잊힌 얼굴이 떠올라 가슴이 먹먹해지기도 한다. 그럴 때면 차를 잠시 갓길에 세우는 것이 좋다. 창문을 내리고 길게 호흡하는 것이 좋다. 그 순간을 마음껏 만끽해야 한다. 자신이 느낄 수 있는 모든 감각들을 동원해 최대한 천천히 느리게 그 환희의 순간에 밑줄을 그어야 한다.

파우스트가 악마 메피스토펠레스에게 "멈추어라, 순간아. 너는 얼마나 아름다운가!"라고 말할 때, 자신의 영혼을 가져가도 좋다고 말한 것은 비로소 그때 인생은 다른 방식으로는 얻을 수 없는 환희를 갖게 해주었기 때문이다. 마들렌 한 조각을 천천히 음미하는 것, 홍차 한 모금을 마시는 것. 그건 그 자체로 존재하고 누리는 일이다. 내게 이미 있는 것들을 사랑하고 행복해하는 것이다. 바로 그때 프루스트가 얘기한 것처럼 '더 이상 나 자신이 초라하고 우연적이고 죽어야만 하는 존재'에서 벗어나 삶의 본질에 다가서게 된다.

이제 자신에게 나지막하지만 단호한 목소리로 말해야 한다. 영혼이 따라올 수 있도록 천천히 걸으라고, 마들렌 한 조각을 음미할 때까지 부디 일어서지 말라고. 창문을 내려 숨을 깊게 내쉴 때까지 멈추라고.

SELF DRIVE

- 행복은 인위적인 노력이 아니라 자연스러운 흐름 속에서 편안한 태도로 임할 때 다가온다.
- 현재의 즐거움을 만끽하고 작은 것을 귀하게 여기는 삶의 기술인 '음미하기'를 시도하라.
- 자신이 느낄 수 있는 모든 감각들을 동원해 최대한 천천히 느리게 그 환희의 순간에 밑줄을 그어야 한다.

2. 가끔은
도로에서 벗어나
쉬어가라

진정한 휴식을 통해 자아를 발견한다

군대에서 가장 엄격한 군기가 요구되는 곳 중 하나는 당연히 사격 훈련장이다. 작은 실수 하나라도 용납되지 않기 때문이다. 군에 입대해 처음으로 사격훈련을 하러 나갔을 때가 기억난다. 총을 실물로 처음 보기도 했거니와 격발 소음이 예상보다도 훨씬 커서 많이 긴장했다. 더욱 긴장했던 이유는 사격 이전에 시행하는 소위 PT$^{Physical Training}$ 체조 탓이었다. 몸의 긴장을 풀어 실수를 방지하기 위한 목적인 PT 체조는 사실 말이 체조지, 쪼그려 앉아 뛰기, 엎드려 포복하기, 군장 메고 달리기와 같은 유격훈련이 대부분이었다. 항간에는 PT 체조의 뜻이 '피^{P}를 튀^{T}기는' 체조라는 얘기가 있을 정도였다. 게다가 사격 점수가 좋지 않으면 별도로 남아서 '그놈의 PT 체조'를 다시 해야만 했다.

그때 나보다 3살 많은 부산 출신의 입대 동기와 친했는데, 그는 모르는 것이 없고 못하는 것도 없었다. 사격훈련을 하면 1위는 언제나 그의 차지였다. 그때 나는 그가 전생에 고려시대 무인이었을지도 모른다는 생각을 진지하게 하곤 했다. 어느 날 그가 그 비법을 살짝 귀띔해주겠다고 했을 때 나는 눈물 나게 고마웠다.

"이 엉아가 마 니한테만 특급 비결을 알려주꼬마…. 방아쇠를 댕기기 전에 숨을 쪼매만 참으면 되는 기라. 하모, 그게 전부대이!"

총을 쏘기 전 잠시 숨을 참으라는 것, 그게 전부였다. 특별한 비법을 기대했던 내가 실망한 표정이 역력했는지, 그는 호들갑을 떨며 총이 조금만 흔들려도 과녁은 크게 빗나가기에 숨을 참으면 총구가 흔들리지 않는다고 연신 강조했다. 그런데 정말 그 덕인지 아니면 단순히 운이 좋았는지 몰라도, 그 이후로 나는 매번 사격훈련을 무난히 통과할 수 있었다.

우리는 간만에 여유가 생겨도 그 여유를 누리지 못한다. 무언가를 해야 마음이 편안하고, 아무것도 하지 않고 가만 있으면 왠지 불안하다. 일종의 강박증 같다. 주어진 목표와 성공을 위해 밤낮 가리지 않고 일하면서도 정작 왜 성공하려 하는지는 모른다. 아무것도 하지 않고 쉬는 시간은 필요 없는 시간으로 치부되고 그저 아까워한다. 그러나 그림이 아름다운 이유는 사물과 사물 사이에 여백이 있기 때문이고, 음악이 아름다운 까닭은 음표와 음표 사이에 쉼표가 있기 때문이다. 훌륭한 화가는 여백에 대한 계획부터 세우고, 작곡가는 쉼표의 쓰임새를 먼저 고민하는 것처럼, 마음의 여백에 쉼표를 찍는 일은 매우 중요하고도 가치 있는 일이다.

한 주의 시작은 월요일이 아니고 일요일이듯, 올바른 휴식은 긴장을 해소하고 여유로움 속에서 자아를 발견하는 시간이 된다. 그래서 휴식은 현재에 일어나는 일이지만 과거에 대한 정리의 시간이자 미래에 대한 계획의 시간이 된다.

심리학자 대니얼 골먼Daniel Goleman은 폭넓게 주변을 관망하는 시선을 '열린 의식'이라고 설명하면서 창조적인 혁신과 예기치 못한 통찰력을 위한 정신적 기반이 된다고 했다. 고민이 해결되는 순간이나 창조적인 발견이 일어나는 순간을 살펴보면 이런 열린 의식의 상태가 대부분이라는 것이다.[65] 이러한 상황에서는 고정된 관념에 묶이지 않고 불필요한 문제나 생각의 괴롭힘에서 쉽게 벗어날 힘을 갖게 되는데, 이런 열린 의식은 바로 '휴식'을 통해 가능해진다. 일과 거리를 둘 때 오히려 그 일을 창조적으로 해결할 수 있는 것처럼 말이다.

성공한 사람들은 해마다 계획을 세울 때 휴가 계획을 우선으로 정한다고 한다. 올해 어떤 일을 할지 결정하는 게 먼저가 아니라, 휴가 계획이 먼저이다. 굴지의 자동차 회사인 포드의 창설자 헨리 포드Henry Ford는 다음과 같이 말했다.

"쉴 줄만 알고 일할 줄 모르는 사람은 엔진이 없는 자동차와 마찬가지로 아무 쓸모가 없다. 그러나 일만 알고 휴식을 모르는 사람은 브레이크 없는 자동차와 같이 위험하기 짝이 없다."

얼마 전까지만 해도 워라밸Work-life balance이라는 말이 유행처럼 회자

되었다. 인간적인 삶을 영위할 수 있는 개인 시간을 보장받는 것은 반드시 필요하다. 개인의 삶이 안정적이고 바람직할 때 조직 전체의 성과도 함께 긍정적으로 향상되기 때문이다. 그러나 진정한 일과 삶의 균형을 위해서는 단지 개인의 휴식 시간을 확보하는 것보다 휴식 시간의 질이 더 중요하다. 워라밸은 일과 삶을 효율적으로 나누는 시간의 배분 문제라기보다는 궁극적으로 일과 삶의 공통분모를 찾아가는 과정이다. 아무리 많은 휴식 시간이 주어지더라도 개인의 삶에 긍정적인 영향을 미치지 못한다면 그것은 일회적으로 소비되는 것에 지나지 않는다.

'저녁이 있는 삶'은 반드시 필요하다. 그런데 이 말은 뒤집어서 생각해보면 자칫 낮의 시간은 아무런 가치가 없다는 말로 들릴 수 있다. 그러한 이분법적인 사고는 다른 부분을 경시하거나 어느 한쪽도 충실할 수 없게 만들어 버린다. 그보다는 개인적인 의미를 획득하는 것과 일을 통해 보람 있는 가치를 충족하는 것의 경계가 허물어질 때 진정한 행복에 가까워질 수 있다.

사실 직장인들이 가장 부러워하는 사람은 돈을 많이 버는 사람이 아니다. 높은 자리에 오른 사람도 아니다. 자신이 하고 싶은 일을 하며 사는 사람이다. 하고 싶은 일을 하며 사는 사람은 일과 삶의 공통분모가 많아지고 일하는 시간과 자신을 위한 시간을 굳이 구분할 필요가 없다. 그것이 워라밸의 진정한 모습이자 목적이다. 그러한 경계를 허물기 위해서는 균형 있는 시선으로 세상을 바라보고 집착을 내려놓아야 한다. 돈도 많고 승진도 빠르고 권력도 가진 사람을 부러워하는 것은 인지상정이다. 하지만 그 사람이 나보다 행복하다고 말할 수 없다. 그런데도 우리는 그 사람이 가진 것을 통해 행복의 가치를 매기는 어리석음을 범한다. 우리는 일하기 위해 사는 게 아니다. 살기 위해서 일하는 것이다. 이 당연한 진리를 너무 자주 잊고 산다. 더 넓은 아파트와 고급 자동차, 명품 핸드백을 사려고 목숨 걸고 일할 필요가 없는 것이다.

'해거리'가 필요한 우리의 삶

마음의 평안은 집착을 버리는 데에서 시작된다. 집착하고 있어서 시야를 흐리는 것, 그것을 떠나보내야 한다. 작가 공지영은 『수도원 기행』에서 금을 얻기 위해서는 마음속에 가득 찬 은을 버려야 하고 다이아몬드를 얻기 위해서는 또 어렵게 얻은 그 금마저 버려야 한다고 말한다.[66] 즉 버리면 얻는다는 것이다.

그러나 버리면 얻는다는 것을 안다 해도 버리는 것은 쉬운 일이 아니다. 버리고 나서 얻는 것이 아무것도 없을지도 모른다는 생각이 늘 우리를 가로막기 때문이다. 하지만 양손에 가득 쥐고 있으면서 남아 있는 것을 더 쥘 수는 없는 법이다. 중요한 것을 쥐고 아닌 것은 놓아야 한다. 별이 아무리 보기 좋더라도 밤하늘이 어떠한 여백도 허용하지 않은 채 별로만 가득 채워져 있다면 그건 전혀 아름답지 않다. 별들 사이에 텅 빈 어둠의 공간이 있기 때문에 별이 더욱 빛나는 것이다.

목표가 주어졌을 때 유독 자신에게 냉정한 사람이 있다. 어려움과 역경을 만났을 때 잠시 쉬며 위로받는 것조차 자신을 나약하게 만들고 사치를 부린다고 생각하는 사람도 있다. 그러나 여백과 쉼이 없이 자신을 다그치기만 하는 사람은 결국 방향을 잃어버리고 자신을 스스로 묶어버리고 만다. 진정한 휴식의 가치를 알지 못하기 때문이다.

진정한 휴식은 '깨어 있을 때' 가능하다. 깨어 있다는 건 역설적으로 아무것도 하지 않는 것이다. 어떠한 생각으로부터도 자유로워지는 일이다. 그저 우두커니 의자에 앉아 비 오는 창밖을 내다보거나, 아무도 없는 장소에서 조용히 침묵하는 시간을 의미한다. 외부 환경이나 자극에 몰두하는 것이 아니라 내면의 목소리에 귀 기울일 때 진정한 휴식에 놓이게 된다. 작은 찻잔에 물 따르는 소리, 흙바닥에 떨어지는 빗소리, 간간이 들려오는 바람 소리처럼 고요해야 겨우들릴 수 있는 공간과 시간 속에서 자신의 존재를 발견하고 진정한 휴식을 맛볼 수 있게 된다.

그러기 위해서는 경주마처럼 질주하며 살아온 시간을 잠시 멈추어야 한다. 무엇에 이끌려 여기까지 왔는지 생각할 시간을 가져야 한다. 정해진 트랙을 달리는 경주마는 목표 지점만 바라보고 달려가면 그만이다. 그런데 야생마는 다르다. 먹이가 있는 곳을 스스로 찾아나서야 하고, 천적을 피해야 한다. 물이 있는 곳과 늪이 있는 곳을 구별해야 한다. 끊임없이 생각하고 판단해야 한다. 그렇다고 야생마가 경주마보다 불행한 존재라고 아무도 말하지 않는다. 넓은 초원에서 갈기를 휘날리며 자유롭게 뛰는 것, 그것이 본래 말에게 주어진 본성이다. 우리는 오직 달리기만 하는 경주마가 아니라, 생각하기 위해 달리기를 멈출 줄 아는 야생마를 닮아가야 한다.

잠시 멈춰서서 자신이 원하는 것이 무엇인지 내면의 소리를 들어보라. 스스로에게 얘기하고자 하는 것이 무엇인지 생각해보라. 자신이 어떠한 사람인지를 살펴보라. 어느 장소에 가기를 제일 좋아하는가? 무슨 일을 할 때 마음이 편해지는가? 다른 사람에게 꼭 해주고 싶은 얘기는 무엇인가? 슬픈 영화를 보면 마음의 정화가 일어나는가? 노천카페에서 커피를 마실 때 행복을 느끼는가?

나는 여행 떠나는 걸 좋아한다. 혼자 떠나는 여행은 더욱 특별하다. 여행지에 도착하면 크고 웅장한 건축물이나 랜드마크를 보기보다 오래되고 좁은 골목을 비집고 다닌다. 위대한 건축물과 자연은 누구에게나 비슷한 이미지로 남지만, 후미진 골목은 저마다의 특별한 풍경으로 다가온다. 그곳에는 다양한 사람들만큼이나 풍부한 빛과 색채에 담긴 얘기들이 있다. 창문과 창문 사이 외줄에 널려 있는 하얀 빨래 아래 빛바랜 초록색 문 옆에는 녹슨 자전거가 아무렇게나 놓여 있다. 어디선가 본 듯하지만 낯선 그 모습을 마음속에 담아놓고 있노라면, 순간 자신을 발견하는 틈이 존재한다. 그곳에서 예기치 않게 또 다른 자기 자신을 만날 수 있다.

그것은 여행지이기에 가능하다. 낯선 장소에 혼자 있기 때문이다. 익숙하지 않은 시간과 공간에서는 자신에게 너그러워지고 관대해질 수밖에 없다. 틀에 짜여 있는 일상이 아니라 아무것에 매여있지 않는 자유와 여백이 있기에 자신을 바라볼 수 있다. 그러기에 가끔은 빼곡한 일정과 처리해야 할 서류들을 내려놓고 자기 내면의 목소리에 귀기울이기 위한 여유와 휴식을 찾아야 한다.

어렸을 때 집 앞에 사과나무가 있었다. 크고 탐스러운 사과가 아니라 아주 조그마한 열매를 맺는 '꽃사과'였다. 먹을 수 있긴 했지만, 너무 시어서 따가는 사람이 아무도 없었다. 그런데 어느 해에 나무가 열매를 맺지 않았다. 특별한 천재지변도 없었고 토양이 바뀐 것도 아닌데 이상했다. 나중에야 그것이 열매를 맺지 않고 해를 거르는 '해거리'라는 것을 알게 되었다. 나무는 열매를 맺기 위해 모든 에너지를 쏟는다. 하지만 여러 해에 걸쳐 열매 맺는 데에만 온 힘을 쏟으면 나무의 자생력은 사라지고 기력을 다하게 된다. 그런 까닭에 나무는 열매 맺기를 포기함으로써 자생력을 키우고 헐거워진 뿌리를 단단히 한다. 즉 나무는 살아남기 위해 해거리를 하는 것이다.

우리에게도 그런 해거리가 필요하다. 정신없이 목적을 위해 달려온 모든 것을 내려놓고 충전하는 시간이 필요하다. 그 시간을 통해 우리는 말라비틀어진 마음에 내면의 깊이를 더할 수 있다.

가끔은 운전하는 중에도 도로에서 벗어나 쉬어야 한다. 정해진 길에서 벗어나 하늘과 별을 바라보아야 한다. 이는 결코 아깝거나 쓸데없이 버리는 시간이 아니다. 보다 멀리 가기 위한 소중한 자산이다. 살아온 시간 속에서 잠시 물러나 지금까지 자신을 끌고 온 것은 무엇이며, 나 자신이 무엇을 원하는지 들어보아야 한다. 그 시간을 통해 우리는 바람을 좋아하던 폴 발레리를, 밤을 사랑하던 반 고흐를, 별을 기리던 생텍쥐페리를 비로소 가슴으로 이해할 수 있게 된다. 바로 그때 새로운 힘으로 또다시 길을 떠나야 하는 나그네의 삶을 기뻐할 수 있게 된다.

_____ SELF DRIVE _____

- 훌륭한 화가는 여백에 대한 계획부터 세우고, 작곡가는 쉼표의 쓰임새를 먼저 고민한다.
- 성공한 사람은 해마다 올해 어떤 일을 할지 계획하지 않고 휴가 계획을 먼저 세운다.
- 워라밸은 일과 삶의 시간을 배분하는 것이 아니라 '일과 삶의 공통분모'를 찾아가는 과정이다.

3. 옆 운전자에게 양보하라, 그리고 축복하라

분노의 화살은 자신에게 향한다

　　　　호주에서 가장 큰 도시는 우리에게 잘 알려진 시드니다. 제2의 도시는 시드니 남쪽으로 해안을 따라 1,000km쯤 떨어진 곳, 세계의 기업들이 들어서 있는 멜버른이다. 그런데 호주의 수도는 시드니도 아니고 멜버른도 아니다. 수도를 유치하기 위해 두 도시가 오랫동안 치열하게 경쟁했지만, 마지막까지 타협이 이루어지지 않았다. 결국 두 도시 사이에 300가구 정도만 사는 작은 마을인 캔버라가 수도로 지정되었다.

　　살다 보면 도저히 양보할 수 없는 때가 있다. 그런 생각이 들수록 삶의 통제권과 존재 의미를 잃어버리고, 더 큰 손해와 위기를 만날 수 있음을 경계해야 한다.

얼마 전 약속 장소로 차를 몰고 가는데, 외곽 순환 고속도로에서 빠져나가는 진출로에 이미 많은 차들이 줄지어 있었다. 출퇴근 시간도 아닌데 차가 꼼짝 못 하는 것이 아무래도 전방에 사고가 난 것 같았다. 앞차 꽁무니를 따라 찔끔찔끔 가다 보니 어느새 약속 시간은 점점 다가오고 슬슬 걱정이 되기 시작했다.

그때였다. 흰색 SUV 차량이 어디선가 갑자기 나타나더니 순식간에 내 앞에 끼어들었다. 순간 나는 반사적으로 브레이크를 있는 힘껏 꽉 밟았고, 차는 끽, 소리와 함께 앞뒤로 크게 흔들리며 멈췄다. 어딘가에 분명 부딪혔을 거라는 생각이 들었는데, 다행히 그렇지는 않았다. 앞차 후미와는 1cm의 틈도 없을 정도로 거의 닿아 있었다. 브레이크를 조금 늦게 밟았더라면 큰 추돌사고로 이어졌을 것이 분명했다. 안도의 한숨을 내쉬려는 찰나, 깜빡이도 켜지 않은 채 끼어들었던 앞차는 아무렇지 않다는 듯 제 갈 길을 떠났다. 미안하다는 말은 커녕 짜증 섞인 표정과 함께. 어이없는 상황에 나는 몹시 당황했고 커다란 분노가 일었다. 쫓아가서 따지고 사과를 받아야겠다는 생각이 물밀듯 올라왔다.

돌이켜보면, 성인이 되고 나서 가장 괴로웠던 순간은 무언가에 참지 못할 때였다. 누군가에게 분노할 때였다. 누가 미워질 때마다 속이 더부룩하고 잠이 오질 않았다. 그런데 정작 분노의 대상은 내가 미워한다는 사실조차 몰랐다. 그게 더 속상했다. 소화불량으로 힘들어하거나 밤을 꼬박 새웠다는 사실을 상대방이 알지 못하는 것에 더 화가 났다. 결국 미움과 분노 때문에 고통스러운 사람은 상대방이 아니라 나 자신이었다. 그날 외곽 순환 도로에서 갑자기 끼어들었던 차량의 운전자도 내가 분노로 인해 괴로워했다는 사실을 알 턱이 없다.

어느 심리학 연구에 따르면 분노가 지속되는 시간은 6초~10초 사이라고 한다. 다시 말해 화가 나더라도 딱 6초~10초만 둔감해지면 분노라는 감정이 사그라든다. 그러나 현실에서 분노의 순간을 내려놓기란 쉽지 않다. 분노가 느껴지는 6초~10초는 강산이 몇 번이나 바뀌는 것 같은 시간이다. 그것은 내가 받은 상처와 불이익이 실제보다 더욱 크게 느껴지기 때문이다.

살아가면서 남에게 상처를 주고 또 받기도 하지만, 어떤 이유로든 받은 상처는 잘 잊히지 않는다. 그래서 상처 준 상대를 미워하는 마음으로 평생을 살아가기가 쉽다. 그러나 미워하는 마음이 생기면 자신에게도 가슴 아픈 일이며 괴로움의 연속일 뿐이다. 그러한 마음에는 증오와 분노, 적개심과 원한, 또는 두려움 등이 섞여 있으므로 스트레스를 유발하고 건강을 해치게 마련이다. 더구나 어쩌다 상대방에게 분노를 쏟아내면 그 분노는 더 큰 화살이 되어 반드시 돌아온다. 신학자 헨리 나우웬Henri Nouwen은 인간관계를 깨뜨리는 가장 무서운 적을 '분노'로 규정했다. 그는 '잘못된 기대'를 분노의 원인으로 지적하면서 다른 사람을 향한 분노로부터 자유로워질 때 '이상적 자아'로 나아갈 수 있다고 지적했다.[67]

우리는 분노의 감정을 자기도 모르게 다른 형태로 전환시켜 자신을 충족시키곤 한다. 독일어로 '샤덴프로이데Schadenfreude'라는 말이 있다. '고통Schaden'과 '기쁨Freude'이라는 상반된 뜻의 단어가 합쳐져 만들어진 용어로, 타인의 불행이나 고통을 보면서 기쁨을 느끼는 것을 의미한다. 남이 헛디디고 실패하는 모습을 보면 박수를 치고 고소해 하는 것이다.

러시아에서 전해오는 옛날이야기다. 우연히 마술램프를 발견한 농부가 램프를 문지르자 요정이 나타나 소원을 말하라고 했다. 농부는 "이웃집에 젖소가 한 마리 생겼는데 가족이 다 먹고도 남을 만큼 우유를 얻었고 결국 부자가 되었다."라고 하소연했다. 그러자 요정이 "그럼 이웃집처럼 젖소를 한 마리 구해드릴까요? 아니면 두 마리를?" 하고 묻자, 농부는 이렇게 대답했다.

"아니, 이웃집 젖소를 죽여주면 좋겠어."

나는 가끔 내게 상처를 준 사람을 보기 좋게 앙갚음하는 상상을 하곤 했다. 그 사람이 곤혹스러운 상황에 빠지거나 좋지 않은 일로 좌절하는 모습을 생각만 해도 잠깐 마음의 평화가 찾아왔다. 솔직히 통쾌한 마음마저 들었다. 때로는 정말 그런 일이 생겨나길 진심으로 원했던 적도 있었다. 나만의 '소심한 복수'를 통해 상처받은 나 자신을 위로하려 했던 셈이다. 그러나 그건 야비하고 저속한 방법이었다. 다른 사람이 불행해진다고 나의 현실은 조금도 바뀌지 않으며, 미움과 증오만 가중될 뿐이다. 설사 그러한 일이 일어나도 내가 받은 상처는 치유되지 않는다. 남의 불행을 보면서 일시적으로 느끼는 쾌감은 진정한 의미의 행복이 될 수 없기 때문이다.

근본적인 용서는 상처에 대해 복수하는 권리를 '포기'할 때 가능해진다. 앙갚음할 수 있는 권리를 내던질 때 반대로 행복을 누릴 권리를 갖게 된다. 달라이 라마가 '미운 사람을 피하려고 하기보다 자신 안에 있는 분노나 미움을 없애는 것이 훨씬 쉬운 일'이라고 한 이유 가 바로 이것이다.

용서의 다리를 어떻게 건너야 할까?

세계적 베스트셀러 작가인 웨인 다이어^{Wayne Dyer}는 『우리는 모두 죽는다는 것을 기억하라』에서 자신을 아끼고 사랑하는 가장 좋은 방법은 '용서'라고 얘기한다.[68] 용서의 결과는 타인이 아니라 늘 자신을 향하기 때문이다. 용서하지 않는 한 자기 몸과 마음은 분노와 상처에 꼼짝없이 갇혀 있게 된다. 그에 따르면, 우리는 받은 상처 때문에 수많은 시간을 괴로워하는 것이 아니다. 상처 준 사람을 용서하지 못한 몸부림으로 숱한 밤을 뒤척이고 있을 뿐이다.

버지니아 대학교 에버렛 워딩턴^{Everett Worthington} 교수는 우리 안에서 나타나는 용서에는 두 종류가 있다고 말했다. '남을 용서하겠다는 결정을 내리는 것'과 '자신의 감정을 긍정적으로 변화시키는 것'이 그것이다. 전자는 남을 용서하는 것이고 후자는 자기 자신을 용서하는 것이다. 그런 점에서 자신을 위해 할 수 있는 가장 이기적인 행동이 용서하는 것이라는 말은 설득력이 있다.

그렇다면 용서의 다리를 건너기 위해 어떻게 해야 할까? 우선 작게 시작해야 한다. 거창하고 위대한 단계로 접어들기 전에 상대방에 대한 진실한 이해와 공감의 단계에서부터 출발해야 한다. 내 경험으로는 '그래, 이 사람을 반드시 용서하고 말겠어.'라고 마음을 아무리 굳게 다잡아도 막상 상대방의 얼굴을 마주하고 대화를 나누는 순간, 그 다짐은 온데간데없이 사라지곤 했다. 사실 자신의 결단이나 의지는 그리 믿을 만한 것이 못 된다. 개인의 생각과 마음은 상황에 따라 가변적으로 달라지기 때문이다. 그러기에 용서는 먼저 상대를 있는 그대로 인정하고 이해하는 데에서 시작되어야 한다. 사실 용서한다는 건 '이제 나는 너를 다르게 생각하기로 했다.'라는 뜻이기도 하기 때문이다. 즉 상대방과 공감하고 교감한다는 말이다.

노년의 부부가 행복하게 살아가는 이야기를 다루는 어느 방송 프로그램에서 진행자가 물었다.

"아내는 선생님에게 어떤 분이에요?"

그 남편은 잠시도 머뭇거리지 않고 대답했다.

"로또예요."

인생의 로또라는 남편의 대답을 듣고 진행자는 흐뭇한 미소와 함께 다시 물었다.

"어떤 면에서 아내를 로또라고 생각하세요?"

남편은 이번에도 머뭇거리지 않고 툭 내뱉었다.

"정말 안 맞아요."

오십 년이 넘도록 함께 살고 있지만, 여전히 다르고 안 맞는 부분이 많다는 것이다. 하지만 그 노부부는 상대방이 자신과 다르지만 틀렸다고 생각하지는 않는다. 다름을 인정하고 이해한다. 그래서 행복하다.

보통 다른 사람과 생각이 다르면 이를 틀렸다고 하는 무의식이 자동으로 작용한다. 직장이든 학교에서든 자신과 다르게 생각하는 사람을 보면 이해할 수가 없다. 자기 생각만 옳다고 여긴다. 그래서 다른 사람을 자기가 원하는 대로 변화시키려고 온갖 노력을 한다. 그러나 차이는 '틀림'이 아니라 '다름'이다. '틀림'은 모든 것을 자기중심으로 편을 가르고 자신만 옳다고 착각하게 만든다. '틀림'의 관점에서 보면 자신과 같지 않은 것은 모두 잘못이다. 모든 것이 자기와 같아져야 안심이 된다.

노부부처럼 차이를 인정하고 서로의 부족한 부분을 채워주는 것이 용서의 첫걸음이다. 자신과 닮은 사람뿐만 아니라 자신과 다른 사람을 인정하는 것이 '성숙한 사람'의 특성이다. 회사나 조직에서도 마찬가지다. 비슷한 사람들이 뭉치면 처음엔 편하지만, 궁극적으로는 발전이 저해된다. 생각과 논리가 비슷한 사람들이 아닌, 다른 관점을 가진 사람들을 포용해야 조직의 외연이 넓어지고 더 강해진다.

나는 어떻게든 남들과 다른 삶을 살아가려고 애썼다. 그러다 보니 어느 순간 나만의 아집이 생겼고 선입견과 호불호가 뚜렷해졌다. 내가 옳으니 나와 생각이 다른 사람은 옳지 않다는 생각이 들었고 그로 인해 다른 사람과 마찰도 빚었다. 나와 다른 사람을 있는 그대로 인정하지 못했다. 그러기 때문에 용서한다는 것 자체가 너무나 어려웠다. 사람들은 "용서할 수 없으면 빨리 잊어버려라."라고 조언하지만 그건 애당초 말이 안 되는 것이었다. 용서되지 않는데 어떻게 잊을 수 있단 말인가? 용서할 수 없는데 어떻게 상처를 지워버릴 수 있는가? 만약 잊을 수만 있다면 이미 백 번쯤 용서하고도 남았을 것이다.

용서는 '어떻게 잊는가'의 문제가 아니라 '어떻게 기억하느냐'의 문제다. 상처는 잊으려고 하면 할수록 잊히지 않는다. 도리어 잊으려 하면 되살아나 나 자신을 괴롭히고, 이젠 잊었나보다 하면 어느새 다시 살아 꿈틀거린다. 그리고 어느 순간 나 자신을 옴짝달싹 못하게 만들어버린다. 결국 내가 받은 상처를 잊으려고 노력한다는 것은, 상처에게 내 삶의 통제권을 넘겨준 채 지배당하는 것과 같다.

나는 이제 상처를 받으면 그 상처를 잊으려고 노력하지 않는다. 오히려 생생하게 기억하고자 한다. 잊지 않고 기억하면 과거가 더 이상 현재를 지배하지 않게 된다. 내 삶의 통제권을 내가 다시 회복하는 것이다. 기억하는 한, 상처는 더 이상 힘을 쓸 수 없게 된다. 기억이 자리를 굳건히 지킬 때, 상처로 인해 생긴 분노와 증오가 아니라 용서하지 못해 괴로워하는 자신을 똑바로 볼 수 있기 때문이다. 그러다 보면 자신의 감정을 긍정적으로 변화시키기 위해 결국 타인과 자기 자신을 용서할 수밖에 없다. 상처를 주었다는 사실조차 알지 못하는 타인 때문에 힘들어하는 걸 마음은 허락하지 않는다.

이제 나는 운전 중에 '끼어들기' 하는 차가 있으면 앞을 내어준다. 미안함이나 고마움을 표시하지 않아도 상관없다. 적반하장으로 화를 내도 그저 묵묵히 지나친다. 대신 서두를 수밖에 없는 그의 조급한 인생을 안타까워한다. 분노 가운데 자신의 영혼을 갉아먹는 그의 삶을 가슴 아파한다. 나 자신도 그러한 삶을 살았었노라는 혼잣말과 함께.

세상에서 가장 먼 길은 머리에서 가슴까지 가는 길이라고 한다. 만약 용서해야 할 사람이 있다면 머릿속에 두지 말고 가슴 안으로 끌어들여야 한다. 양보하라. 그리고 축복하라. 아무런 기대 없이 용서하는 것, 그것이 진정 자신을 사랑하는 유일한 길이다.

SELF DRIVE

- 미운 사람을 피하려고 하기보다 자신 안에 있는 분노나 미움을 없애는 것이 훨씬 쉽다.
- 용서하지 않는 한 우리 몸과 마음은 분노와 상처에 꼼짝없이 갇혀 있게 된다.
- 용서는 '어떻게 잊는가'의 문제가 아니라 '어떻게 기억하느냐'의 문제다.

4. 동승자와
함께 기쁨을
만끽하라

당신이 나를 완성시킨다

러시아에 여러 번 여행을 다녀왔다. 젊은 날의 추억이 깃든 곳이기도 하고, 광활한 영토만큼이나 갈 때마다 새롭게 다가오는 매력이 있기 때문이다. 또 다른 이유가 있다면 다름 아닌 '발레'이다. 몸의 움직임만으로 웅장한 서사를 이끌어 가면서 동시에 디테일한 감정까지 표현하는 러시아 발레에 매료되었다. 더구나 세계 최고 수준의 발레들을 경제적인 가격으로 볼 수 있는 건 커다란 장점이었다. 어느덧 〈백조의 호수〉, 〈잠자는 숲속의 미녀〉, 〈한여름 밤의 꿈〉 등 제법 적지 않은 작품들을 보았는데, 그중 가장 인상적인 작품을 꼽으라면, 단연코 〈지젤〉이다.

로맨틱 발레의 대표작 〈지젤〉은 귀족 알브레히트와 순수한 시골

처녀 지젤의 숭고한 사랑을 그린 작품이다. 알브레히트는 자신의 신분을 숨기고 지젤에게 사랑을 고백하지만, 그는 이미 약혼녀를 둔 남자였다. 나중에야 그 사실을 알게 된 지젤은 결국 그 충격에 심장마비로 죽고 만다. 영혼이 된 지젤에게 밤의 여왕은 복수를 위해 알브레히트를 죽음에 이르도록 명하지만, 그녀는 이를 거부한 채 끝까지 그를 지켜준다.

알브레히트의 진실을 알게 된 뒤 지젤이 광기 어린 춤을 추는 장면도 잊을 수 없지만, 극은 영혼이 된 지젤과 알브레히트가 함께 펼치는 2인무^{그랑 파드되}에서 최고조에 달한다. 역동적이면서도 호흡이 정확히 맞아야 하는 이 장면은 파트너끼리 서로를 완전히 믿고 맡기지 않으면 표현해낼 수 없다. 더구나 서로 주고받는 디테일한 감정 표현은 소위 눈빛만 봐도 통할 정도가 되어야 한다. 영화 〈제리 맥과이어〉에서 "당신이 나를 완성시킵니다^{You complete me.}"라는 명대사는 바로 이런 장면을 두고 한 말이 아닌가 하는 생각이 들 정도였다.

여주인공의 이름이 제목인 것만 봐도 극에서 여주인공의 비중은 절대적이다. 그런데 여주인공이 돋보일 수 있는 건 남자 무용수 덕분이다. 남자 무용수가 받쳐주지 않으면 여주인공은 빛을 볼 수가 없다. 사실 〈지젤〉은 발레 작품을 통틀어 남자 무용수에겐 가장 어려운 작품으로 손꼽힌다. 약 10분 동안 여자 무용수를 공중에 계속 들어줘야 하고, 그 상태에서 다리를 3번 교차하는 동작^{앙트르샤시스}을 무려 32번이나 해야 한다. 발레극 〈지젤〉은 드러나지 않는 남자 무용수의 역할로 인해 결국 완성되는 것이다.

인생도 마찬가지다. 누군가와 함께 할 때 삶은 '완성'되어 간다. 그런데 그 완성을 위해서는 누군가와의 '만남'이 전제되어야 한다. 누군가를 만나지 못하거나 발견되지 못할 때 우리의 가능성은 꽃피우지 못할 수도 있다. 저명한 정신과 의사이자 작가인 폴 투르니에[Paul Tournier]는 자신의 책 『고통보다 깊은』에서 사람은 누구도 자기 혼자서는 자신을 이해하지 못하며, 다른 사람과 만남으로써 자신이 누구인지를 알게 된다고 얘기한다. 즉 누군가와의 만남을 통해 비로소 새롭게 태어나며, 자신이 가진 가능성이 빛을 발하기 시작한다는 것이다.[69] 그러기에 만남을 소중히 여기고 생산적이고 창조적인 만남이 될 수 있도록 가꾸어야 한다. 정원사가 없으면 아름다운 정원은 존재할 수 없듯이, 만남을 아름답게 꽃피우는 데는 큰 노력이 필요하다.

누군가와 함께한다는 것은 그 자체만으로도 기대 이상의 성과를 만들어내기도 한다. 미국의 심리학자 노먼 트리플렛[Norman Triplet]은 누군가가 지켜보고 있을 때 개인의 성과가 좋아지고, 더 열심히 일하는 경향을 보이게 되는 현상을 '사회적 촉진'으로 설명했다.

실제로 사이클 선수를 대상으로 실험한 결과, 혼자일 때보다 다른 선수들과 함께 달릴 때 속도가 더 빨랐다. 대다수 운동선수들이 관중이 지켜보고 있을 때 더 좋은 성적을 낸다는 것이 틀린 말이 아니었다. 알려진 대로 수천 킬로미터를 여행하는 기러기가 지치지 않고 목적지까지 계속 항해할 수 있는 건 무리를 지어 편대비행을 하기 때문이다. 조류학자들은 편대비행으로 함께 날 때 혼자 날 때보다 72%의 에너지만 소모된다는 것을 발견했다. 그래서 함께 가면 멀리 갈 수 있다는 근거로 '72%의 법칙'이 거론된다. '멀리 가려면 함께 가라.'는 아프리카 속담은 과학적으로도 신빙성이 있는 말이다.

때때로 우리는 삶의 완성을 가로막고 진정한 만남을 방해하는 장애물을 만나게 된다. 그것은 바로 타인에 대한 공감과 관심 부족에서 오는 '소통의 부재'다. 우리는 영어를 처음 배울 때 "How are you^{안녕하세요}?"라는 인사말부터 배운다. 그 질문에 "I'm fine, and you^{괜찮아요. 당신은요}?"라는 답변도 배운다. 마치 동전을 넣은 자동판매기처럼 반사적으로 나오는 완벽한 답변이다. 그런데 왜 다른 대답은 생각하지 못할까? 어떻게 항상 좋기^{fine}만 할까? 좋다는 이 대답은 과연 진심일까?

소통의 부재를 가져오는 가장 큰 원인은 의례적인 만남과 껍질만 남은 대화 탓이다. 힘들면 힘들다고 얘기할 수 있어야 하고, 외로우면 외롭다고 표현할 수 있어야 한다. 감정과 생각을 표현하고 그에 따른 공감이 없다면 그저 딱딱하고 형식적인 관계에 머물고 만다. 회사나 조직에서 아무리 회식을 자주 하거나 소통을 위한 행사를 추진해도 여전히 대화가 단절되고 벽이 생기는 까닭이 여기에 있다. 소통이라는 형식은 있지만 본질은 사라지고 없기 때문이다.

"돕는다는 것은 우산을 들어주는 것이 아니라 함께 비를 맞는 것이다."라고 신영복 교수가 말한 대로 함께 비를 맞지 않는 위로는 전혀 따뜻하지 않다. 막연한 위로는 위로를 받는 사람이 스스로가 위로의 대상이라는 사실을 확인시켜 줄 뿐이다. 따라서 소통은 진심으로 공감하고 위로해줄 때야 비로소 가능해진다.

누군가와 함께 떠날 때 인생은 충만해진다

미국 코넬 대학교의 존슨 경영대학원은 리더들에게 가장 중요하게 요구되는 덕목 중 하나로 '타인에 대한 공감 능력'을 꼽는다. 과거에는 지적이면서 강한 카리스마를 가진 사람을 리더로서 자질이 있는 사람으로 평가했다면, 최근에는 타인의 감정을 이해하고 배려하는 공감 능력을 갖춘 리더가 주목받고 있기 때문이다. 더불어 사는 능력이 상대방에게 감동과 긍정적인 영향을 주고 이것이 성과와 성공으로 이어지는 것이다.

우리는 곧잘 이해득실로 인간관계를 따진다. 자신에게 유리하면 좋은 관계를 맺고, 불리하거나 별 볼 일 없을 것 같으면 외면한다. 그러나 진정한 공감대를 형성하기 위해서는 먼저 주어야 한다. 말 그대로 'Take&Give받고 주기'가 아니라 'Give&Take주고받기'가 되어야 한다. 내게 필요한 사람을 찾지 말고, 나를 필요로 하는 사람을 찾을 때 공감은 가능해지는 것이다. 프리드리히 니체Friedrich Nietzsche는 『인간적인 너무나 인간적인』에서 기분 좋은 인생을 살아가기 위한 요령은 바로 '타인을 돕거나 힘이 되어 주는 것'이라고 했다. 타인을 도움으로써 자신의 존재 의미를 실감하고, 순수한 기쁨을 누리게 된다.

영화 〈버킷 리스트〉는 오로지 앞만 보고 달려온 인생의 끝에서 죽기 전에 꼭 하고 싶은 것을 찾아 떠나는 두 노인의 이야기다. 열심히 살아왔지만 허무하게 죽음을 기다릴 수밖에 없는 정비사 카터는 백만장자이지만 괴팍한 성격 때문에 주변에 아무도 없는 사업가 잭에게 이렇게 말한다.

"천국에 들어가려면 두 가지 질문에 답해야 한다는군. 하나는 인생에서 기쁨을 찾았는가? 그리고 다른 하나는 당신의 인생이 다른 사람들을 기쁘게 해주었는가?"

오늘날 사람들이 외롭고 피곤한 것은, 지식이나 지혜가 부족해서가 아니다. 그저 받아주고 사랑해주는 사람이 부족하기 때문이다. 사실 사람들은 아주 큰 걸 바라지 않는다. 다정한 미소, 따뜻한 손길, 마음이 담긴 따뜻한 말 한마디면 충분하다. 그런데도 우리는 다가서지 않는다. 나와 관계없는 일이라고 외면하고 만다. 모닥불을 피우고자 할 때 필요한 것은 성냥 몇 개비가 아니라 옆에서 바람을 막아줄 사람이다.

착하고 고운 한 여인이 있었다. 그녀는 눈썹이 없다는 약점을 감추기 위해 짙은 화장으로 눈썹을 그렸다. 얼마 뒤 그녀는 사랑하는 사람과 결혼했지만, 눈썹이 없다는 걸 남편이 알까 봐 늘 노심초사했다. 그렇게 시간이 흘러갔고 남편의 사업이 부도가 나고 말았다. 밑바닥부터 다시 시작해야 하는 부부는 연탄배달을 시작했다. 남편은 앞에서 끌고, 아내는 뒤에서 밀며 열심히 배달했다. 그러던 어느 날, 손수레의 연탄재가 날아와 여자의 얼굴이 거무스레해졌다. 눈물이 나고 답답했지만 닦아낼 수가 없었다. 혹시나 비밀을 들킬까 봐 손댈 수가 없었다. 그때 남편이 아내에게 다가왔다. 그리고 손수건을 꺼내 그녀의 얼굴을 닦아주기 시작했다. 그런데 이상하게도 남편은 아내의 눈썹 근처를 전혀 건드리지 않았다. 그때 여자는 깨달았다. 남편은 이미 자기의 약점을 알고 있었다는 것을. 그녀는 자신의 눈물까지 닦아주는 남편을 한동안 안고 있다가 이내 웃으며 다시 수레를 끌기 시작했다.

곱슬머리에 깡마른 에티오피아의 13세 소녀 젤라렘을 알게 된 지 5년이 넘었다. 그 소녀는 이따금 내게 편지를 보내온다. 얼마 전에는 학교에서 책도 받고, 가방과 크레용을 살 수 있게 되었다며, 커다란 나무 아래 서 있는 자기 모습을 그려 함께 보내주었다. 그 크레용으로 그린 그림이었다. 그런데 책을 받고, 가방을 산 것이 편지에 쓸 만한 내용이던가? 크레용을 사는 것이 자랑거리가 될 만한가? 우리에게 당연한 것이 그 소녀에게는 당연한 것이 아니었다. 작고 소박한 물건이 그 소녀에게는 큰 기쁨과 감사였다. 그러나 누구보다 기쁘고 감사한 사람은 정작 나였다. 13세 소녀가 그렸다기에는 조금 서툰 그 그림이 다른 어떤 그림보다 소중하고 아름다웠기 때문이다.

나는 혼자 여행 가는 걸 좋아한다. 외롭긴 하지만, 혼자 여행을 가면 상대적으로 시간과 장소에 구애받지 않고 다닐 수 있기 때문이다. 그러나 치명적인 단점 하나가 있다면, 순간순간 내가 느끼는 감정을 누군가와 함께 나눌 수 없다는 점이다. 아무리 멋진 장면을 카메라에 담아놓는다 해도 그건 어디까지나 '생명 없는 기억'일 뿐이다. 여러 장의 사진을 찍고 지웠다가, 다시 찍고 지우고 또다시 찍지만 그 순간 내가 느꼈던 것을 조금도 담아낼 수 없다.

오스트리아를 지나갈 때였다. 어둑어둑해진 시간, 문득 고개를 들어보니 미라벨 정원 뒤 잘츠부르크 대성당 위로 보랏빛 노을이 걸려 있었다. 그 순간 나는 완전히 무방비 상태가 되었다. 주변을 둘러보았지만 저 멀리 벤치에 앉아 있는 몇몇 사람들 말고는 아무도 없었다. 그때처럼 나 자신이 고립되어 있다는 생각이 든 적이 없다.

흔히들 아름다운 장면을 가슴에 담겠다고 말하지만 사실 그 말은 별로 믿을 만한 것이 못 된다. 시간이 지남에 따라 그 생생하고 명료했던 가슴도 어느덧 망각에게 자리를 내줄 수밖에 없기 때문이다. 그러나 누군가와 함께라면 그 순간은 나 혼자만의 기억이 아니다. 함께 그 순간을 맞았던 사람의 기억 속에서도 엄연히 존재한다. 어떨 때는 까맣게 잊고 있던 시간이 동행했던 사람의 기억을 통해 내 가슴속에 다시 생생하게 살아 움직이는 경험을 하기도 한다. 그 기억은 동행했던 사람에게 다시 흘러가고, 그것은 또다시 증폭되어 내게 전달된다. 누군가와 함께한다는 것은 이런 것이다.

인생은 혼자만의 여행이다. 자신의 인생을 누가 대신 살아줄 수 없는 것은 분명한 사실이다. 그러기에 묵묵히 혼자 목적지를 향해 가야 한다. 그러나 그 인생길 가운데 누군가와 함께하는 기쁨을 누린다면 혼자만의 외로운 여행이 아니다. 힘들게 걸어가야만 하는 길이 아니다. 더 이상 쓸쓸한 길이 아니다. 가슴에 살아 움직이는 그 무언가를 나눌 수 있게 된다.

누군가와 함께 떠나라. 함께 웃고 떠들라. 함께 음악을 들어라. 함께 창밖의 풍경을 보며 여행의 기쁨을 만끽하라. 바로 그때 인생은 더욱 충만해지고 삶은 완성된다.

- 소통이라는 형식은 있지만 본질이 없으면 대화가 단절되고 마음에 벽이 생긴다.

- 막연한 위로는 위로를 받는 사람이 스스로가 위로의 대상이라는 사실을 확인시켜 줄 뿐이다.

- 누군가와 함께 떠나라. 함께 웃고 떠들라. 함께 음악을 들어라. 함께 풍경을 보라. 여행의 기쁨을 만끽하라.

길이 끝나는 곳에
새로운 길이 시작된다

"음악이 바뀌면 춤도 바뀌어야 한다."

When the music changes, So does the dance.

_아프리카 속담

중동에서 근무할 때 가본 사막은 생각보다 훨씬 뜨겁고 황량했다. 볼 수 있는 거라곤 뜨거운 태양과 붉은 모래, 푸른 하늘이 전부였다. 그러한 사막에는 길이 없다. 설령 길이 있더라도 그 길은 모래바람이 불고 나면 사라지고 보이지 않는다. 우리의 인생도 마찬가지다. 길은 있다가도 없고, 없다가도 다시 생긴다. 중요한 건 어디로 가고 있는지, 왜 가야 하는지를 잊지 않는 것이다. 그래야 길을 잃지 않는다.

돌이켜보면 나는 넓고 편한 길만 가려 했다. 넓고 큰길을 걷는 수많은 사람 속에 섞여 함께 가기만 하면 길을 잃을 염려가 없어 보였기 때문이다. 하지만 다른 사람들이 가는 대로 따라가다 보니 도무지 어디로 가는지 알 수 없었다. 반듯하고 넓은 길이 좁고 구불구불한 길로 접어들자 이내 방향을 잃었고 그만 주저앉아버렸다. 넓고 편한 길 위에서도 자주 길을 잃었다. 길을 잃는 까닭은 타인의 소망을 내 생각에 투영시켜 진짜 내 소망인 줄 착각하며 걸어왔기 때문이다. 그러나 남들이 알아주고 인정해주는 행복은 나의 행복이 아니다. 다른 사람들이 돈을 좇든 명예를 따르든 그것은 그들의 일이고, 나는 나에게 기쁨이 되는 것을 찾아가는 것, 그것이 진정한 행복이다.

우리는 자신의 뒷모습이 어떻게 생겼는지 죽을 때까지 볼 수 없다. 그래서 많은 사람은 남들의 눈에 비치는 자기 모습에 신경을 쓴다. 그리고 동시에 서로를 닮아가기 위해 애를 쓴다. 그렇지 않으면 불안하고 뒤처진 것처럼 느껴진다. 나만의 착각인지 모르지만, 요즘 연예인들은 개성을 잃은 채 모두 비슷비슷해 보인다. 어느덧 내가 나 자신이 되는 것은 가장 쉬운 일이어야 하는데 가장 어려운 일이 되어버리고 말았다.

다른 사람의 그늘 속에 머물면 자기 삶은 시들게 되고, 끝내 자신은 사라지고 만다. '나'를 잃으면 자신의 가장 소중한 것을 잃고 마는 것이다. 그러기에 이 세상에서 우리가 마땅히 해야 할 일은 내가 어떤 사람인지 파악하고, 내 안에 감추어진 보물을 발견하는 일이다. 그리고 그 보물을 더욱 발전시켜서 다른 사람들에게 나누어주어야 한다. 인종차별 철폐와 인권신장 공로로 노벨평화상을 받은 작가 엘리 위젤Elie Wiesel의 말을 우리는 귀담아들을 필요가 있다.

"우리가 숨을 거두고 천국에 가서 신을 만나면, 신은 왜 불쌍한 사람을 돕지 않았느냐고 묻지 않을 것이다. 왜 이런저런 병의 치료 약을 발명하지 못했느냐고도 묻지 않을 것이다. 그때 우리에게 던져질 질문은 단 하나, '왜 너는 너 자신이 되어 살지 못했는가?'라는 물음이다."

끝이라고 느껴지는 바로 그 순간

만약 길을 잃었다면 어떻게 해야 할까? 지도를 펼쳐야 한다. GPS를 켜야 한다. 지도든 GPS이든, 그것을 통해 현재 나의 위치를 찾아야 한다. 어디로 가고 싶다면 어디에 있는지부터 알아야 하기 때문이다. 차를 멈추고 지나왔던 경로를 돌아보며 목적지를 되짚어보는 시간이 반드시 필요하다. 단, 지나친 걱정은 하지 않아도 된다. 길을 잃는다는 것은 한편으론 다시 새로운 길을 찾게 되는 것을 의미하기 때문이다. 길이란 본래 다른 길과 연결되어 있다. 넓고 큰길은 좁고 구불구불한 길로 이어지고, 그 길은 다시 조용하고 아름다운 길로 연결되다가 다시 큰길과 만난다. 끝이라고 느껴지는 바로 그 순간, 다시 내디딜 수 있는 길이 반드시 앞에 놓인다. 더 이상 갈 곳이 없다고 생각될 때, 길이 없다고 느껴질 때가 바로 다시 시작해야 할 때이다.

이때 놓쳐서는 안 되는 것이 있다. 앞서 얘기한 대로 자신의 위치를 정확히 아는 것이 하나고, 다른 또 하나는 반드시 어딘가로 떠나야 한다는 것이다. 새로운 길은 떠나지 않고서는 발견할 수가 없다.

그러기에 길을 떠나는 것은 삶을 충족시켜주는 고귀한 여정이 된다.

신화나 전설과 같은 이야기에는 공통적인 패턴과 전형적인 인물이 등장한다. 안락하고 평온한 삶을 살던 주인공은 어느 날 갑자기 특별한 계기를 통해 자신의 존재와 삶의 목적을 깨닫게 된다. 그리고 어렵게 결단을 한 후, 특별한 사명과 목적을 이루기 위해 마침내 어딘가로 떠난다.

호메로스의 『오디세이』에서 오디세우스는 고향 이타카섬으로 돌아가기 위한 길을 찾기 위해 떠나고, 『아서왕 전설』에서 아서왕은 성배를 찾기 위한 길을 떠난다. 영화 〈스타워즈〉에서 루크 스카이워커는 레이아 공주를 구하기 위해 길을 나서고, 애니메이션 〈쿵푸 팬더〉에서 주인공 푸는 용의 전사가 되기 위해 모험을 떠난다. 그들은 수많은 시험과 역경을 이겨내고, 마침내 진정한 승리의 삶을 살아가게 된다. 삶은 여행이다. 새로운 길을 떠나지 않으면 그 여행은 멈추고 만다. 스스로 길을 묻고 길을 찾아나서야 한다. 오늘에 머물러 있지 않고, 빛나는 별을 찾아 꿈을 향해 나아가는 사람만이 그 여행의 진정한 주인이 될 수 있다.

내게는 소박한 꿈이 있다. 매일 책을 읽고, 날마다 글을 쓰고, 가끔은 발걸음이 닿는 곳으로 여행을 떠나는 것이다. 변변치 못한 경험과 지식이지만, 길을 잃고 방향을 놓친 이들에게 작은 불씨가 될 수 있길 소망한다. 따사로운 햇살 아래 푸른 잔디밭에 앉아 그들과 얘기를 나누며 만면에 웃음을 띨 것이다. 그것이 살아가는 목적이자 방식이 되길 원한다.

이제 음악이 바뀌었다.
자기성숙을 향해 드라이브하라!

집에서 아내가 가끔 구워주는 비스킷이 있다. 여기서 말을 잘해야 한다는 것쯤은 알고 있지만, 정말이지 그 비스킷은 맛있다! 너무 달지도 않고 느끼하지도 않으며 식감도 좋다. 그런데 비스킷은 고소하고 맛있지만, 거기에 들어가는 재료들은 하나같이 맛없는 것들뿐이다. 밀가루도 베이킹파우더도 맛이 없다. 쇼트닝이 맛있을 리 없고, 다른 첨가제들도 마찬가지다. 그런데 그 맛없는 재료들을 한데 섞어 오븐에 넣고 구우면 맛있는 비스킷이 되어 나온다.

우리 인생도 아무 맛이 없을 때가 있고 심지어 씁쓸할 때도 있다. 그러나 그런 맛없는 것들, 쓴 맛 나는 것들을 통해 아름다운 향기를 만들어내는 것은 우리의 몫이다. 아름다운 향기를 만들어내는 것, 그건 다름 아닌 '자기성숙Self-maturing'의 길로 나아가는 것을 의미한다. 채워지지 않는 욕심과 타인의 시선을 의식할 수밖에 없었던 지난하고 비루한 삶이 아닌 가치 있는 승리의 삶을 향해 떠나는 것이다. 이때 다른 사람이 걸었던 길을 닮으려 애쓰지 말고 당신이 소망하는 길, 당신이 꿈꾸는 길을 걸어가길 바란다. 때론 그 길이 외롭고 순탄하지 않겠지만, 담대한 희망을 안고 자신의 길을 걸어갔으면 좋겠다. 그것이 후회 없는 삶이고, 성숙해지는 삶이다.

글을 쓰는 동안 겨울이었고, 봄이었다. 여러 날 밤에 깨어 있었다.

거북의 등껍질처럼 딱딱하고 단단한 겨울밤에 글이 잘 써지지 않거나, 알 수 없는 먹먹함이 밀려올 때면 무작정 밖으로 뛰쳐나갔다. 낮에는 고층 빌딩 숲에 가려 보이지 않지만, 밤이 되면 80년대 풍경을 보여주는 서울의 한 자락을 서성였다. 몽유병 환자처럼 인적 드문 시장 골목을 정처 없이 걸었다. 이름 모를 생선 한 마리를 더 팔려고 밤 늦게까지 좌판을 열어놓은 상인들 곁을 지나치다 보면, 어느덧 내 눈가에는 입김이 서려 있었다. 모르긴 해도 하늘에는 별빛 몇 개가 떠 있었을 테고, 가로등 불빛 옆 어느 국밥집에서는 술 한잔에 슬픈 사연을 처음 꺼내는 이도 있었을 것이다.

그렇게 춥고 좁은 골목을 넋 나간 사람처럼 쏘다니다 돌아오면 따뜻한 방안의 온기가 반겼다. 책상 위 노란 스탠드 불빛이 노트북 빈 화면에 반사되며 세상 무수한 사연들이 아른거렸다. 그럴 때면 카멜 Camel의 〈Long goodbye〉를 틀어놓고 글을 썼다. 이미 녹슨 머리와 무디어진 손놀림에 진도가 나가지 않아 답답한 적도 있었지만, 그 더딘 시간 덕분에 오랫동안 나 자신을 만날 수 있어서 더 붙잡고 싶은 적도 있었다.

시간이 갈수록 인생은 정답이 없는 문제집과 비슷하다는 생각이 든다. 정답을 대략 짐작할 수는 있지만, 왜 그러한지 명확히 얘기하는 것은 불가능하기 때문이다. 그러나 한편으론 정답이 없기에 우리가 고민하고 생각하는 것이 곧 해설이 되고 주석이 된다. 이 책을 쓰는 것도 그러한 해설을 채워나가는 과정이었다.

항상 동행하시며 여기까지 인도해주신 하나님께 감사드린다. 이 책을 쓰는 동안 하나님은 단 한 순간도 내 곁을 떠나신 적이 없으셨다. 늘 첫 번째 독자가 되어 주었던 아내와 두 자녀 채성, 채린에게 고맙고 사랑한다는 말을 전하고 싶다. 출판사 관계자와 독자 여러분께도 진심으로 감사드린다.

자, 이제 음악이 바뀌었다. 자기성숙Self-maturing을 향해 당신의 삶을 D.R.I.V.E. 하기를 바란다!

참고도서

1 헨리 데이비드 소로, 강주헌 역, 『월든』, 현대문학, 2011

2 카비르, 박지명 역, 『모든 것은 내 안에 있다』, 지혜의 나무, 2008

3 해럴드 쿠쉬너, 김하범 역, 『왜 착한 사람에게 나쁜 일이 일어날까』, 창, 2005

4 세스 고딘, 윤영삼 역, 『린치핀』, 라이스메이커, 2019

5 새뮤얼 스마일즈, 장만기 역, 『자조론』, 동서문화사, 2017

6 말콤 글래드웰, 노정태 역, 『아웃라이어』, 김영사, 2009

7 로버트 그린, 이수경 역, 『마스터리의 법칙』, 살림Biz, 2013

8 켄 블랜차드, 조천제 역, 『칭찬은 고래도 춤추게 한다』, 21세기북스, 2003

9 호아킴 데 포사다, 공경희 역, 『마시멜로 이야기』, 21세기북스, 2012

10 로버트 기요사키, 형선호 역, 『부자 아빠 가난한 아빠』, 황금가지, 2001

11 마크 피셔 · 마크 앨런, 강주헌 역, 『백만장자처럼 생각하라』, 국일미디어, 2001

12 셰익스피어, 박우수 역, 『리어왕』, 열린책들, 2012

13 빅터 프랭클, 유영미 역, 『영혼을 치유하는 의사』, 청아출판사, 2017

14 하브 에커, 나선숙 역, 『백만장자 시크릿』, 알에이치코리아, 2008

15 하워드 가드너, 문용린 역, 『다중지능』, 김영사, 2001

16 마커스 버킹엄, 박정숙 역, 『위대한 나의 발견 강점 혁명』, 청림출판, 2013

17 레프 톨스토이, 박형규 역, 『전쟁과 평화』, 문학동네, 2017

18 루시 모드 몽고메리, 김양미 역, 『빨간 머리 앤』, 인디고, 2015

19 루이제 린저, 전혜린 역, 『생의 한가운데』, 문예출판사, 1998

20 프리드리히 니체, 강두식 역, 『인간적인, 너무나 인간적인』, 동서문화사, 2016

21 로렌스 볼트, 이철민 역, 『내가 사랑하는 일』, 좋은 생각, 1999

22 빅터 프랭클, 이시형 역, 『죽음의 수용소에서』, 청아출판사, 2005

23 박찬국, 『에리히 프롬의 소유냐 존재냐 읽기』, 세창출판사, 2018

24 무라카미 하루키, 김난주 역, 『무라카미 하루키 수필집 3』, 백암, 1994

25 탈 벤 샤하르, 노혜숙 역, 『해피어』, 위즈덤하우스, 2007

26 앤서니 라빈스, 이우성 역, 『네 안에 잠든 거인을 깨워라』, 씨앗을 뿌리는 사람, 2002

27 알렉산드르 솔제니친, 김학수 역, 『수용소군도』, 열린책들, 2009

28 리처드 바크, 이덕희 역, 『갈매기의 꿈』, 문예출판사, 1973

29 찰스 디킨스, 류경희 역, 『위대한 유산』, 열린책들, 2014

30 마틴 셀리그만, 최호영 역, 『학습된 낙관주의』, 21세기북스, 2008

31 알랭 드 보통, 정영목 역, 『왜 나는 너를 사랑하는가』, 청미래, 2007

32 스펜서 존슨, 안진환 역, 『행복』, 비즈니스북스, 2006

33 비벡 머시, 이주영 역, 『우리는 다시 연결되어야 한다』, 한국경제신문, 2020

34 제라르 마크롱, 정기헌 역, 『고독의 심리학』, 뮤진트리, 2010

35 캐럴 드웩, 김준수 역, 『마인드 셋』, 스몰빅라이프, 2017

36 켄 가이어, 윤종석 역, 『영혼의 창』, 두란노, 2010

37 빅터 프랭클, 이시형 역, 『죽음의 수용소에서』, 청아출판사, 2005

38 칼릴 지브란, 강은교 역, 『예언자』, 문예출판사, 1975

39 존 맥스웰, 김고명 역, 『사람은 무엇으로 성장하는가』, 비즈니스북스, 2012

40 니코스 카잔차키스, 이윤기 역, 『그리스인 조르바』, 열린책들, 2000

41 스튜어트 에이버리 골드, 유영만 역, 『핑』, 웅진윙스, 2006

42 엘렌 랭어, 변용란 역, 『늙는다는 착각』, 유노북스, 2022

43 슈테판 츠바이크, 원당희 역, 『도스토옙스키를 쓰다』, 세창미디어, 2013

44 빅터 프랭클, 오승훈 역, 『의미를 향한 소리없는 절규』, 청아출판사, 2017

45 피터 심스, 안진환 역, 『리틀 벳』, 에코의 서재, 2011

46 루이스 캐럴, 김경미 역, 『이상한 나라의 앨리스』, 비룡소, 2005

47 헬렌 니어링, 이석태 역, 『아름다운 삶, 사랑 그리고 마무리』, 보리, 1997

48 요쉬카 피셔, 선주성 역, 「나는 달린다」, 궁리, 2003

49 레프 톨스토이, 홍순미 역, 「사람에게는 얼마만큼의 땅이 필요한가?」, 써네스트, 2018

50 생텍쥐페리, 황현산 역, 「어린 왕자」, 열린책들, 2015

51 나심 니콜라스 탈레브, 김원호 역, 「스킨 인 더 게임」, 비즈니스북스, 2019

52 폴 에크먼, 허우성 외 역, 「표정의 심리학」, 바다출판사, 2020

53 최명희, 「혼불」, 매안, 2009

54 스펜서 존슨, 이영진 역, 「누가 내 치즈를 옮겼을까?」, 진명출판사, 2008

55 켄 시게마츠, 정성묵 역, 「예수를 입는 시간」, 두란노서원, 2019

56 시몬 페레스, 윤종록 역, 「작은 꿈을 위한 방은 없다」, 쌤앤파커스, 2018

57 세스 고딘, 박세연 역, 「이카루스 이야기」, 한국경제신문사, 2014

58 프리드리히 니체, 정동호 역, 「차라투스트라는 이렇게 말했다」, 책세상, 2000

59 생텍쥐페리, 김윤진 역, 「인간의 대지」, 시공사, 2014

60 하야시 노부유키, 김정환 역, 「스티브 잡스의 명언 50」, 스펙트럼북스, 2010

61 마르셀 프루스트, 김희영 역, 「잃어버린 시간을 찾아서」, 민음사, 2016

62 데이비드 깁슨, 이철민 역, 「인생, 전도서를 읽다」, 복있는 사람, 2018

63 게리 켈러 외, 구세희 역, 「원씽」, 비즈니스북스, 2013

64 프레드 브라이언트, 권석만 외 역, 「인생을 향유하기」, 학지사, 2010

65 대니얼 골먼, 한창호 역, 「EQ 감성지능」, 웅진지식하우스, 2008

66 공지영, 「수도원 기행」, 김영사, 2001

67 헨리 나우웬, 윤종석 역, 「두려움에서 사랑으로」, 두란노서원, 2011

68 웨인 다이어, 정지현 역, 「우리는 모두 죽는다는 것을 기억하라」, 토네이도, 2019

69 폴 투르니에, 오수미 역, 「고통보다 깊은」, IVP, 2014

나는 어디로 가야 할까?

초판 1쇄 인쇄 2022년 12월 7일
초판 1쇄 발행 2022년 12월 14일

지은이	김지광
펴낸곳	Prism
편집인	서진
책임편집	김유진
편집진행	성주영
마케팅	김정현 · 이민우
영업	이동진
디자인	오성민

주소 경기도 파주시 광인사길 209, 202호
대표번호 031-927-9965
팩스 070-7589-0721
전자우편 edit@sfbooks.co.kr
출판신고 2015년 8월 7일 제406—2015—000159

ISBN 979-11-91769-26-5 (03190)

- 프리즘은 스노우폭스북스의 임프린트입니다.
- 프리즘은 여러분의 소중한 원고를 언제나 성실히 검토합니다.
- 프리즘은 단 한 권의 도서까지 가장 합리적이며 저자가 신뢰할 수 있는 방식으로 인세를 정직하게 지급하고 있습니다.
- 이 책에 실린 모든 내용은 저작권법에 따라 보호를 받는 저작물이므로 무단 전재와 무단 복제를 금합니다.
- 이 책 내용의 전부 또는 일부를 사용하려면 반드시 출판사의 동의를 받아야 합니다.
- 잘못된 책은 구입처에서 교환해 드립니다.
- 책값은 뒷면에 있습니다.